這才是法國

C'est la France!

彭怡平 文・攝影

推薦序

從品味生活到家國關懷

初識怡平，約莫是一九九七年左右的事，當時她方自法國學成歸來，是個愛好美食美酒、講究生活品味的年輕小女孩，因為她想要出版探討法國美食文化的書籍，便有了結緣的契機。

那個年代，台灣的出版市場鮮少有集美食、文化、旅遊於一身，具備高雅質感的書籍，商周也從來沒有做過這個類型的出版品，我的個性又喜好探索新事物、嘗試各種可能，於是雙方一拍即合，合作出版了《隱藏的美味》及《名廚的畫像》兩部作品。

多年後再見，怡平帶著她的新書《女人的房間》來到我的辦公室，聊了片刻，我便發現，她早已不是當年的她，言談之間，展現出對女性、家庭、文化與女性權力的獨到觀點；這之後，她又提出想法，想要寫一本書，介紹法國的文化、歷史、創新科技、政治、政策、藝術等各領域現況與發展，期望發揮「它山之石，可以為錯」的正面影響力。

我是認同她的理念與想法的，也因為我對她的認識，相信她有能力寫出「見人所未見，言人所未言」的內容，當場便表示支持，鼓勵她積極進行。

一年多過去，欣見怡平完成《這才是法國》一書，含括內容主題之多元、領域之廣闊，要能寫出跨幅如此大的作品，想必得下足不少功夫、相當心血，是基於對家國的熱愛與關懷，才讓她下定決心，執意追求這樣一個艱難的目標，並想盡各種辦法克服、完成。我向來佩服這種「野性的鬥志」。

走遍世界各國，台灣始終是我們心之所繫的家園，如何讓這塊土地更好，應當是每一個生於斯、長於斯者心中的念想。

這本書的主體寫的雖然是法國，但每個問題都能指向台灣，像是如何活化文化資產、教育政策的走向、如何培育民眾的藝術文化素養、民主運動與政黨政治的真諦、如何面對貧富差距拉大及勞工意識抬頭所造成的社會動盪、怎麼撫平撕裂族群的歷史傷口等等，都是台灣正在經歷、必須面對的問題。

怡平受過西方嚴謹的藝術人文教育，對西方社會，尤其是法國，有相當深刻的了解，她用她的近身觀察、仔細耙梳，寫出這樣一部「立足法國，展望台灣」的作品，值得眾人一讀。

城邦媒體集團首席執行長

何飛鵬

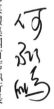

—推薦序—

重塑台法看待彼此的面向與角度

彭怡平女士耗費時日字斟句酌的《這才是法國》出版了！我除了為她感到萬分高興之外，也為付梓上市的時間感到雀躍，因為這本書來得真是時候！為什麼呢？台灣人的心中有一個獨厚法國的美好形象，每年造訪法國的旅人近二十萬。可惜的是，現在還流傳著許許多多定格於法國過往的老舊刻板印象，與今日的法國現實相去甚遠。其實，在時代巨流的沖洗下，法國不斷地在蛻變。她對世界愈來愈敞開胸懷；在藝術上不斷地推陳出新；除了面對國際強大的競爭，明知有陣痛期，仍不惜走上改革的道路。在國際議題上，不管是和平、人權或是環保議題，總是可以看見她奮鬥不懈的引領身影。法國正在進行全面性的轉型。轉型階段中，法國有自身的矛盾，但也不乏對未來的雄偉視野！這也是彭女士在內化之後，所要呈現給讀者的法國。

我希望，這本書能促進台法公民社會嶄新的交流。其實，台法關係植基於共享的民主價值、科技上顯著的互補性、環保以及對抗氣候變遷的強烈意識以及對文化的熱情，彼此之間存在著巨大的合作潛力。為了在合作的道路上持續穩健邁進、開展新頁，雙方必須窮力建立更多的溝通橋樑，才能促進彼此更深入的了解。這一點，是彭女士這本書最重要的意義所在。

今天，台法青年交流密切快速。您知道嗎？在台灣的法籍學生有一千七百名，是台灣人數最多的歐洲學生社群，遠遠超過其他歐洲國家。反向來看，在法國的台灣留學生有兩千五百名，求學領域廣泛多元。您聽過二〇一六年啟動的「度假打工計畫」嗎？這個計畫能讓數百名台法年輕人進行一個永生難忘的新知之旅。您知道「French Tech Taiwan」嗎？這個科技生態圈聚集了台法新創與高端科技的青年企業家，相關領域的交流強勁，而促使台法科技人以新的眼光審視對方。如何重塑台法看待彼此的面向與角度？彭女士的《這才是法國》提供了珍貴的思考基礎與觀點！

紀博偉
法國在台協會主任

Je me réjouis de la publication du livre « C'est la France » par Mme PONG Yi-ping, qui intervient à point nommé. La France bénéficie d'une bonne image à Taiwan et près de 200.000 Taiwanais se rendent chaque année dans notre pays. Toutefois, beaucoup de clichés anciens sur la France continuent de circuler, conduisant à une vision souvent figée dans le passé. Or, la France n'est pas un grand musée à ciel ouvert mais au contraire un pays qui bouge, un pays de plus en plus ouvert sur le monde, un pays qui ne cesse de créer sur le plan artistique, un pays qui se réforme – parfois dans la douleur - pour faire face à la compétition mondiale, un pays à la pointe des efforts internationaux pour la paix, les droits de l'homme et l'environnement. C'est ce pays en pleine transition, avec ses contradictions et ses grandes ambitions, que Mme Pong fait connaître au public taiwanais, en s'appuyant sur sa connaissance intime de la France.

Ce livre permettra aussi, je l'espère, de susciter de nouveaux échanges entre nos sociétés civiles. Le potentiel de coopération entre Taiwan et la France est énorme, sur la base de nos valeurs démocratiques communes, de notre évidente complémentarité technologique, de notre aspiration commune à protéger l'environnement et lutter contre le changement climatique, et de notre passion partagée pour la culture. Pour aller plus loin sur cette voie, il faut créer des ponts entre nos sociétés, aider à une meilleure compréhension mutuelle. C'est tout l'enjeu de ce livre.

Aujourd'hui, les échanges de jeunes entre Taiwan et la France se développent rapidement. Saviez-vous que les 1700 étudiants français à Taiwan constituent, de très loin, la première communauté estudiantine européenne dans l'île et que 2500 Taiwanais étudient en France dans des domaines très variés ? Avez-vous entendu parler du programme « vacances travail » lancé en 2016, qui permet à des centaines de jeunes taiwanais et français d'effectuer un séjour de découverte qui marquera leur vie entière ? Connaissez-vous la communauté « French Tech Taiwan » qui réunit des jeunes entrepreneurs taiwanais et français autour de l'innovation et des nouvelles technologies ? Cette dynamique d'échanges contribue à un regard nouveau des Taiwanais sur la France et des Français sur Taiwan. Le livre de Mme Pong est une contribution utile dans ce cadre.

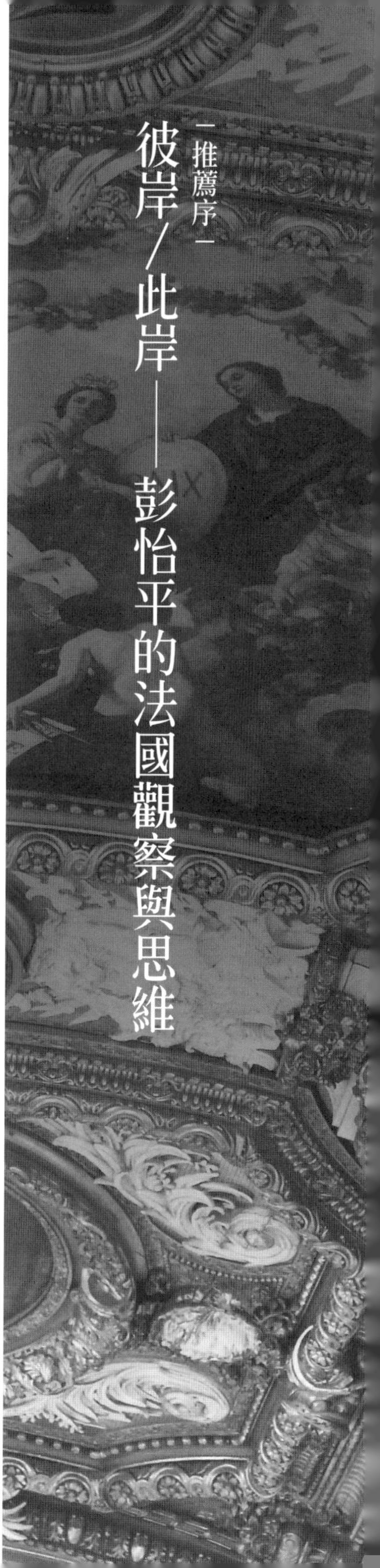

推薦序

彼岸／此岸——彭怡平的法國觀察與思維

文化觀察者彭怡平，在接近三十年的時光中，以法國為目標，體驗生活、觀察、思考，同時帶著台灣的主體性，從她的歷史本行聚焦政治、經濟、社會，縱跨到她的電影／影像研究背景，她的法國觀察，從未脫離歷史的縱深與社會現象的解讀，她的思考，也一貫超脫即時新聞對所謂文化產業的一味追逐，而世間諸象繽紛，可迷可戀者多，但為什麼是法國？

從一段法國留學、工作的緣分，到定期如候鳥般地飛往巴黎閉關寫作超過二十七年的節奏，逐漸匯成了她以巴黎為櫥窗，張望法國，以文字和影像刻畫出立體圖像的觀點。她的文字，一起手即有別於旅行客文字與吹捧時尚的淺嚐品味，也大異於以法國派自滿的學者們競相取暖的時髦身分。彭怡平幾乎不出現法國或是台灣官方的外交活動中，她把精力投入幾乎一年一本著作的工作節奏中，思索她的觀察，竟然還不時顛覆自己的體驗與思維！我眼中的獨行俠的她，縮限交友的範圍，嚴格的自律，全方位的視野注目巴黎彼岸與台北此岸的一切公共事務，她昔日《巴黎電影院》、《巴黎・夜・爵士》、《安格爾的小提琴》的讀者們，從《Heroom》（女人的房間）開始見識到她處理女性議題的深度與呈現的藝術性，衡之現今所謂專業藝術策展人的時髦身分，已毫不愧色，現在閱讀她對法國的觀察、思考的顛覆之旅，將更確定她屬知識型的文化觀察者而無疑，而新讀者卻不可忽略以辯經之姿揮舞智慧之劍的這位俠女，她影像的深度思維與藝術性，和言必有據咄咄逼人的現象批判之外，她對法國飲食、糕點等生活趣味的領略，卻也非時下軟性文字的淺嚐品味所能觸及。

身為侯麥（Eric Rohmer）學生，她的電影觀、她的影像觀察、她的電影評論，未曾陷溺於視覺之美與感傷主義的文青風，而更跨越美感與技術取向，偏向社會學並探測歷史縱深。她更是優秀的人物攝影家，遠遠地離開傳統沙龍品味與時髦商業的妝點巧飾，她對於社會邊緣人、政治夾縫底層生活者懷抱熱情，卻冷靜注目，以利劍般的文字，戳破表象，總令不明就裡者生畏而保持距離，但文殊智慧之劍豈為溫情而施？她持續觀察法國，近年她偏向社會與文化現象的文字比重更有增重之勢。往往見之於她從數據上舉出法國在圖書館、劇院、電影院、公園、美術館、表演廳之眾與各種城市的活動，與藝術家、文學家、表演者命名的各種空間、街道、廣場的欽佩之情，轉而以恨鐵不成鋼的心情，警示本有絕佳的機會可以成為文化大國的台灣，擁有故宮博物院這樣華人文化的最高象徵與深厚基底，超過半世紀華人教育與文化水平居於華人之最的我國，曾經毫不愧色地躋身文化大國，今日卻在無知官僚與民代操弄民粹的政客的手下，文化流失之速令人婉嘆！

法國在她的筆下，不只是印象派風的羅曼蒂克的露天咖啡廳、訂製時裝秀、紅酒、乳酪與松露的故鄉，和馬卡龍與化妝品的國度；法國更是現代派的科技、經濟、環保甚至航太工業領先歐洲的大國，人口僅僅為台灣的三倍，卻是自然保育與文化藝術齊頭領先的國家；身為傑出的女性評論家，她對於女權運動的重要國度——法國的親身體驗尤為深刻。

法國，以巴黎為中心，從熱情的想像、超過二十七年的真實體驗，成為她最完整的觀察模型，法國的過去如靜態的模型值得剖析文化的厚度，她的現代在瞬息萬變的潮流中浮現的困境與維持文化大國的體面之道也成為珍貴的它山之石，彭怡平對法國的長期觀察與思索，之於超過半世紀偏頗地傾向美國文化的台灣而言，尤其具有重要的參照意義。而讀者是否能讀出，她所看見的法國挾帶深厚的文化實力平衡現實的政治藝術？我讀到彭怡平內蓄極大的熱情，卻以數據、以冷靜的文字、克制群眾一廂情願愛慕法國的傾向。

我必須說，跟怡平做朋友並不容易，友直而多聞，求之於友已為難得，以之律己也並不容易，怡平乃以是非道義相待的益友，更是英氣一身的女俠。她是手持快門的觀察者，更是一個尖銳的文化評論者，既不浪漫，卻也不單純是冷靜，反而帶著深沉而鎮定的熱情，觀察法國的面向，這樣的熱情簡直襲罩了所有的領域。她從不是以旅遊攝影家、部落客、Youtuber種種以點閱率或者朋友數量自豪的人物，相反的，卻是一個時常引起筆戰，不惜衣沾，但使志無違，大斬戈登之結的女俠。我生平特別欣賞具有魅力的女性，女性之美，萬千風貌，芳草屢見，但我更欣賞怡平這般，連男子都自嘆弗如的強者，女強人如怡平，帶有俠氣者，萬千不得一二，尤為可貴！

彭怡平跨領域創作影像與文字撰述，評論社會現象與探討文化趨勢，以攝影家、演講者、攝影教學者的身分，足以供給她搬弄異國文化逍遙度日，但她卻另有雄心。她對於法國的熱情與深刻的領會，在二十七、八年之後，已經深沉穩定如厚實的脈礦，並昇華成為一種愛、恨拉鋸的情感，她讚嘆法國文化的底氣之厚外，對於法國社會的荒謬與不可思議的亂象也絲毫不容。怡平對於台灣的批評無日無之，亦源於這般是非大義。她是少數可以超脫於黨派、團體、意見趨勢，主流或分眾等等圈套的獨行俠。

想認識法國，不滿足於紅酒的芳醇、起司的飽滿、松露的奇味，不願在米其林的魅影之下追星，或是羨慕娛樂界人物趕場訂製時裝新季發表會的打卡波照，有意於真正地了解法國，法國人何以從人性的生活、美感的姿態、厚積為文化的驕傲，到法國面對社會在族群、政治、經濟各方面，並不比我們好的難堪處境，一舉挑破媒體界膚淺的新聞剪貼和部落客、網路重症患者的粉飾文字，彭怡平提供了一個比個人意見更有意義的示範——她光明磊落的行動。她將行動化為文字；文字，就是她的行動。她欣賞法國生活、領悟法國文化之美的同時，也痛苦地承認這個她曾欽慕的國家，如同世界上所有的國家一樣，有她難以解決的困境，和令人欽佩的在困境中從未散失文化傲氣的堅持。

彭怡平，瞻望繽紛彼岸，於眾聲喧譁中，她卻問該如何收拾我們的心情，回頭看看自己，關於歷史、關於政治、關於生活、文化，與藝術，在地的我們如何自處而不妄自菲薄地模仿西洋或東洋，也不夜郎自大地膨脹本土或地氣。法國，提供了一個完整的模型，證明了文化是嬌貴脆弱需要護持的，但文化一旦積厚，她的力量卻是那麼驚人的細膩而強大。或問彭怡平「為什麼是法國」？整本書彷彿已經給了一個答案：為什麼不是我們？

鄭治桂
國立台灣藝術大學兼任助理教授
二〇一九年春完稿於台北

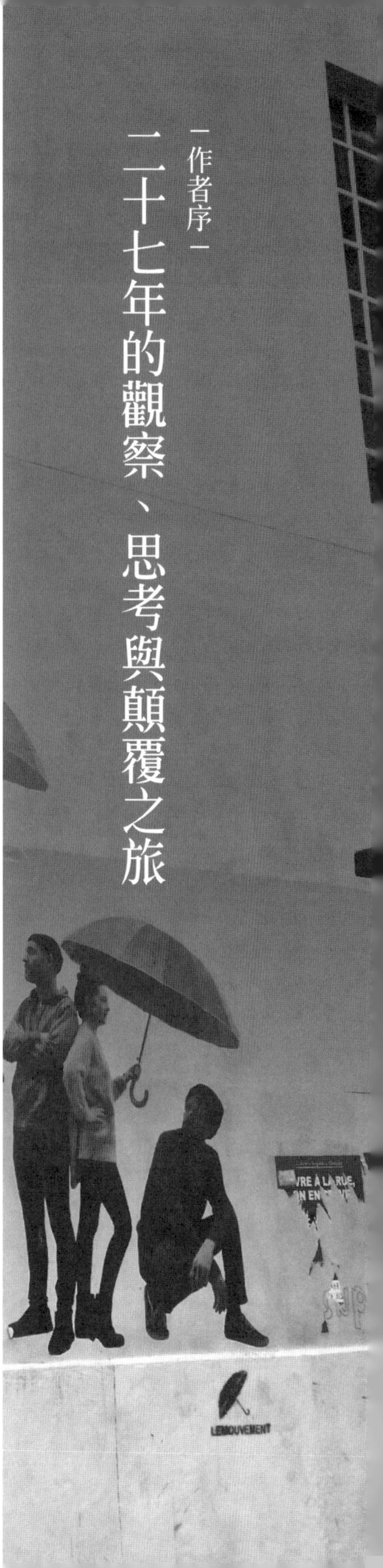

— 作者序 —

二十七年的觀察、思考與顛覆之旅

緣起

台灣已經解嚴三十一年。解嚴後的民主發展，雖有老國代退職、廢除國民大會、直選總統、政黨輪替等大小風波，但仍可說是順遂。只是，民選總統至今，卻沒有一位領導人能讓多數人民滿意，為什麼？儘管每年我們有大量的留學生前往海外求學、有學者從事國際學術交流、政府各部會官員以及各縣市首長也前往異地考察，為的就是引進多元豐富的國際經驗。然而，這麼多年以來，我們究竟學到什麼？又給台灣帶來什麼樣好的轉變？

當我們說：「要向先進國家學習。」無論是美國、英國、法國、德國，或者是東方先進國家日本，我們要向這些國家學習的前提，難道不是應先了解其法律、制度、歷史背景、人文社會環境以及文化價值？

當我們昧於彼此的歷史文化、社會條件、風土民情以及地理、氣候條件等差異，移植這些西方國家的觀念與作法，卻屢屢在強行實施以後，衍生諸多問題而致使坐困愁城。這不正如《韓非子・五蠹》中所強調的「故事因於世，而備適於事」[1]之意。

為什麼是法國

二十七年的不解之緣

法國，一直是我心之所繫。受惠於她無分本國外國學子，均一視同仁的學費政策，以及完整的社會福利制度，使我得以安穩地在此完成求學生涯中最重要的階段。畢業回台工作以後，因緣際會，工作的內容，包括寫作、教書與展覽，又與法國密不可分，因而不斷地在法國與台灣之間兩地奔波。對法國社會這二十七年以來，歷經加入歐盟，成為其中一員，其間發生的社會、經濟、政治與人文藝術環境的變化，自是深有所感。

法國是當代第一個實行民主政治的國家

在民主政治發展的這條道路上，法國已有兩百多年的歷史。她曾經腥風血雨、政爭不斷；激烈的社會衝突，更豐富了民主政治的經驗。而我深信，我們不僅要學習他們的成功之處，更要研究他們的失敗。因為，成功往往很難學習，失敗，卻是可以借鑑。

法國是一個文化大國

從座落於社區的圖書館，乃至主題圖書館，皆以對於人類文化有著卓越貢獻的文學家（如瑪格麗特・莒哈絲、巴爾札克、阿爾及利亞的小說家阿西亞・德耶巴）、人類學家（如克勞德・李維史陀）、哲學家（如迪德羅）、學者與思想家（如阿爾及利亞的學者穆罕默德・阿爾庫）、電影導演（楚浮）等文化界人士命名；各地方文化中心、圖書館、書店、電影院等舉辦的各式各樣人文藝術推廣活動；多如繁星的藝廊與藝術實驗電影院，露天電影節、音樂節、小城市公園的爵士節，一天看一間卻三百六十五天都看不完的美術館、博物館、劇場、歌劇院或表演廳，還有國家文化遺產日以及藝術白夜等等，使得法國成為一個連空氣裡都充滿藝術感的國度。

孫運璿的慨嘆

反觀台灣戰後，七十多年過去了，雖然政府勵精圖治，努力保護這塊土地，使其在風雨飄搖中挺過大風大浪，並讓人民得以在安定中求生存與發展。這麼多年以來，雖然各縣市政府

1 一切因應世俗的狀況來行事。因此，政策需要根據時代來調整，措施則要配合政策來設立。

都蓋了文化中心，乃至於豪華的台中歌劇院、嘉義縣表演藝術中心、衛武營國家藝術中心等也已落成啟用，縱然如此，精緻的表演節目卻是少之又少。我們的人民似乎並未因這些表演廳、文化中心的出現，而培養出文化氣質。關鍵原因到底在哪裡？台灣政府一年有多少經費是用在文化教育上頭呢？為什麼在國民素養與環境氛圍裡，仍感受不到文化藝術帶來的由外而內的影響與改變呢？

因為心靈飢渴、價值觀偏頗，所以台灣人民只能依賴物質享樂來填補身心靈的空虛。因為心靈枯竭，造成一種病態人格，轉而不斷地從吃喝玩樂、購物消費上尋求解脫。但無論怎麼吃喝玩樂，內在的空虛仍無法填補。追根究柢，就是因為台灣不重視文化的內容，也不重視透過文化與藝術教育，培養國民健康的人格、豐富心靈的涵養。迄今，台灣的文化建設仍一直停留在蓋一堆建築物，每座都造價上百億，卻多數成為蚊子館。徒有硬體，各級政府卻不願意花同樣的經費來補助文化藝術活動及專業的藝術文化工作者，這也導致台灣文化建設形同空殼子。社會富裕以後，接著卻淪於腐敗，因為一直以來，台灣人民所受的教育便是：工作是為了賺錢，賺錢是為了生存、追求更好的生活、謀求個人的安全感，卻未被賦予「工作是為了服務人群、讓社會更美好」的神聖使命，故而走向貪婪與淫逸享樂。

常與孫運璿先生共餐的徐立德先生曾說：「在九二一大地震發生後的那幾年，孫運璿眼見台灣社會亂象不斷，憂心忡忡。他總搖頭自責：『當年我不應該只搞硬體建設，沒有弄好社會與文化建設。』」已是一介平民的他，特別交代徐先生：「政府要多培養一些社會科學的人才，才能夠找出一些好的政策，改善台灣的社會與文化建設。」然而，他的心願卻始終不曾受到政府的重視。直到今日，在台灣的行政院長中，唯一真正認真推動文化建設的，仍只有孫運璿先生。[2]而當時的我，正值高中生涯，因孫先生推動的各項文化建設而受惠，為日後追求文化藝術之路，奠定良好與紮實的基礎。

把人當作主體的法國文化

孫先生之後，台灣再也沒有任何一位國家領導人就文化議題表達明確的看法與作法。文化機關要不就是另外一個經濟部，要不就淪為另外一個觀光局。所以，直到現在，台灣仍是在文化上失敗的國家。文化在台灣，從來不是用來提升人民的素質、陶冶身心、讓人在文化藝術中

2 朱宗慶曾以「孫運璿為台灣文化建設總工程師」稱呼之。孫運璿先生一九七八至一九八四年擔任行政院長期間，奠定台灣文化發展的所有基礎建設。成立文化建設委員會（文化部的前身），催生國家兩廳院，還督促新聞局成立公共電視，責成教育部成立空中大學。於一九七八年就任行政院長時，執行並推動國家十二項建設，其中計畫在五年內分區完成每一縣市文化中心的設置，同年更通過「加強文化及育樂活動方案」，內容包括設置文化建設專管機構、策動成立文化基金、舉辦文藝季活動、設置文化獎、修訂著作權法。深受其影響而發展茁壯的蘭陵劇坊、漢唐樂府、表演工作坊、光環舞集、台北愛樂、朱宗慶打擊樂團、屏風表演班、當代傳奇劇場等等，以及一九八二年國立藝術學院成立，一九八七年國家兩廳院成立，激勵了八〇、九〇年代的藝文界。真正為台灣人文藝術教育向下紮根。請參見二〇一三年十二月十六日〈台灣文化總工程師 激盪新火花〉，邱祖胤、汪宜儒文。

獲得心靈的滿足與快樂。相反的，如何以最低的預算，做出最轟動的票房效果，反而成為當前台灣各縣市首長到各文化官員最主要的考量。

同樣是推廣文化藝術於民間，法國文化部卻不是為了賺錢或者以票房為目的，而是為了以文化活動讓人民的心靈可以得到滿足，讓人健康地活著，可以親近美好的藝術活動，而這是人生中最珍貴的東西。在〈黃背心運動反應出什麼樣的法國民族性？〉一文中，我特別引述一位參與黃背心運動的單親媽媽的話：「每天早上醒來，我都不想去工作，因為我再也找不到工作的意義。我辛勤工作，每個月卻連三百歐元、一百歐元的結餘都沒有，我甚至再也無法負擔到電影院看一場電影的錢。」由這位單親媽媽的告白可以了解：法國人不僅僅只是要求一份糊口的工作，更追求工作的意義，要能有尊嚴地活著，活出生活的滋味。

法國是個什麼樣的國家

品味多元挑剔、人人都有意見的國度

當絕大多數國家的人民都沒有意見，甚至於不敢有意見，法國人民可是公認的意見最多，就算置身天堂也會抱怨連連。尼古拉•薩科奇擔任總統時，曾經以這麼一段話描繪他眼中的法國：「法國是個有五百多種乳酪的國度，就算一天吃一種也吃不完，治理這樣的國家，你覺得是件簡單的事嗎？」當然，為了治理好這個品味刁鑽、種族多元的國家，薩科奇以及歷任的法

國總統可都吃足了苦頭。

熱情的國度

追求自己的熱情，可以一生一世，至死不悔，樂在其中。如本書中提到的二十八號攝影棚，這家巴黎電影院的經營者傳承了好幾代人，每一位都竭力燃燒他們的熱情。而法國年輕人如果對一個問題有興趣、投入鑽研，都可以發表厚厚一疊研究報告，並以長達數小時時間來精闢入裡地細訴他的研究。

敢於發怒、敢於反抗的革命國度

當其他國家都在打壓人民的自主意識，讓人民成為馴服、聽話、認真工作的綿羊，法國卻敢於培養人民成為真正的國家主人：五月學運、黃背心運動就是這種精神的開花結果。無論面對的是學校或者政府的統治階層，法國人民都敢於提出自己的主張，敢於將主張付諸行動，並敢於抗爭到底。五月學運最終促使戴高樂黯然離開巴黎、布爾喬亞倉皇出走、巴黎陷入無政府狀態，整個城市癱瘓；黃背心運動則差一點讓馬克宏下台，支持率只剩下一九％。

有品味、有自信、有自己一套美感的國度

法國街上有數不盡的藝術品，羅丹的巴爾札克雕像等國之重寶就放在街頭，每天風吹雨淋，塗鴉、街頭表演等街頭藝術也隨處可見。而巴黎的公園更是四處林立，大如蒙蘇里公園（Parc Montsouris）、盧森堡公園（Jardin du Luxembourg）、杜樂麗花園（Jardin des Tuileries）、蒙索公園（Parc Monceau）、凡爾賽宮花園（Le Jardin de Versailles）、小城市公園（Parc de la Villette），小如社區公園，綠意無處不在。法國居家生活彰顯主人的個性及品味，公共空間的線條柔軟、河岸文化圈與生活區自成一格，增添整個城市的豐富及多元性。圖書館更是兼具知識、休閒生活的品味以及創意美感。電影院則猶如一個小型的私營電影資料館與社區教育中心。法國女人不需擦脂抹粉，更不需要全身名牌行頭，只要往街頭一站，自成一格的穿衣品味，自然成為眾人注目的焦點。

多種族、民族大融合的國家

每個家族都至少有十幾種不同種族的混血，甚至法國人身上有三、四種種族混血的情況比比皆是。她也是種族融合最成功的國家。不同族群之間，彼此相互尊重，在法國文化的薰陶之下，共榮共存，造就法國成為民族大熔爐的國度。

失業率很高的國家

根據法國國家統計與經濟研究所（Institut National de la Statistique et des Études Économiques, INSEE）統計，二〇一八年第二季度，法國的失業率為人口的九・一％，與二〇一八年第一季度相比，下降了〇・一個百分點。二十五歲以下的失業率為二〇・八％，較上一季的二一・四％，下降〇・六％。二十五至四十九歲的年齡層，失業率從八・六％下降至八・五％，降幅較小。老年人的失業率沒有變化，仍然保持在六・五％。

社會福利很好的國家

相較於台灣勞工政策對於失業者的保障，二〇一二年九月十二日勞基法第十七條規定，每滿十二個月發給一個月平均工資的資遣費，未滿一年者，按比例計算。[3] 法國勞工則相對地優惠許多，一般受薪階級，同樣以二〇一二年的法規來看，法國僱主要付員工薪資的五二％作為社會福利支出，員工則需自付薪資的二二％。工作滿十二個月以上才能領十二個月資遣費，工作滿三十六個月可領二十三個月。

除此以外，法國也是時尚大國、精品大國、藝術大國，文創商品的水準很高，她更是電影大國，全世界的藝術電影都仰賴她撐持。法國還是旅遊大國，全世界的人都要看過塞納河，才不枉此生。

法國在國際間的重要地位

法國人口數僅有六千七百萬，是日本、俄羅斯的一半，卻在世界上擁有舉足輕重的地位，

3　以一名全薪九萬五的員工為例。僱主負擔勞保一千、健保四千、勞退薪資每月提撥五千五，共負擔一萬零五百元；員工則負擔勞保九百六十二元、健保一千二百九十六元，總計二千二百五十八元。

無論是科技、經濟、文化、藝術、環保、時尚、電影、精品，都居領先地位。

她是關注全球暖化最重要的領導國，於二〇一六年四月二十二日簽署的第一個全球氣候公約《巴黎協議》，當日共計有一百七十一個簽署國。

她也是環保運動的領導國，有許多致力於環保運動的民間組織，像是國人熟知的「自然之友」（Les Amis de la Nature）、「地球之友──法國」（Les Amis de la Terre - France）、「Maksika─採蜂人和土地」（Maksika- Abeilles Hommes et Territoires）等。

她也是世界知名的非政府組織的發起國，如醫生無國界（Médecins sans Frontières）、記者無國界（Reporters sans Frontières）。

她也是女權運動發言權、性解放運動的重要國度。

她也是世界文化遺產最多的國度之一，為保護全世界的文明古蹟不遺餘力，並且出錢出力。她也是藝術電影最重要的資助者，擁有全世界電影品味最高、人數也最多的藝術電影觀眾。她也是諾貝爾獎得主人數名列前茅的國家，也是最先進的核能技術大國，更是全世界最早設立大學以及普及教育的重點國度，也是世界上最重要的人權以及文化大國。

法國的過去、現在與未來

二次大戰後，一九七〇年代的法國曾經非常富裕繁榮。戰後五十年一片歌舞昇平後，法國經濟開始走下坡。此外，法國也分為歐元尚未啟用以前的法國，以及二〇〇二年一月一日使用歐元以後的法國。

當其他國家還戰亂頻仍，既落後又貧窮時，法國相對進步與富裕，加上注重人權、社會福利保障好、族群相對和諧、人活得有尊嚴，自然成為貧窮國家眼中的天堂。曾是法國殖民地的人民，為了追求更好的生活，紛紛移民法國。當法國富裕的時候，還有能力接收這些外來移民；但當亞洲地區結束戰亂，恢復平靜的日子，並努力發展經濟，吸引國際投資，造成法國第一波產業外移，國內失業率攀升。歐盟以前的產業外移是移往亞洲，歐盟成立以後的法國產業則移往羅馬尼亞等相對貧窮，以及社會福利相對根本付之闕如的其他歐盟國家。這也使得僱主的勞力成本大幅下降，轉而提升資方利潤。

而法國社會福利制度都是在法國經濟富裕的時候訂定，當時的失業人口很低，勞工需求相對較高。而今失業人數爆增，老百姓卻無法接受法國已經失去往日榮光的事實，為了撐持社會福利，只好不斷加稅；而大量失業人口的社會福利，也轉嫁到工作人口身上，造成工作者抱怨連連。

因為國內的營運成本太高，導致法國境內的製造業外移，只剩下服務業、農業以及最重要的觀光產業。法國的未來在於：她是否能夠降低無生產力、又有一堆繁文縟節的官僚體系所帶來的龐大營運成本，以及調整社福支出，並提升產業的競爭力。這也是為什麼，我期望以法國成功或失敗的經驗作為借鏡，幫助閉門造車的台灣，走出眼前的困境，從中找到可能的未來方向。

它山之石，可以為錯

身為跨文化的引介者與跨領域的創作者，引薦我最熟悉的國度——法國，作為台灣民主發展暨文化建設的重要借鏡，透過這二十七、八年以來，我對於法國方方面面的深刻理解，以及這些年來在台灣生活的觀察，統整出藝術與生活、歷史及人文、經濟與能源、社會與政治、兩性平權五個面向，並針對台灣社會已經發生、正在發生，或即將發生的諸多困境，提出二十個問題，透過法國來反思台灣社會，以作為有志之士改善台灣社會的參考。

所謂「它山之石，可以為錯」。但願台灣讀者可以透過本書，既可以更深入、更完整地認識法國，也學習法國經驗來改善台灣社會，讓我們的家園變得更美好。

最後，我要特別感謝商周出版發行人何飛鵬先生給予我這個機會，得以貢獻自己所學，將長期以來對於法國的觀察、研究與了解，分享給台灣社會的每一個人。我也要特別感謝對我百般要求，為了追求細節盡善盡美而不辭辛勞，再三與我確認的總編輯楊如玉女士，我因為她而得以成長、追求卓越，此次堪稱是最好的一次編輯與作家之間的合作。我也要特別感謝一直身在幕後，默默付出的兩位校稿，晏青與克明，他們總是以無比的耐心來接納我所有的任性。我也要特別感謝宗培在寒冬中頂著風雨，幫我補拍了黃背心運動的照片。我也要特別感謝規畫本書行銷工作的李衍逸先生，他總是細緻地安排所有細節，包括錄影，讓我留下深刻的印象。最後，我也要感謝家人在這一年多來的付出，讓我得以安穩地完成我的法台研究，並且心無旁騖地寫完這本平生以來的第一本全面深入探討「法國是什麼樣的國家？」的研究心得報告。

每次寫書都是認識自己與世界的過程，這一次，我不僅更了解自己是可以為了求道解惑而不辭千辛萬苦也要達到目的地的文化苦行僧，更因這次研究主題的多元與廣闊，一舉顛覆了我對於法國完美的想像。現在的我，不再只看到法國表面的美，更領悟到所有的不完美，都是通往更深層的真實人間以及人生成長的必經之路。這也使得這次的寫作過程中，我從雲端降落到凡塵。當我寫下最後一個句子時，我的雙腳已踩在土地上。

彭怡平

二〇一九年一月九日，寫於「風雅堂」

〔目錄〕CONTENTS

Zulus

Ch 1
向法國人
學習藝術與生活

在法國，沒有人會把藝術當成一回事，為什麼？
為什麼法國學生習慣思考與提問，並且從幼稚園就開始？
為什麼盧梭談教育的著作《愛彌兒》影響法國人如此之深？
人口僅有三萬多的阿爾勒城，如何因藝術而世界聞名？
為什麼巴黎人要舉辦藝術的不眠夜？
為什麼法國人把電影當成藝術而不僅是娛樂？
全球只有法國有 M.O.F. 獎，為什麼法國如此看重職人教育？
巴黎的藝術實驗電影院跟台灣電影院究竟有何不同？
當代藝術與傳統藝術在法國如何並存？

人口僅有三萬多的阿爾勒城如何因藝術而聞名於世？

台灣一直致力於推動觀光產業，但在推動觀光產業的同時，各縣市卻很少將文化、歷史、古蹟項目視為重點，對外推廣，反而置祖產於不顧，甚或因都更計畫而將之拆毀。大量建設，以各式各樣表面光鮮亮麗，卻多是一閃即逝的消費性活動來刺激島內經濟，但從未深思，除了台灣小吃以外，到底什麼才足以吸引外國旅人來台觀光？我們常說日本保存了漢唐文化的遺跡，南韓則是明朝文化的體現，而台灣呢？民國的氛圍是否還濃郁？因特定的歷史而形成的時代氛圍與其古蹟建築，斯人雖逝但精神長存，叱吒民國的風流人物，他們的故居不也是台灣文化獨一無二的特色？

以擁有眾多世界文化遺產[1]而自豪的法國，不但在二〇一七年至二〇一八年香榭里榭大道的跨年晚會上，不斷透過影片向世人誇耀法國擁有世界四十四項文化遺產[2]，還打算於二〇一九年世界遺產大會上，再新增四個遺產項目。一向將文化資產視為國家寶藏的法國，究竟是怎麼做到的？

文化占法國經濟產值的二・二%

法國文化部於二〇一七年一月公布「二〇一六年文化的直接經濟權重」報告，確定文化經濟總額為四百四十五億歐元，占全國經濟的二・二%，雖然年產值比例並不高，卻被朝野視為最重要的國力象徵。不計入因文化藝術活動連動而生的觀光產業收入，光純粹的文化產值，已是台灣的文化創意產業產值[3]總額的兩倍。二〇〇三年報紙和書籍產值占法國GDP

1 截至二〇一八年七月，全球已有一〇九二處世界遺產，分布於一百六十七個會員國，其中擁有世界遺產最多的前五大國家分別為：義大利（五十四）、中國大陸（五十三）、西班牙（四十七）、法國（四十四）、德國（四十三）。很遺憾的，台灣至今一項也未列入。

2 法國所擁有的四十四項世界遺產中，文化遺產有三十九項，自然遺產四項，複合遺產一項。法國擁有四項跨國遺產，其中一項與西班牙共有，一項與比利時共有，一項與瑞士、奧地利、德國、義大利、斯洛維尼亞共有，一項與日本、瑞士、比利時、德國、阿根廷、印度共有。

3 根據二〇一七年八月台灣財政部財政資訊中心資料顯示，台灣文化創意產業營業額為新台幣八〇七二・五億元，較二〇一五年衰退三・四二%。占國內生產毛額之比重的四・七二%。

的〇・六％，而二〇一六年為〇・四％，呈衰退現象。三個脫穎而出的部門分別為：視聽（二九％）、現場表演（一五％）以及媒體（一二％），占文化經濟權重的一半以上，加總額為五六％。至於書籍和出版業，其在文化經濟中的份額為五・五％，而在整體法國經濟中的份額為〇・一二％。值得注意的是，一八％的文化生產是非市場性商品[4]。

根據同一份文化部公布的最新資料顯示，二〇一五年，有六十二萬人在文化領域工作，約有千分之九的人口從事文化相關工作。[5] 其中，三萬九千六百七十九人在出版業工作，占總數的六％。而有二・四％比例的人口是積極參與文化工作的。在文化領域工作的總人數中，有高達一六％是屬於視覺藝術，一五％屬視聽藝術，一四％則從事表演藝術的相關工作；其次分別為一二％在媒體業、一二％在廣告業、一一％在建築業；最後分屬八％在世界遺產部門工作，六％在出版業，五％則從事藝術文化領域教學工作。

而隨著時代演變，視聽藝術以及視覺藝術領域工作者有不斷上升的趨勢，相較於二〇一五年，二〇一六年增長了二・五％（包含視聽藝術類的電動遊戲增長了二〇・一％、音樂發行五・四％、電視製作四・二％；視覺藝術則增長三・九％），以設計增長了九・六％、造型藝術一・九％為主。而與時俱減的則是現場表演以及世界遺產業。

為了了解法國如何將文化藝術融入生活，並使其轉變為世界級的觀光行業，筆者特意走訪法國舉辦三大世界級展覽[6]之一的千年古城——阿爾勒。

阿爾勒城

（Arles）

位於法國南部隆河河口省（Bouches-du-Rhône）的城市，屬前普羅旺斯省。

這座城市歷史悠久，在羅馬時期屬那旁高盧行省（Gallia Narbonensis），坐落在卡馬格（Camargue）地區，隸屬世界生態圈保護區，城內有古老的市中心，包括亞爾競技場、古代劇場、鬥獸場、地下迴廊、君士坦丁公共浴池、大墓地（Alyscamps）等古羅馬建築群，被聯合國教科文組織列為世界遺產。

它還擁有多座美術館，像是阿爾勒考古博物館、雷阿杜美術館（Musée Réattu，當代藝術）、阿拉坦博物館（Museon Arlaten，人種學博物館）等。

一八八八年至一八八九年間，荷蘭後印象派畫家文森・梵谷曾居住在阿爾勒城，並在此繪製了三百多幅繪畫及素描，多幅成為傳世代表作。自一九七〇年起，該市因舉辦國際攝影節而成為世界攝影節的朝聖地。

阿爾勒城的姊妹市有：俄羅斯普斯科夫（Pskov）、西班牙赫雷斯—德拉弗龍特拉（Jerez de la Frontera）、德國富爾達（Fulda）、美國賓夕法尼亞州約克（York County, Pennsylvania）、西班牙庫韋利斯（Cubells）、義大利韋爾切利（Vercelli）、茅里塔尼亞（République Islamique de Mauritanie）薩涅、希臘卡利姆諾斯島、英國威斯貝奇、中華人民共和國周莊、比利時韋爾維耶（Verviers）。

4 非市場商品和服務，指接受公共補貼，並以低於生產成本五〇%的價格進行營銷的商品和服務。

5 截至二〇一八年一月為止，根據法國國家統計與經濟研究所報告，在法國居住的居民總數為六千七百二十萬人。

6 法國有三個南部小城因舉辦世界最大的藝術活動而成為舉世聞名的小鎮，分別是舉辦世界電影節的坎城（五月）、舉辦世界戲劇節的亞維農（七月），以及舉辦國際攝影節的阿爾勒（七月）。

活化具有兩千多年歷史的羅馬古城

初抵這個小城，第一印象是車站的規模和台灣南投的集集火車站相仿。一出火車站沒多久，就是鋪設得不太平坦的人行道路，路面坑洞不少，顯示城鄉之間差距。然而，一進入市中心，即老街的圓環，首入眼簾的就是關於這個城市的姊妹市立牌，上面洋洋灑灑寫了十一個國家與其城市名，足見阿爾勒非常重視城市外交。

一步入古城便已體會什麼是「無需觀賞布魯格爾[7]的繪畫，我已置身於畫作裡」。被法國文化部稱為「歷史及藝術的城市或國度」（Villes ou Pays d'Art et d'Histoire），阿爾勒自一九八一年即被列入世界遺產，當時聯合國教科文組織給予的理由為：「從古城演進為中世紀的歐洲文明，阿爾勒提供了一個有趣的例子。它保留了令人印象深刻的羅馬古蹟，如最古老的競技場、古老劇院、羅馬古建築的地下拱廊，最老的建築甚至可以追溯到西元前一世紀之久。而在第四世紀，如這些古蹟所見證——君士坦丁浴場、羅馬時代和中世紀的墓地及羅馬式教堂——的那樣，它享有第二個黃金時代。十一世紀和十二世紀，阿爾勒再次成為地中海世界最美麗的城市之一。在城牆內，聖特羅菲姆天主教教堂及其修道院是普羅旺斯羅馬藝術的主要古蹟。」

並不滿足於靜態古蹟的展示，該城市的藝術文化歷史工作者特別在古老劇院安排了希臘及羅馬風格的戲劇演出，並以生動的音樂伴奏、說書人方式，為觀眾如實展演出古希臘戲劇以及羅馬戲劇間的差異。我置身於這座露天的古老劇院，坐在過往只有羅馬貴族才能入座的首排觀眾席，環視如今已成所有西方劇場雛形的圓形劇場結構，想像著當時正值盛世的羅馬帝國，不但運用軍事力量統御歐陸，更懂得輸出羅馬人的生活方式以及看世界的觀點。而當時的教育僅止於貴族或中產階級，一般市民及奴隸階級並不能接受拉丁文教育，故而透過戲劇來教育大眾，並傳播古羅馬帝國的價值觀、社會生活型態。羅馬人甚至發展出戴著面具的默劇表演形式，並為了讓觀眾易於理解劇情、辨認角色，相同的人物一再出現在戲劇中。

同樣的，藉由表演以活化古蹟、教育大眾的模式也出現於競技場。我在此觀賞了活生生的神鬼戰士（Gladiator）現場版，學會以當時羅馬時代正確的手勢——大拇指朝上舉或者往下——來表達我對於競技場中比武的戰士的支持與否。這也使得參觀古蹟的過程充滿趣味，並充分帶給觀者學習的樂趣。

不過，阿爾勒城想要做的還不止於此，除了是個從羅馬時代跨越到歐洲中世紀的古城，它也企圖走向現代——攝影藝術遂成為引領這個古老城市從古代走向現代的明燈。

結合古今的國際攝影節

在這座城市裡，新舊兼容並蓄：古城內的教堂有聖特羅菲姆天主教教堂及其修道院、慈善教堂、聖徒教堂、馬德琳教堂、聖凱薩修道院、聖馬丁的梅久教堂、兄弟傳教士教會、蒙馬居

7　此處指老彼得・布魯格爾（Pieter Brueghel或Bruegel, 1525-1569），文藝復興時期布拉班特公國（Hertogdom Brabant）的畫家和版畫家，以地景與農民景象的畫作聞名。

修道院等處；古蹟建築有羅馬劇院、大主教的宮殿、路佩奧林匹亞宮殿等地；另有利思之家、畫家之家、馬努埃爾・李伏拉歐特茲基金會、「梵谷的空間」（Espace Van Gogh）、雷阿杜美術館、海上旅行（Croisière）、阿雷奈—恩思博藝廊（Galerie Arena-Ensp）等美術館、現代藝術中心及藝廊；古城外圍則有阿爾勒中央大廈、商業中心、一般機械器材店、Monoprix 超商、電器商店、火車站等現代化商場，幾乎可以說，整座古城以不著痕跡的方式，讓傳統與現代接軌。

訪客在參觀攝影節的同時，也浸淫於歲月蝕刻而生的神祕氛圍裡——這也使得展出作品意外地籠罩於古今同輝的光芒之中。若隨著光的方向移動，這些作品便彷彿有了生命——在觀者的凝視下開始緩慢移動，靜悄悄地展現出不同的面貌。這與我們在美術館的觀展經驗是截然不同的，藝術、建築及歷史、人文的結合，得以誕生不朽的生命力量，它們的存在，本身就是奧祕的奇蹟。

阿爾勒國際攝影節（Rencontres d'Arles）的展出內容五花八門，從文圖並茂的報導攝影、紀實攝影、概念攝影、數位科技與畫作結合、紀錄片到劇情片、人體攝影、肖像攝影、街頭攝影、景觀攝影、類型學攝影、攝影書籍等等，可說是應有盡有。透過攝影了解世界各地的文化、社會、政治、歷史，一直是阿爾勒國際攝影節的重點。這也是為什麼，我們在此看到的攝影展主題從來不是無話要說。大部分的攝影作品都旨在凸顯那個年代的尖銳，而攝影師也很難是溫和凝視社會的同溫層。它既是一種無聲的反抗，也是挑釁，更是見證。我們以為攝影不需文字，但阿爾勒國際攝影節的展覽卻告訴觀者，攝影需要愈來愈多的文字，佐證、說明這幅攝影背後足以令觀者驚訝的故事。這也是為什麼我要再三反覆觀看、閱讀同一位攝影師的作品，直到我可以感知到攝影師腦袋裡想的是什麼。因為，總有一些細節我仍沒有注意到。

因對攝影的熱愛而生的阿爾勒攝影節

阿爾勒國際攝影節的起源，應歸功於以攝影師身分獲選法蘭西學院院士的盧西安・克雷格（Lucien Clergue,1934-2014），他自二〇一三年開始擔任法蘭西藝術院主席，既是法國攝影藝術家、攝影作品收藏家、作家、電影製片人，同時也是著名藝術家畢卡索和詩人導演尚考克多的好友，早期的攝影主題以女性裸體及公牛為主。在好友畢卡索及尚考克多的幫助下，於一九五八年出版個人第一本攝影集《難忘的人體》（*Corps Mémorable*），有生之年不但出版了近八十本專書，並在世界各地舉辦數百場展覽。雷阿杜美術館內更收藏了數幅關於他們三人友誼的攝影作品。

為了將攝影提升至等同於繪畫、素描、版畫的藝術創作地位，克雷格成功促使攝影作品得以在博物館內展出。一九六八年，法國社會秩序因五月學運而受到強烈的衝擊，社會瀰漫著一股新興的學潮、思潮、工潮以及求新求變的氛圍。女性主義運動風起雲湧，高達、楚浮等新浪潮導演也走上街頭，對文化與藝術產生了新的刺激。而在此之前，儘管法國有類似的文藝活動，卻沒有把主題放在攝影創作上的展覽。盧西安・克雷格認為，攝影作為藝術，在往後的日子裡仍有無盡的發展潛力，因此，在幾乎沒有預算和場地的情況下，他腦中醞釀著舉辦攝影節的想法。

克雷格與同樣出生於阿爾勒的小說家米歇爾・圖尼埃（Michel Tournier,1924-2016）、普羅旺斯古代和羅馬時期歷史學家，同時也是古代阿爾勒博物館的名譽館長尚莫里斯・魯蓋特（Jean-Maurice Rouquette,1930-），三人共同創辦了阿爾勒國際攝影節，藉此推廣、引進世界各地的攝影師與其作品。

一九六九年，克雷格擔任阿爾勒國際攝影節的藝術總監，著手規畫攝影節的進行；一九七〇年，在阿爾勒市政府的大力支持下，克雷格利用城裡的各地古蹟和閒置空間作為影像展示場所，並邀請到著名的美國攝影師安瑟・亞當斯、安德烈・柯特茲、羅伯特・梅普爾索普，以及日本攝影師細江英公等人前來發表作品。後來，此一攝影節演變成於每年七月中旬至九月中旬定期舉辦的國際活動。四十年間，克雷格持續對活動表達支持，阿爾勒國際攝影節也逐步與法國境內或國際間其他攝影博物館、機構展開合作，在阿爾勒各個不同的歷史文化建築內，舉辦個人或者集體的攝影作品發表，並於一九八二年成功設立阿爾勒國立高等攝影學院（École Nationale Supérieure de la Photographie）。一九九九年前，克雷格也在此地及法國普通大學暨美術學院教導攝影課程，藉由攝影展覽來推動影像教學，舉辦視覺藝術研討會。

今日，阿爾勒國際攝影節結合類似音樂節慶典的作法，在活動期間，舉辦數十場攝影展覽、演講、影片放映、工作坊等活動，以其所展示的原創攝影作品作為攝影節的主要焦點，吸引無以計數的遊客造訪，至今已是歐洲規模最大、最具影響力的攝影活動之一。

或許一般人會想像，舉辦此一大型攝影展時，城內會到處懸掛廣告旗幟，整個古城淹沒在一片旗海之下，但事實並非如此，除展覽地點有海報看板之外，城市的氛圍是寧靜多過喧囂。古城入口處是早市攤販，居民的生活也一如往常步調，並未因節慶的到來而被擾亂。雖然我刻意錯開攝影節的頭一週尖峰時刻，旅館仍是一房難求，顯見來此的觀光客並非只為節慶才到來。

這座古城的獨特氛圍，也蘊育出不少享譽全世界的藝術家。

梵谷的城市

實際上，阿爾勒不僅是法國作曲家比才（Georges Bizet,1838-1875）最膾炙人口的戲劇配樂——《阿爾勒的姑娘》[8]——的背景城市，也是印象派畫家梵谷短暫痛苦的一生中，最後帶給他真正歡愉的城市。

8 《阿爾勒的姑娘》（L'Arlésienne,1872）故事出自法國寫實派小說家阿爾封斯・都德（Alphonse Daudet,1840-1897）之筆，他以短篇小說見長，代表作有《最後一課》、《柏林之圍》等，都是世界文學珍品。

一八八八年二月二十日，荷蘭畫家梵谷欲轉往馬賽而途經此地，對此城一見鍾情，在此居住了十四個月。梵谷以此城以及日常生活場景為背景，完成數幅畢生代表作，包括〈阿爾勒城的蘭格洛大橋〉（Le Pont de Langlois,1888）、〈夜間咖啡館〉（Café de la Nuit,1888）、〈星空下的咖啡座〉（Terrasse du Café le Soir,1888.9）、〈隆河星夜〉（Nuit Étoilée sur le Rhône,1889）、〈向日葵〉（Vase avec Douze Tournesols,1889）——這些畫作成為我在此處尋覓梵谷足跡的標記。

居住在阿爾勒城期間，心滿意足的梵谷不但邀請高更與莫內也來此與他會合，更計畫與高更合開畫室工作坊，最後卻因情感因素而發生割耳事件，兩人的友誼自此終結，梵谷也自願來到當地的醫院住院治療。入院期間，他仍作畫不斷，甚至完成了〈阿爾勒醫院的庭園〉（Le Jardin de l'Hôpital d'Arles,1898）這幅令人難忘的作品。爾後，他的病情每況愈下，多次進出醫院，沒多久便離開了阿爾勒，並搬進離阿爾勒城三十公里以外的羅阿爾勒河省的聖雷米病院。在此段時期，他對阿爾勒的生活仍念念不忘，憑藉著回憶，畫出他曾下榻的黃色房間——〈在阿爾勒的臥室〉（La Chambre à Butts,1888-1889）的三個版本。而歷經數次改建後的阿爾勒醫院，為了永遠紀念這位痛苦永存的畫家，改名為「梵谷的空間」。

畢卡索與阿爾勒

一九五七年，畢卡索應美術館館藏部負責人尚莫里斯・魯蓋特以及攝影師盧西安・克雷格之邀，來此展出他六十年的素描創作。一方面，阿爾勒的羅馬競技場重新喚起他對於安達魯西亞鬥牛的興趣；另一方面，也為了梵谷，他的心靈守護者所鍾愛的城市，他重回此地。

一九一二年，在居民僅一千多人的沃韋納爾蓋（Vauvenargues）小鎮，畢卡索以當時的伴侶賈克琳在阿爾勒城的時光為主題，繪製了八幅作品。一九三七年，畢卡索又以李米勒為女主角，繪製了另一系列〈阿爾勒城的李米勒畫像〉（Portrait de Lee Miller en Arlésienne,1937）畫作。隨後又以梵森•紀伎女士為主角作畫。

一九六九年，畢卡索在此展覽。兩年後，他又應雷阿杜美術館之邀，前往展出他的素描，並為此創作了一百五十幅作品，最後親自挑選五十七張送給美術館。至此，畢卡索的一生與阿爾勒城畫上等號，一九七三年過世之際，阿爾勒的市長為他獻上該城榮譽市民的尊號。一九八五年，他的遺孀賈克琳將畢卡索的三幅繪畫、兩張海報以及檔案與攝影捐給雷阿杜美術館。一九九〇年，現代美術館又將〈阿爾勒城的李米勒畫像〉送給雷阿杜美術館。此後，「阿爾勒城的畢卡索」此一主題展終臻完美，成為該館的永久典藏。

永遠璀璨的藝術歷史古城

除了雷阿杜美術館、梵谷的空間以外，二〇一四年，此處又設立了現代藝術中心「阿爾勒城的文森梵谷基金會」（Fondation Vincent Van Gogh Arles），收藏十位當代藝術家的近百幅原作，包括阿道夫・蒙提切利（Adolphe Monticelli,1824-1886）、包布羅・畢卡索（Pablo Picasso,1881-1973）、席格瑪・波爾克（Sigmar Polke,1941-2010）、亞歷山大・卡德爾（Alexander Calder,1898-1976）、傑曼・李契爾（Germaine Richier,1902-1959）、桑拉（Sun Ra,1914-1993）、瓊・米契爾（Joan Mitchell,1925-1992），以及艾騰・阿當拿（Etel Adnan,1925-）。再加上該季主題展，館藏相當驚人。

人口約三萬五千到三萬八千人，如同一個宜蘭縣三星鄉般大小的阿爾勒古城，內蘊如此豐富的藝術能量，加上致力於古蹟維護與古蹟歷史教育的活化、再利用，使得阿爾勒城居民不會以背負著沉重的歷史負擔而怨天尤人，反而認為自己的城市擁有的是得天獨厚的歷史及文化資源，懂得珍惜老祖宗留下來的珍寶，不會動輒棄若敝屣。此外，熱愛文化藝術的心靈也得以蘊育出如梵谷、畢卡索、米歇爾・圖尼埃、尚莫里斯・魯蓋特以及盧西安・克雷格這樣的人才。

《孝經》廣要道章第十二中，孔子曾言：「移風易俗，莫善於樂；安上治民，莫善於禮。禮者，敬而已矣。」如何以文化藝術的養分使得老百姓變得優雅，是每個國家與其人民應盡的職責與義務，看看阿爾勒，想想自己，台灣還有很多要學，有很多的思想與教育改革等著我們去做。若只標榜金錢，一切為政治服務，遲早有一天會成為聖經故事裡那個再也找不到一位義人的索多瑪與蛾摩拉。

為什麼法國教育以培養菁英見長？

《管子・權修》：「一年之計，莫如樹穀；十年之計，莫如樹木；終身之計，莫如樹人。一樹一穫者，穀也；一樹十穫者，木也。一樹百穫者，人也。」由此可見，培養人才是何等不容易。凡是真想有所為的國家與民族，必定致力於教育，正因為「十年樹木，百年樹人；百年大計，教育為本」。教育不但是立國的根本，也是一個民族興衰的指標。一個國家有沒有未來、能否具有發展潛力、將來能否國富民強、打算在世界扮演什麼樣的角色、朝向什麼目標發展，歸根究柢，就看這個國家的教育希冀培養出什麼樣的人才，並竭盡所能，傾國家社會之力，給予人才生存及發展的空間。無論置身於什麼時代、社會、何種體制，任何國家民族想要發展，都需要培養有公眾意識的人、有文化的人、有知識的人、有品質的人、有道德修為的人。所以，一個國家應從上到下，無不注重教育的實質影響力、人才的培育以及人才的生存及發展。人才無法為國家社會所用，就是國家社會整體的損失。

台灣社會歷經多次教育改革，然而，在力圖求新求變的過程中，卻反而出現學非所用以及楚材晉用的現象。大學幾近成為國民最低學歷，然而，著重理論的大學人才過剩，著重實務的專科人才則明顯不足。由教育部統籌的學制單一化，也使得無分職業學校或者大專院校，都缺乏發展各自教育理想的彈性空間。自主性的不足，導致台灣的教改愈改，士氣愈低迷，成效更是不彰；而政治意識型態主導下的台灣教育環境，更導致師生無所適從。影響所及，自二○一六年起，台灣學生出國留學的年齡不斷下修，由原本的學士、碩士畢業，下降至高中畢業生，甚至國中生。除此之外，教育界也出現一波接一波師資出走潮。由此端倪已可預見：未來二十年，無可避免，台灣將面臨因人才荒而造成的困局。

一樣學子，兩樣情

回顧台灣歷史變遷，從早期反攻復國年代，國防預算編列占中央總預算的首重比例四七・六％。一九八七年五月，時任立法院第一屆增額立法委員的黃煌雄要求國防預算，以每六年為期，逐年下降三％以挹注教科文預算，引發憲政風波，經由數年的努力，一九九○年，終使教科文預算第一次達到憲法保障的一五％規定。[1]而林全任行政院長時，更將教科文預算提升至二○・三％，約四○二○億元。

縱然如此，民間教育團體卻屢屢表示：教育經費不足。各大學喊窮，巧立名目，將原屬學雜費的項目一一獨立出來，額外收費——致使總學雜費不降反增，但收費浮濫。追本溯源，在於國家大量減少教育及文化實質支出經費。[2]而大學生人數激增，學費不降反增，連帶引發學生未出社會就背負債務的情況。[3]日前，賴清德院長雖推出「就學貸款輕鬆還措施」，放寬就學貸款還款條件。[4]然而，不斷上漲的學雜費，使得每位學生四年的平均學費高達三十至六十萬元不等。這對於低收入戶以及中低收入戶家庭，均造成不小的負擔。

在台灣，學生未出社會就為了求學而負債的情況已經不再罕見。相較於此，歐洲國家諸

1 參見黃煌雄先生所著《台灣國防變革：1982-2016》（時報出版）。文中指出，國防預算占中央總預算比重逐年降低。陳水扁總統期間（二〇〇〇年五月至二〇〇八年五月），國防預算的占比已降至二〇％以下，保持在一六％至一八％之間；馬英九總統期間（二〇〇八年五月至二〇一六年五月），國防預算的占比，和陳水扁總統期間大致相同。蔡英文總統執政期間，國防預算約占中央總預算比例一六・一％，約三千二百億元經費。

2 一九九七年國民大會修憲，憲法增修條文第十條第八項，取消教科文每年預算必須達到憲法保障的國家總預算一五％以後，教育經費逐年遞減，二〇〇四年只剩下八・七％，導致教育商品化惡果。

3 自二〇一一年起，教育部修改學雜費減免辦法，低收入戶學生的學雜費全免，中低收入戶學生則減免三成，二〇一六年二月起，又將減免比例提高至六成。這項政策，有效降低了經濟狀況不佳的大學生的學費壓力，讓申請學貸的比例逐年下降。

4 教育部也放寬學貸「緩繳期」申請條件，現行規定，低收入戶、中低收入戶及每月收入未達三萬五千元的貸款人，可申請「免還本金、免利息」的緩繳期措施，每次申請一年，最多四年。新制於二〇一八年九月一日上路，預估五十萬人受惠。

如法國、德國等，學雜費幾近於零。此外，法國的學制非常靈活，不但理論與實務並重，更設有專門培育公務員及社科人才的學校，如「國家行政學院」（École Nationale d'Administration, ENA）以及「巴黎政治研究學院」（L'Institut d'Études Politiques de Paris, IEP de Paris），被喻為專門培育總統的搖籃。此外，隸屬於法國國防部的「巴黎綜合理工學院」（École Polytechnique, X），堪稱法國最頂尖的科研機構、最富盛名的工程師大學，被譽為法國菁英教育模式的巔峰，一旦被錄取，自入學的第一天起，不但學雜費全免，還由學校給付每位學生每月相當可觀的一筆學習費用，並且逐年增加，直到畢業。[5]

致力於培養頂尖人才的三大名校

國家行政學院創立於一九四五年戴高樂執政時期，與巴黎HEC商學院、巴黎政治研究學院並稱培育法國政治界以及商業界領袖的三大搖籃。其目的在於訓練國家一級文官或行政法院法官，每年只招收一百多人，教職員卻多達兩百多位，由此可見，法國教育對於頂尖人才的培養，所投入的心力及財力。因該校校友畢業後多從政，故被稱為Énarque（意為「身居要職、畢業於國立行政學校的官員」，或指國立行政學校畢業生），人們稱法國政治為ÉNACRACY，即ENA統治。在法蘭西第五共和國歷史上，先後出現過三位畢業自該校的總統，包括季斯卡、席哈克以及現任總統馬克宏，並有七位總理以及眾多部長畢業於此校。但不同於巴黎政治研究學院，國家行政學院沒有獨立頒發文憑的權力。

一般稱巴黎政治研究學院為「Sciences Po」，是人文社會科學和國際關係領域的公共高等教育和研究機構。於一八七二年普法戰爭結束後，由作家及政治家埃米爾・布特米（Émile Boutmy）創立，為法國最著名的菁英學校，並且經法國教育部認可，得以獨立頒發學位。學院設有十二個研究中心，在經濟、法律、社會和歷史四大學科以及政治學領域享有名聲。設有學士（Collège Universitaire）、碩士（Master）和博士（Doctorat）三階段。除此以外，該校對語言能力的要求相當高，除了必須嫻熟英法兩種語言以外，還鼓勵學生學習第三種外語——難怪馬克宏在美國國會全程以流利的英文演講獲得滿堂采。該校至今培養出二十九位法國和法語系國家的總統及總理，包括二戰後的八位法國總統中的六位，如前總統席哈克、歐蘭德以及現任總統馬克宏。著名校友還包括聯合國祕書長加利、四位國際貨幣基金組織總裁、兩位歐洲議會主席、現代奧林匹克之父顧拜旦、金融大亨大衛・羅斯柴爾德、時尚大師克里斯汀・迪奧、當代世界文學大師馬塞爾・普魯斯特，以及無數跨國集團CEO等。

相較於前兩所名校，最令我印象深刻的是還是巴黎綜合理工學院。在法國，巴黎綜合理工

---

5 一九九〇年代，筆者在法國巴黎一大求學期間，跟我學習中文的學生即來自綜合理工學院。他自入學的第一年起，每月可領取約五萬台幣的生活費用。此乃出自拿破崙的主張，藉由教育打破貧富與階級差異，拔擢一流人才為國家所用。

學院是一個讓人肅然起敬的名字，不但備受拿破崙的推崇和呵護，學校的校旗和校訓更為拿破崙所贈。為了彰顯該校地位，法國法律甚至規定，在每年七月十四日的法國國慶遊行中，巴黎綜合理工學院的學生必須走在所有隊伍的最前面，為共和國的光榮而護衛。足以想見，能夠進入綜合理工學院，是每一位法國青年的夢想，更被視為無上的榮耀。而我之所以特別敬佩巴黎綜合理工學院，主要是因為他們培育理工科學生的方式。

要求學生培養人文藝術相關興趣

多年前，筆者曾經走訪畢業自巴黎綜合理工學院的七十多歲校友，發現他們的居所不但極其雅緻，更流露出多國文化並陳的居家風格。克勞德・阿巴迪（Claude Abadie）告訴我：「巴黎綜合理工學院要求我們這些理工科系的學生，自第一年起，就得自我培養一個非本科、與人文藝術相關的興趣。而那個年代，年輕人都很瘋紐奧爾良爵士樂，自然而然，我選擇爵士樂作為我的興趣。每天晚上，我跟同學們相約到位於聖傑曼都雷區的『羅里昂黛』爵士俱樂部，聆聽克勞德・陸德的樂隊演出，直到某晚，一位同學提出：『為什麼我們不自組樂隊？』」

一九四六年底，克勞德・阿巴迪與六位同學們組成「Dixieland Juniors」樂團，他是豎笛手，傑克・納波里（Jacques Napoly）為斑鳩琴手，米謝爾・昆（Michel Quint）吹奏低音號，鼓手兼歌者是貝納・拉普拉斯（Bernard Laplace）。「Dixieland Juniors」成了校內舉辦爵士舞會時的指定樂隊，並且應邀參加不少爵士晚會與俱樂部表演，成了當時最著名的校園爵士樂隊。「Dixieland Juniors」活躍直至一九四八年夏天，七人畢業後，因大家各奔東西才解散。只是當四十多年過後，他們不再承受生活的重擔，回顧此生，發現心底深處最愛的仍是爵士樂。

他們從閣樓裡找出已上鎖的樂器盒，密集練習了七、八個月以後，同伴中有人開始顯露精神不繼的疲態，撐不下去的隊員中途退出，最後只剩下四名團員。遞補三名缺額以後，一九九五年，重組的「Dixieland Seniors」展開公演，透過爵士樂，七位銀髮族找回他們的青春歡樂。業餘演出六年多的「Dixieland Seniors」，每月在「聖米雪兒小報紙」（Le Petit Journal St-Michel）演出，場場爆滿，前來的聽眾多半為年輕人。看著他們演出時自得其樂的模樣，我不由得想，若非巴黎綜合理工學院要求理工科系的學生培養本科以外的人文藝術興趣，他們何以享有如此豐富的人生，並且這般安排自己的晚年？不僅給自己，更給他人帶來快樂。

知識、科學技能及職業教育並重的法國學制

不像台灣教育體系繁瑣，輕人文藝術重理工，重大學輕專科，法國教育體制旨在強調領域平衡發展，與教育的公平性、多元性、專業以及跨領域的結合，深化知識與技能的應用，相當靈活。

從出生到六歲以前為「托兒所」（École maternelle）[6]。

六至十一歲的學齡兒童就讀「小學」（École Primaire）。如為公立，採男女混校、免學費。分兩個學習階段：包括CP、CE1、CE2的第一個階段，以及包括CM1和CM2的第二個階段。校舍由政府負責維護。二〇一四年，法國共計有三萬一千八百八十三所公立小學以及五千一百二十六所私立學校。

接下來是為期四年的「初級中學」（Collège），分為第六級、第五級、第四級、第三級。公立初中乃由地方公共教育機構（Établissements Publics Locaux d'Enseignement, EPLE）負責，初中的教育目的在於培養學生主動及自主的能力。到了第三級尾聲，須參加一種國家文憑考試（Le Diplôme National du Brevet, DNB），考試項目包括筆試及口試。口試為藝術史或「跨學科實踐教學」（Enseignements Pratiques Interdisciplinaires, EPI）[7]或其中一個教育課程，以口頭表達的方式通過評估。[8]若口試未通過，可選擇以筆試通過。筆試涵蓋四個項目：法語（三小時）、數學（兩小時）、歷史及地理（兩小時）、科學（一小時）[9]。此外，可選學科有拉丁語、希臘語、歐洲語言和文化、區域語言和文化、專業發現等，應試者可因此獲得十至二十分的獎勵。

當「初級中學」結束以後，進入「高中」（Lycée），學生必須選擇在「普通和技術高中」（Le Lycée d'Enseignement Général et Technologique），或是在「職業高中」（Le Lycée d'Enseignement Professionnel）學習。[10]為期三年。分為：第二年、第一年和最後一年。每所學校都可依據學生的特質，制定特定的政策，開發專屬該校的特色項目。到了最後一年（La Terminale），學生要參加法國最重要的「高中畢業會考」（Baccalauréat，通稱BAC），並且依不同的高中類別，分為不同的考試科目與文憑。

有兩百年歷史的老字號拒絕女性受教權

在法國，這個擁有兩百多年歷史的高中畢業會考，就像是凱旋門、聖母院、羅浮宮、艾菲爾鐵塔，已經成為法國文化象徵的一部分。若有哪位總統或總理試圖對高中畢業會考進行大刀闊斧的改革，就像觸及勞工制度改革一般，最終都會在一波又一波工會與學生集結的抗議示威壓力下，妥協或黯然下台，甚至失去政權。

6 根據法國教育部統計，二〇一四年，法國有一萬五千零七十九所公立托兒所和一百三十七所私立托兒所。學生中，一一・八%為二至三歲兒童，三至五歲的兒童幾乎都在托兒所上學。

7 「跨學科的實踐教學」為有別於傳統的課程，每週二至三小時，目的在於藉由個人或集體的計畫的實現，深化知識與能力。每個學校根據不同的級別，自行定義主題及科目等等。

8 應試者可選擇十五分鐘的單獨面試（五分鐘的演講和十分鐘的面試），或通過二十五分鐘的集體面試（十分鐘的演講和十五分鐘的面試）。

9 科學包含三項：物理和化學、生命科學和地球、技術。考試內容為其中的兩門學科。

10 根據教育部二〇一四年統計，一千五百九十五所公立的普通及技術高中，九百零一所公立職業高中。一千零四十所私立普通及技術高中，六百五十二所私立職業高中。以普通高中及職業高中的四六比，可見法國非常重視職技教育。

然而，自從法國有史以來最年輕的總統馬克宏上台後，卻一改既往，銳意革新：不但對鐵路局動刀，還兌現他選前的承諾，改革高中畢業會考這個不可撼動的法國教育基石。這意謂著，不但影響了高中教育的方向、未來大學的選拔機制，連一八〇九年時，由拿破崙創立，被

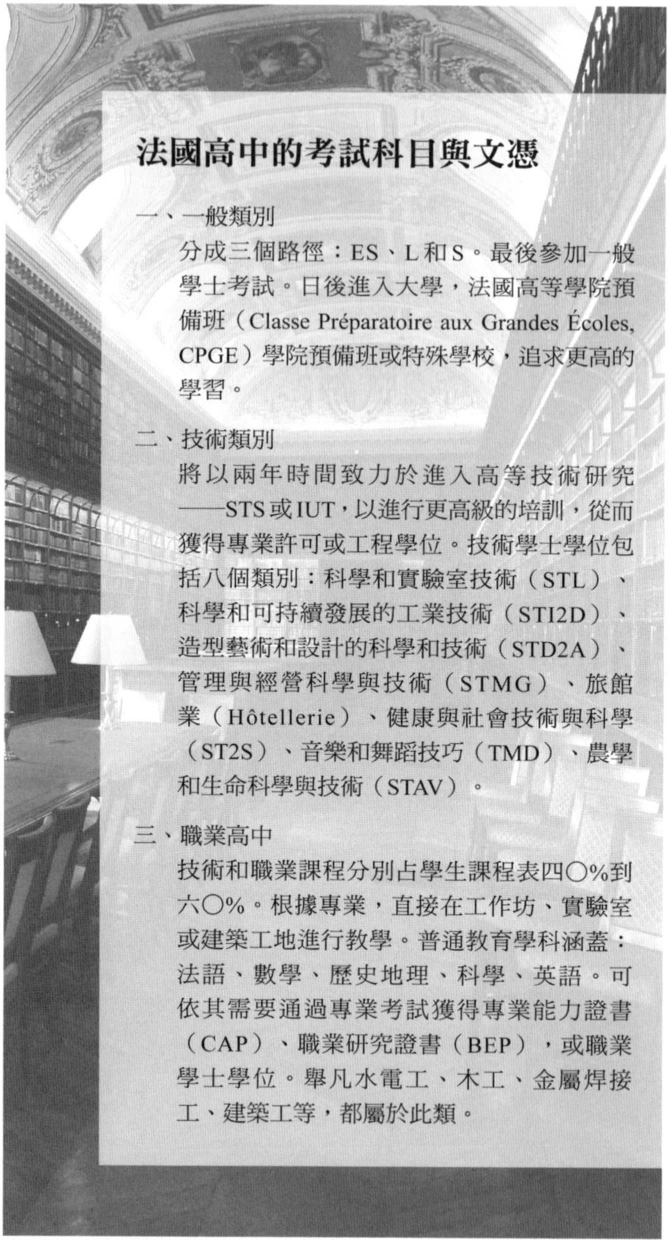

法國高中的考試科目與文憑

一、一般類別

分成三個路徑：ES、L和S。最後參加一般學士考試。日後進入大學，法國高等學院預備班（Classe Préparatoire aux Grandes Écoles, CPGE）學院預備班或特殊學校，追求更高的學習。

二、技術類別

將以兩年時間致力於進入高等技術研究——STS或IUT，以進行更高級的培訓，從而獲得專業許可或工程學位。技術學士學位包括八個類別：科學和實驗室技術（STL）、科學和可持續發展的工業技術（STI2D）、造型藝術和設計的科學和技術（STD2A）、管理與經營科學與技術（STMG）、旅館業（Hôtellerie）、健康與社會技術與科學（ST2S）、音樂和舞蹈技巧（TMD）、農學和生命科學與技術（STAV）。

三、職業高中

技術和職業課程分別占學生課程表四〇%到六〇%。根據專業，直接在工作坊、實驗室或建築工地進行教學。普通教育學科涵蓋：法語、數學、歷史地理、科學、英語。可依其需要通過專業考試獲得專業能力證書（CAP）、職業研究證書（BEP），或職業學士學位。舉凡水電工、木工、金屬焊接工、建築工等，都屬於此類。

認為是第一個大學學位的這段歷史也將有一番新面貌。

教育，在十八世紀初期，仍專屬於貴族及富裕階級，年輕學子必須在由大學教授組成的評審團面前通過文學、歷史、地理及哲學口試。一八三〇年，筆試才被納入會考。那年，約有三千名候選人獲得文憑，但未有任何女大學生，一八六一年，出生於孚日省的朱莉維多爾・朵碧耶（Julie-Victoire Daubié, 1824-1874）在三十七歲時成為第一位在里昂參加學士學位考試，並且獲此資格的法國女性。但要等到一九二四年，針對不同性別而設的教育項目才被取消。

一九四八年，已有十倍候選人參與會考，但是能夠通過考試者是鳳毛麟角。一九八五年，時任教育部長的尚皮耶・雪浮內蒙（Jean-Pierre Chevènement）訂下目標，要從當時的三〇%成功率提升至八〇%。二〇〇四年，時任高等教育及科研部長的法蘭索瓦・費雍（François Fillon）認為：「『高中畢業會考』的系統過於複雜，而且該組織『愈來愈危險』。」他當時主張將考試科目集中考六個科目，其餘的，日後以持續監督的方式進行。然而，面對隨之而來的強烈抗議，他被迫在三個月後撤案。

碰不得的BAC對上矢志改革的馬克宏政府

雖然這些教育改革案最終以失敗結束的例子歷歷在目，卻阻擋不了現任教育部長尚米謝爾・布朗蓋（Jean-Michel Blanquer），以及高等教育研究及創新部長費德列克・菲達爾（Frédérique Vidal）的改革決心。二〇一七年十二月五日，「促進國際閱讀素養研究」

（Progress in International Reading Literacy Study, PIRLS）[11]以及「國際學生能力評估計畫」（Programme International pour le Suivi des Acquis des Élèves, PISA）[12]發布評鑑結果報告，法國於這兩個國際機構的排名都比過去退步。幾小時後，布朗蓋部長召開記者會：「我們必須走出這些關於教育的循環辯論。這兩個報告將對檢查員和教師的實務工作很有價值。」布朗蓋隨後提出以下幾點改革主張：

◆**推行制服**。

◆**恢復一週四天上學制**。

◆**把一個班級拆成兩班，採小班教學制，並回復「作業」**：於七千一百所「初級中學」推行每週四小時，每天一小時，由一位老師輔導十五位學生的作業。這個計畫於二〇一八年初推廣到「小學」，首要的目的——幫助那些因家庭環境而無法在家好好學習的學生們，雖然，在此之前，小學是被禁止出作業的。

◆**為恢復學校秩序及維護國民健康，新學年禁止小學生及初中生帶手機上學**。

◆**恢復古希臘文、拉丁文**：將原本投入「跨學科實踐教學」二〇%的時間，用以進行雙語教學。學生可以選擇現存的兩種語言進修，或者選擇古希臘文或者拉丁文。

◆**合唱計畫**：透過每星期兩小時的合唱計畫，在初級中學及高中推動團體的合作及發展。這個項目尤其受到文化部的大力支持。

◆**簡化期末考試為四大科目，其餘採持續監督**。

◆**引進寓言故事作為教育素材：**此項目將被引進給十五萬名ＣＭ２期的小學生。布朗蓋認為：「因為寓言告訴我們關於人生的一些事情，它們是永恆的。」

布朗蓋公開反對法式教育體制中最重視的「機會平等主義」的主張，他更看重的是學校以及學生的自主性，而非系統性地箝制與規範，學生們應自主性地針對自身的未來做出選擇、規畫及思考。他也特別看重學生語言能力的提升。

文化的民主性和多元化

法國藝術界的多樣性一直被視為法國國寶。文化部長法斯娃・尼森（Françoise Nyssen）卻提醒：「不要把現有的一切視為理所當然。我們不要忘記，最有價值的，往往也是最脆弱的。」

11 促進國際閱讀素養研究（簡稱ＰＩＲＬＳ）起源二〇〇一年，每五年一輪，施測閱讀理解趨勢研究，是由國際教育成就調查委員會（International Association for the Evaluation of Educational Achievement, IEA）主辦之國際測驗，這項計畫主要的目的在於，研究不同國家所施行教育政策、教學方法下，四年級兒童的閱讀能力。台灣於二〇〇六年首次參與ＰＩＲＬＳ。二〇〇一年參與的國家跟地區數量為三十六個，二〇〇六年則有四十五個，二〇一一年有五十三個。

12 一個由經濟合作與發展組織所籌畫，針對全世界十五歲學生學習水準所做的測試計畫，最早開始於二〇〇〇年，每三年進行一次。該計畫旨在發展教育方法與成果，是目前世界上最具影響力的國際學生學習評價項目之一。

多樣性是一場必須持續不斷的抗爭。在市場規律面前，爭取藝術家的獨立、被認可，以及獲得公平的報酬。反對因金錢與獲利至上的要求而放棄多元的藝術景觀。這是對創造、文化節目和傳播自由的不妥協的保護。反對預防性的審查意圖、極端主義和民粹主義。」

她不斷重申藝術和文化在法國社會中的重要性，並主張民主化藝術實踐、允許各地文化多樣性、向年輕人開放。她向全法國有志之士喊話：「我們有責任共同站在一起，反抗全球化帶來的標準化幽靈。面對國內經濟、社會以及政治挑戰，我們更要堅守我們的文化模式。在預算的分配上，我們要能反映文化的多樣性以及表現法國這塊土地的文化特色——戲劇、音樂、歌劇、舞蹈中心、當代藝術、樂團、各式各樣的藝術節、馬戲團……。我要確保數千名在法國的藝術家能夠落實公共服務的使命，即延續藝術創作以及傳播藝術。他們是我們國家轉型的重要參與者。」

為了達成她所謂的民主化藝術實踐、文化發展的多樣性以及向年輕世代開放，法斯娃・尼森提出三項目標。

法國文化部的三大目標

第一個目標：發展普遍的藝術教育服務

讓所有民眾都能從事某項藝術，比如創作音樂、戲劇、舞蹈、繪畫等等。藝術必須成為孩子教育的支柱，一如閱讀、寫作或數學。藝術家和文化機構正等著參與其中，只待改變學校的教育模式。從托兒所到高中，以及所有學校的不同課程，都必須朝此方向邁進。

第二個目標：打破社會和地域

打開文化分權的新篇章，突破巴黎主義者的自尊心，提升不同地域的藝術價值。比如，巴黎地區的藝術花費是法國其他地區的十倍。新的文化部重新均衡今年的文化預算，並採取了一系列措施來加強與支持農村地區、中等城鎮以及社區居民的文化活動。

第三個目標：為青年投資的文化政策

既有的文化支持標準已過時，迫切需要將文化部現代化，並且提出新的青年文化政策，支持為年輕人提供創意平台的品牌、美術館以及機構，提供年青人培訓、公開排練、組織青年藝術家的座談會等。重塑青年文化政策，最終將拓展至歐洲範圍內。希望透過支持所有合作夥伴，以促進年輕藝術社群的生成、流通以及交流。

教育及文化政策形塑社會人格

自馬克宏上任以來，舉國上下花費長達一年的時間，對教育改革及文化政策進行熱烈討論。各界教育人士、社會學家皆透過各大媒體平台設立的論壇，展開正反不同意見的辯論，為這個足以影響國家社會整體未來發展方向的國之大政，提出諍言。法國得以成為全世界教育及研究，思想家、藝術家及世界一流的技術人員輩出的國度，得力於他們擁有一個理論與實務並重、知識與技能並駕齊驅、善於拔擢人才、培育人才的教育機構。更重要的是，透過這些國家機構來打破階級的藩籬，只要有才幹，無分出身，都可因適性適才適用而擁有一片發展的天空。

反觀台灣，歷數十年教改，發展至今，怨聲載道，教師無所適從，政治主導下的意識型態教育、功利主義至上的學習風氣，再再使得我們的教育錯失了開發學生潛能、發展多元教學的可能。而一味地重理工、輕社科以及人文藝術教育，更造成社會整體發展因缺少美育素養，以及缺少哲學思辨而粗鄙盲從。再加上大學生過剩，職校卻日益凋零，引發整個社會面臨產業發展失衡，某些領域的人才付之闕如。台灣這幾十年來的空轉，不正是因為我們的教育早與時代脫節，我們的文化政策也還停留在政治主導文化的層級。當筆者研究法國教育與文化政策改革，更不能不憂心今日台灣教育的現況以及台灣社會的未來。

巴黎人怎麼思考電影？怎麼看電影？

在台灣，談起「我看了一部電影」，所謂「看電影」這個行為，不僅是到電影院觀看，也可在家中，透過電視或網際網路來觀賞，甚或直接自手機下載影片。但當法國人說「我剛看了一部電影」，這意謂著，他在電影院看了這部影片。這一方面出自法國人對原作的執迷，使得他們堅持挑選播放原版影像的戲院。所謂的原版，即影片製作團隊最初的拍片儲存模式；若不然，至少也得是數位復刻修復版[1]。此外，膠卷與數位影片兩者之間的播放方式截然不同，所獲取的影像與聲音檔的資訊也不盡相同。而透過不同的介面來觀賞一部電影，自然也會產生不

1 透過數位科技技術，將早期因保存環境不良的母帶、經典電影重新掃描並修復成數位影像，再次發行，讓大眾得以重溫這些珍貴的歷史影像。

同的印象。他們深信：透過電腦、電視或者手機螢幕看片，那就像透過明信片與畫冊來觀看蒙娜麗莎，認為已經看過那幅畫，其實不是真的，看見的只是贗品，贗品貌似形似，卻永遠無法取代真品。

電影放映格式

因拷貝輸出格式的不同，同一部電影，可能有不同的形式，戲院放映廳也提供不同的放映設備，分為五大類：

一、一般。即播放膠卷影片。膠卷影片是透過母帶拷貝以後，再配送到電影院播放。

二、數位。是用數位投影機放映硬碟裡的數位影片檔。

三、3D。指立體電影。

四、IMAX。全稱為 Image Maximum，意指最大影像，由加拿大 IMAX 公司發明的放映系統播放的影片，是一種能夠放映比傳統底片更大、更高解析度的電影放映系統。IMAX 是大格式影片，七十毫米底片每格有十五個邊孔，具有更高的電影解析度。需在特定場館播放的影像，又細分為底片時代專門播放膠片的「巨型銀幕」、數位影片的「數位 IMAX」、3D 立體 IMAX，以及「數位媒體修復」（IMAX DMR-Digital Re-Mastering）幾類。

五、4DX。指透過動態座椅加上特效，體驗電影中的動感及特效。

看電影是文化活動

看電影對法國人而言，不僅是娛樂，更被當成一種文化活動。除了作為親朋好友茶餘飯後的共通話題以外，電影院儼然也成了另一種社交與休閒場合，既可促進人我之間的情感，也可增廣見聞、提高藝術品味與其涵養。這也是為什麼，當戲院舉辦各式各樣的映前映後座談、不同主題的電影講座與文化講堂，法國人都趨之若鶩，相偕前往尋寶，視電影院為另一個文化沙龍。[2]

法國人不僅發明電影，更深愛電影。一八九五年十二月二十八日，盧米埃兄弟於巴黎「大咖啡館」放映第一場電影以來，[3]一百二十多年過去了，巴黎電影院的光影，一如巴黎街燈，不但未曾熄滅，反而愈燒愈熾烈，[4]日復一日，將世界各地美不勝收的景致、獨一無二的風土

2　二〇一七年起，藝術電影院的龍頭MK2開創二〇一七／二〇一八跨年文化活動，預計每年舉行，共計數百場專題及系列講座——除電影史以外，還有紀錄片、短片、電影與音樂、文藝復興時期的藝術、藝術史、建築與設計、巴黎城市史、文學、攝影、認識世界、舞蹈、時尚、當代藝術與瑪格蘭社等主題，並邀請索爾邦大學電影系教授、哲學家、攝影研究者、文學家、物理學家、詩人與歌者、影評人、女性媒體、攝影記者、導演等不同專業領域人士共同參與，並舉辦錄像與攝影工作坊。

3　史檜柏飯店（Hôtel Scribe）牆壁上刻印著這麼一段話：「一八九五年十二月二十八日，在盧米埃兄弟發明的攝影機——Cinématographe——幫助之下，此處舉辦了第一場活動照片的商業放映。」

4　根據二〇一五年統計，光巴黎一地，已有八十七間戲院，四百零四間放映廳，七萬五千兩百六十三個座位，每週放映四百五十至五百部電影，年約兩千七百萬觀眾。其中，部分戲院為專門放映藝術電影的藝術電影院（Art et Essai）。而今，巴黎的放映廳與觀影人口仍有增無減。

人文、古往今來風流人物的神采，展現在觀眾眼前。豈止吸引了來自世界各地的影迷，連導演也對巴黎情有獨鍾，難怪伍迪艾倫會選擇巴黎作為電影《大家都說我愛你》中的場景。當影迷看到他腋下夾著一根細細長長的法國麵包，悠悠哉哉地沿著塞納河漫步時，莫不發出會心一笑！

電影之都巴黎

生活在巴黎，沒有人不愛看電影，大多數人都把看電影當成最好的知性與感性休閒活動之一。光巴黎一地，就擁有四百間以上的放映廳，其中四分之一是藝術實驗電影院[5]。而除了第七區以外，每一區都擁有至少一間電影院，尤其是巴黎左岸拉丁區第五區及右岸聖傑曼都雷區第六區，共擁有二十七間戲院、七十間放映廳；整個巴黎電影院中，有九間戲院擁有超過十個放映廳。[6]

於每週播放的四百五十到五百部電影中，巴黎電影院提供一個適合所有觀眾、兼容並蓄、多元化的節目單。在這每週數百部電影中，至少有十二部新作品、二百四十部獨家播映的經典老片、一百部是以影展或者主題影展的形式播出，另有一百部為法國電影資料館的片單，還有短片、紀錄片、來自世界各地的電影，外片則有原音及法文發音兩種版本，並提供聽障者觀影的服務。

法國電影資料館

楚浮曾如此形容法國電影資料館（Cinémathèque Française）的重要性：「我在『法國電影資料館』學習到電影的歷史、它的過去以及現在。」法國電影資料館的創辦人之一亨利・蘭洛（Henri Langlois, 1914-1977）則驕傲地說：「『法國電影資料館』的光榮戰果之一，是催生了法國新浪潮運動。」

這個成立於一九三五年的非營利影像中心，至今已經擁有四萬部電影拷貝，並且每年發行四本《資料館》（*Cinémathèque*）季刊與各種電影專書，自一九九二年起，每年秋季還舉辦「電影沙龍」書展，加上不定期的電影展覽，以及一年六場不同主題的影展或導演專題展，使得法國電影資料館成為影迷心中最重要的電影聖殿。

二〇〇三年年底，法國電影資料館連同電影博物館、電影圖書館（Bibliothèque du Film, BiFi），一同搬遷至位於巴黎十二區的前美國文化中心，除闢有四間放映廳、一間展覽廳、影片儲存區、多媒體中心，還有 BiFi 圖書館與餐廳。

5 藝術實驗電影院（Cinéma d'Art et Essai）專門播映有研究性或新穎性的電影創作。

6 根據二〇一五年巴黎市政府統計：UGC Cine les Halles（二十七廳）、UGC Cine Cité Bercy（十八廳）、Gaumont Aquaboulevard（十四廳）、Gaumont Parnasse（十五廳）、Pathé Wepler（十二廳）、UGC Georges V（十一廳）、MK2 Bibliothèque（二十廳）、十九區 UGC Cine Cité（十四廳）、Pathé La Villette（十六廳）。

為了培養明日的電影觀眾，教育他們良好的影像品味，愈來愈多的電影院也提供專為兒童及青少年觀眾設計的電影節目單，通常選在不需要上課的週三和週六下午放映。此外，巴黎也是擁有最多影像教育中心（有影像論壇〔Forum des Images〕、法國電資館）、電影圖書館（BiFi、法蘭索瓦．楚浮電影圖書館〔Bibliothèque du Cinéma François Truffaut〕），並在美術館裡設立電影院（龐畢度影院、奧塞博物館、羅浮宮博物館、阿拉伯世界研究院〔Institut du Monde Arabe〕）的城市。

美術館裡的電影院——龐畢度影院

對台灣民眾來說，現代美術館只是提供繪畫、雕塑、攝影等藝術品展出的場所。然而，對於遠在他方的巴黎龐畢度中心（Centre Pompidou）而言，電影更是現代藝術之一——也應該如藝術品般，以系統性的方式介紹給世人。這也是為什麼，在當代藝術占據龍頭地位的龐畢度中心，自一九八三年以來，特別成立文化機構（Institution Culturelle），並將電影納入該館的主要文化活動之一，成為與法國電影資料館同樣享有法國文化部與國家電影局（CNC）百分之八十經費贊助的非營利影像中心。

八〇年代初期，龐畢度中心與法國電影資料館合作舉辦電影活動：由龐畢度中心出借場地，法國電影資料館安排電影節目，初期多以主題影展的方式呈現。然而，自從龐畢度中心成立獨立的電影部門、全權安排一切電影活動以後，龐畢度中心的電影部便搖身一變，成為致力於發掘世界各地豐富電影藝術傳統的文化機構。

龐畢度中心每年選擇一個不同的國家或城市作為電影專題，以兩年的時間籌畫，並與該國駐法的大使館、文化部以及電影資料館、國內與該國的發行商及製片商、國際電影檔案聯盟（F.I.A.F.），共同合辦影展，每次都至少有百部以上的電影參展。至今已經舉辦過的專題有古巴、日本、中國、印度、南斯拉夫、墨西哥、奧地利的維也納、義大利的里雅斯特（Trieste）與那不勒斯（Naples）、俄國、德國等，涵蓋的範圍由默片時期至今，電影類型從紀錄片、劇情片、短片到實驗電影，無所不包。主辦單位並於影展時期，舉辦電影主題展、出版專書。

除了國家城市主題展以外，龐畢度中心也不斷地引介仍活著卻知名度不高的當代導演給大眾認識，播放這類導演各種不同形式的電影創作，如短片、實驗電影、超八厘米、十六厘米、三十五厘米、Video創作、數位電影、網路創作，並會邀請導演親臨現場與觀眾交流創作心得、出版導演專書、舉辦個展。透過以上方式，龐畢度中心已經有系統地引介了以色列導演阿摩斯・基塔伊（Amos Gitai）、德國導演漢斯喬根・西貝伯格（Hans-Jürgen Syberberg）、克里斯汀・佩佐（Christian Petzold）及哈倫・法洛基（Harun Farocki）、比利時的香塔・阿克曼（Chantal Akerman）等人的作品。

此外，每週四晚上，龐畢度中心固定輪流播放舞蹈電影、短片聯展、網路電影以及關於導演、藝術家或畫家個人生平的紀錄片，並與電影雜誌合辦每週二晚上的首映場，向大眾推薦新導演及其作品。

除了上述的電影活動以外，龐畢度中心也與新聞圖書館（B. I. F.）共同舉辦每年三月的「真實電影」（Cinéma du Réel）、十一月的「紀錄片導演」影展，也與現代美術館共同舉辦「實驗電影展」。

二〇〇〇年起，龐畢度中心擴大電影部門規模，成為擁有兩百席與一百五十席的兩廳戲院，而如此獨特且多元精緻的電影文化活動，以每場不到兩百元台幣的價格即可參與，學生更可享有一百三十元的優待價格。如果辦理「龐畢度中心」會員卡（Laisser-Passer），以年費八百元至一千六百元的代價，則可享有一年免費觀影、參加各項藝文表演活動的權利。如此物美價廉，真正實現了普及藝術的理想，也使得龐畢度中心成為非營利的影像中心裡，最受歡迎的電影文化中心。

巴黎電影教育中心——影像論壇

位於中央市場（Les Halles）商業中心的影像論壇，對所有影迷來說，都不是個陌生的地方，因為它不僅是一所擁有四廳的影像中心，也是電影教育與影像實驗的中心。

影像論壇源自當時的國家視聽機構（Institut National de l'Audiovisuel, INA）館長皮耶・艾

瑪努艾爾（Pierre Emanuelle）的構想：他認為，在當今世界，影像占據愈來愈重要的位置，成立一所專門保存影像的中心已是當務之急，因此向當時時任巴黎市長的席哈克提議。這個建議立刻獲得席哈克的支持。一九八三年初期，巴黎圖像中心（Vidéothèque de Paris）成立。這所幾乎完全由巴黎市政府資助而成的影像中心，經過五年的籌備，募集了一千五百部有關巴黎的影片以後，才於一九八八年二月間開幕。

巴黎圖像中心的政策以宣揚巴黎的形象為主，因此只放映與巴黎有關的電影，無論是歷史的、建築的、心理的、地理的，甚至電視廣告、短片，都是巴黎圖像中心收集的目標。然而，經過三年的試驗，該館的工作人員漸漸感覺巴黎圖像中心的目標太過狹隘，影像中心應該容納各種不同的聲音，涵蓋哲學、建築，或者社會學、人文學等不同的層面，成為一所影像與思想的交流中心。因此，數年以後，巴黎圖像中心改名為「影像論壇」，即使資金仍由巴黎市政府支持，但是內容已經遠勝以往。

巴黎市政府每年舉辦藝術童年（L'Enfance de l'Art）電影活動，但真正促使巴黎孩童們將電影當作表達自己創意的工具的，首推影像論壇的電影日（Une Journée au Cinéma）。

這個一季一主題，每個主題舉辦三場，一年舉辦十二場的電影日活動，凡是五歲以上的小孩都可以在父母的陪伴下參加。早上，孩子在3D影像畫家的陪伴下，各自創作跟畫家所訂主題有關的東西；午餐過後，孩子們一起欣賞與此主題有關的動畫片，在觀摩的同時，思索如何以影像表現他們的創意。

此外，每週三與週六，特別針對五歲以上的孩童設計一系列的電影節目。節目的內容使我感受到法國的兒童教育似乎比我們更有彈性，因為節目內容不僅有卡通與動畫片，一般電影也在選項之中。而針對十八個月到四歲大的兒童，影像論壇則設計了「小小孩電影院」，以音樂搭配電影的方式，讓孩子們愛上電影藝術。電影結束以後，影像論壇也會在咖啡座準備果汁與點心招待小朋友，偶爾也會舉辦心得交流會，除了讓孩子們自由發表電影感言，影像論壇也會向孩子們解說放映此片的理由。

為了獎勵來自世界各地的優秀電影創作者，影像論壇特別舉辦「相遇——世界電影在巴黎」（Rencontres Internationales de Cinéma à Paris）。這個每年一度、由影像論壇主辦兼策畫的電影活動，邀約僅僅拍過一至兩部作品，且該作品從未在法國公開上映的導演參加競賽。每年有二十五部作品參賽，包括劇情片與紀錄片。由觀眾票選其中最優秀的作品，頒發觀眾獎與三千歐元獎金；而由七位評審組成評選委員會，從中選出他們認為最優秀的作品與演員，頒發「新人獎」。

為了讓更多不同領域的傑出人士參與影像論壇所舉辦的電影活動，影像論壇特闢「向〇〇〇致敬」的電影文化活動：由影像論壇每年選出三位不同領域的專家，邀請每人選出一或兩部他們最想推薦給觀眾的電影，並於放映結束後與觀眾交流，之後，再放映影像論壇選出的一部電影與其呼應。

為了鼓勵法國年輕的創作者，影像論壇也以青年創作（Jeune Création）為題，邀請年輕的創作者來此舉辦作品發表會；除此以外，為了促進電影與其他領域的結合，特別開創音樂與電影（Musique et Cinéma）單元與混合電影（Ciné-Mix）單元，邀請音樂家以半個月到一個月的時間，完成某部默片的配樂，並於此發表成果。

影像論壇最吸引人的年度活動中，當推城市圖像（Portrait d'une Ville）與動畫影展。前者透過短片、紀錄片、劇情片、廣告、新聞影片等不同的影片類型來了解一個城市的過去與現在；至今已經舉辦過莫斯科、羅馬、布拉格、東京、柏林、墨西哥、布宜諾斯艾利斯、布魯塞爾、德黑蘭等城市主題。活動進行期間，也邀請建築師、社會學者針對此城市的建築結構與社會現象進行討論。

而動畫部分，除了在每兩年一度的日本動畫週（Nouvelles Images du Japon），大量引介日本近十年來的動畫創作者給巴黎的觀眾，更每年特地邀請一位國際知名的動畫創作者：先選擇一部他最喜愛的動畫介紹給觀眾，再播出他的作品，最後進行創作者與觀眾之間的交流。

在這些豐富多元的影像活動之外，影像論壇也思索不同的電影放映形式。除了每年八月間舉行的月光影展（Cinéma au Clair de Lune）以外，影像論壇也曾於游泳池放映電影：所有的觀眾都得穿著泳衣進場，影像則漂浮在水面上。

他們甚至還煞費周章地辦了一次「全黑」（Dark Noir）觀影活動。每次限定十人入場，在盲人的帶領之下，穿過沒有任何光線的長廊，在全黑中進食、聽音樂，最後以欣賞喬治・拉空柏（Georges Lacombe）的《夜晚是我的王國》（La Nuit Est Mon Royaume, 1951）這部電影作為結尾。

自二〇一五年起，影像論壇不但舉辦巴黎虛擬電影節（Paris Virtual Film Festival），二〇一七年起，更與藝術電視台（Arte）、法國世界第五台（TV5 Monde）共同製作虛擬實境（ＶＲ）紀錄片，並於每週六播放ＶＲ短片。

影像論壇對於影像的觀念與作法可謂既富於創意，又有教育意義。巴黎的小老百姓只要花費二百二十元台幣（學生一百八十元台幣），就可以在這裡待上一天，並免費享用網咖半小時，這實在非常划算，難怪此地所辦的每場活動總是大爆滿。對於想要從事電影研究者而言，影像論壇的錄影帶室所收藏的影片更是不可錯過的寶貴史料。如此兼具教育、娛樂、文化與實驗精神的影像中心理念，不知何時也可以落實於台灣？

多廳院會員制衝擊

藝術電影院的經營者雖然在打造法國電影的璀璨風華一事上堪稱功不可沒，然而，隨著時代不斷演進，卻也不免迎來前所未有的困境。

如前所說，法國的電影院四處林立，除了非營利的影像中心以外，光巴黎這個城市，電影院廳數就不下四、五百，而在此數百間放映廳裡，大多數為多廳院影城[7]，例如專以放映商業片為主，但也兼映一定比例藝術片的商業戲院Gaumont、Pathé、UGC Ciné Cité；以放映藝術電影為主的多廳院影城ＭＫ２；標榜超大銀幕、最先進影音設備及豪華裝潢的「大雷克斯」

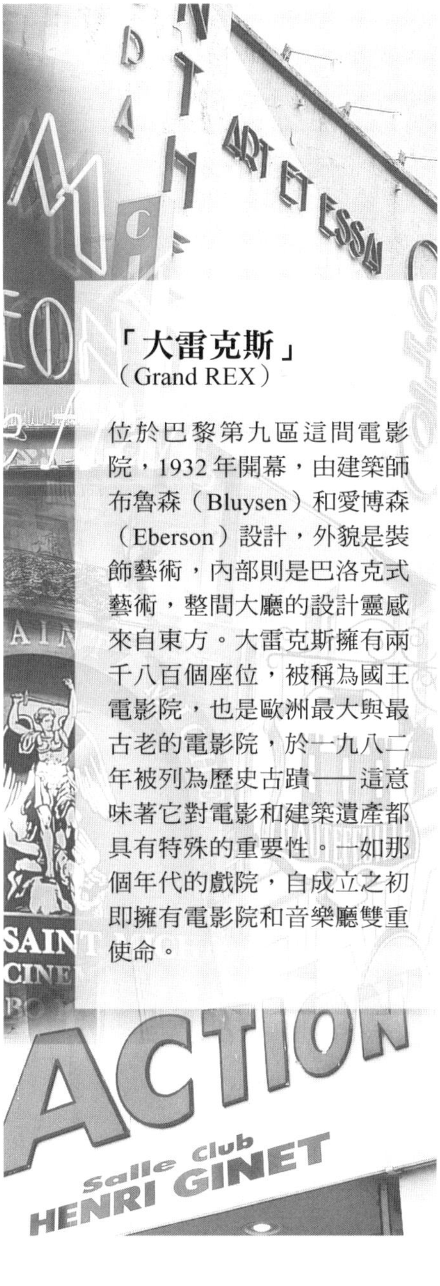

「大雷克斯」
（Grand REX）

位於巴黎第九區這間電影院，1932年開幕，由建築師布魯森（Bluysen）和愛博森（Eberson）設計，外貌是裝飾藝術，內部則是巴洛克式藝術，整間大廳的設計靈感來自東方。大雷克斯擁有兩千八百個座位，被稱為國王電影院，也是歐洲最大與最古老的電影院，於一九八二年被列為歷史古蹟——這意味著它對電影和建築遺產都具有特殊的重要性。一如那個年代的戲院，自成立之初即擁有電影院和音樂廳雙重使命。

（Grand REX）。多廳院的商業影城，地點多設置在大型的購物中心內，為的是吸引年輕世代，帶動另一股全新的觀影風氣。

多廳院做的不僅於此。UGC於二〇〇〇年三月開創月繳十八歐元，則可隨意看電影的「會員卡」制[8]，搶走了不少藝術實驗電影院的觀眾。為了生存，藝術實驗電影院也開始

7 多廳院影城，擁有少則四間放映廳，多則高達二十七廳，比如UGC Ciné Cité les Halles。

8 此會員卡為期至少一年，二〇一八年每月調升至二十一・九歐元，如果不滿二十六歲，可享十七・九歐元的優惠價格。

放映諸如《一〇一忠狗》、《魔戒》、《哈利波特》、《星際大戰》等商業娛樂電影。惡性循環之下，沖毀了商業院線與藝術實驗電影院之間的市場區隔，使得每週片單的內容大同小異。

面臨當前市場混亂的局面，僅有一廳、一百三十個座位的烏蘇林戲院，更飽受經營上的空前壓力及市場競爭的困難。烏蘇林戲院經理安妮・托瑪（Annie Thomas）的一席談話，道出所有藝術實驗電影院經營者的心情：「大型的托拉斯商業影城如UGC、Gaumont愈開愈多，以藝術實驗電影起家的戲院MK2也轉為連鎖經營，他們憑藉優勢的通路條件，搶走不少製作嚴謹的藝術電影首映的機會，一般的獨立戲院經理只好退而求其次，或是爭取二輪上映權，不服輸的老闆轉而尋找口味更獨特、更曲高和寡的作品。我呢，則被迫尋找題材更尖銳、風格更特殊的作品，或者降格以求。結果是，三部映演的作品中，只有一部片子是我真正想要的。整個商場競爭的均衡狀態完全被打破，大家各自為政，亂世中苟延殘喘。」

捍衛藝術電影的國家電影局

藝術電影院的觀影人口大量流失，影響所及，藝術電影院一間接著一間結束，剩餘的幾間藝術實驗電影院，也因同業間激烈的競爭、社會大環境的改變、多元化的視聽娛樂活動交相夾擊，勉強在夾縫中求生存。

國家電影局乃是專門提供資金與政策輔導的官方電影機構，為挽救電影市場淪為一面倒的商業院線片的危機，歷經兩年多的努力，讓UGC、Gaumont、Pathé與MK2同意整合，並且

國家電影局
（Centre National du Cinéma, CNC）

不管外在的環境如何變遷，國家電影局始終站在最前線，捍衛脆弱的藝術電影生命。若沒有國家電影局捍衛藝術電影那堅如鐵石般的決心，就算有再多優秀的導演、堅持創新的藝術電影製片人、不怕血本無歸的發行片商與品味超卓的觀眾，藝術電影也無法生存，優秀的電影作品也永遠無緣面世。

國家電影局對藝術電影界的貢獻，除了補助製片拍片的資金以外，為了獎勵新人，每年也提供一定額度的資金給首度拍片的導演。此外，國家電影局也提供相當可觀的補助金給藝術實驗電影院的經營者。一旦獲得「藝術實驗電影委員會」核准合格的藝術實驗電影院，最高可獲得一萬八千四百六十一歐元，最低可獲得一千五百三十八歐元的補助，唯藝術實驗電影院必須符合以下條件：

A級

1. 位於巴黎。
2. 人口有二十萬以上的地區，或人口雖低於二十萬人，但每年仍可吸引一百五十萬以上的觀影人數
3. 年度放映的片單中，放映至少七五％以上的藝術實驗電影。
4. 所有的外國片都必須是原音重現。

B級

1. 人口介於七萬至二十萬之間的地區，年度觀影人次至少有一百萬。
2. 人口少於七萬的地區，觀影人次超過五十萬以上。
3. 放映的節目單中，必須有五〇％以上屬於藝術實驗電影。

C級

1. 人口介於三萬與七萬之間，但年度觀影人次超過五十萬。
2. 放映的年度片單必須有四〇％以上為藝術實驗電影。

D級

1. 人口低於三萬的地區。
2. 年度片單中，三五％必須為藝術實驗電影。

接受獨立藝術實驗電影院的加盟。換句話說，觀眾只要擁有一張會員卡，就可以在加盟此會員卡系統的任何戲院，看任何想看的電影。如此一來，不僅選擇增加，也使得消費者與經營者各蒙其利。而這個計畫已經於二〇〇三年夏季開始實施。

除了匯聚多廳影城與藝術電影院兩者不同的觀眾群以外，藝術實驗電影院觀眾對於戲院軟硬體設備品質的要求，也愈來愈高。他們不再滿足於二戰以來藝術實驗電影院提供的老舊設備，像是差強人意的照明、破舊的影片拷貝、老舊的音響以及陳舊不堪的放映器材。觀眾甚至連銀幕的尺寸也由原來的小銀幕轉向偏愛大銀幕；不太舒適的座椅設備及售票人員的晚娘臉孔也遭到觀影者的排斥，觀眾以實際的行動拒絕設備落後、服務不周的戲院，帶動了戰後藝術實驗電影院第一波改革。

一九九〇年起，電影區域發展局（Agence pour le Développement Régional du Cinéma, ADRC）協助所有城鄉電影院陸續更新軟硬體設備；一九九一年起，國家電影局補助每間巴黎藝術實驗電影院更新軟硬體設備的費用已高達九〇％；今日，巴黎的電影觀眾在藝術實驗電影院欣賞電影，已享有商業戲院觀影的同級享受。

小蝦米對抗大鯨魚

然而，不少位處偏遠地區的藝術實驗電影院，如揚帆（Le Grand Pavois）的老闆尚皮耶・華格納（Pierre Wagner）卻認為：「這種措施將使得我們原本已經很艱難的處境雪上加霜，因為擁有會員卡的觀眾根本不願意到市中心以外的戲院看片，而會員卡的吸引力卻反而使得愈來愈多手頭不太寬裕的觀眾捨棄地方戲院，湧入市中心影城觀影。如此一來，將造成地區藝術電影院的急遽萎縮，以及連鎖影城的日益壯大。到最後，全法國將只剩下如UGC Ciné Cité、Gaumont這類型影城。」

所幸的是，為了抵抗來自UGC或Gaumont這類巨人的競爭，二〇一七年起，二十四間獨立電影院決定團結一致，推出自己的「巴黎獨立電影院預付卡」（Ciné Carte CIP）[9]。在巴黎市政府、法國文化部、國家電影局的支助之下，很快的，CIP卡於巴黎十四個區的三十二間藝術實驗電影院的七十九間放映廳通行。[10]

既未加入多廳院會員卡組織，也未加入CIP的剩下幾間巴黎藝術電影院的經營者，如位於聖安德雷藝術街（Rue Saint-André-des-Arts）上的聖安德雷藝術電影院，老闆羅傑・狄阿蒙帝（Roger Diamantis）是個由台下觀眾走向戲院經營者的傳奇人物。十五、六歲那年，他在朋友面前嚴肅地宣稱：「只有女孩與電影讓我動心。」愛電影成癡的他，歷經經濟、政治、社會人文的變遷，世界電影市場普遍的不景氣，兩次瀕臨倒閉的危機，卻不改初衷。寧願賣掉他以

9 CIP預付卡分為兩種：五張票，有效期為六個月的三十歐元預付卡；九張票，有效期九個月的四十八歐元預付卡。

10 目前，巴黎電影院會員卡大致上分為三個系統：UGC與MK2、Gaumont與Pathé、巴黎獨立戲院（CIP）。每個系統各自有加盟的電影院。

尚・維多（Jean Vigo）電影《操行零分》（Zéro de Conduite）命名的餐廳，也要繼續苦撐，由此可見法國人對於電影的熱愛。

天天影展

在法國生活，一年三百六十五天，就算每天看一部不同的影片，連續看上一年也看不完。光巴黎一地的四百多間放映廳週間放映的電影數量，就已經高達四百五十至五百部，更遑論以各種名目為主題的影展。

比較具知名度的大型影展，如一九九九年起，法國電影院全國聯合會（Fédération Nationale des Cinémas Français, FNCF）在法國巴黎銀行（BNP Paribas）的支持下，一年舉辦兩次全法電影節，以四歐元的超低票價，分別於每年春季三月舉辦為期三天的「電影之春」（Le Printemps du Cinéma），以及每年六或七月舉辦為期四天的「電影節」（La Fête du Cinéma）。每次活動都吸引將近三百萬人次的觀影人潮，其中尤以年輕世代占最大比例，養成年輕人到電影院看電影的習慣。

自二〇〇三年起，巴黎市政府每年舉辦「巴黎電影節」（Le Festival Paris Cinéma）[11]，輪流由導演科斯塔・加夫拉斯和女演員夏洛・特蘭普斯擔任主席。不但每年放映三千四百部新舊、長短片電影，共放映一千兩百多場，並且舉辦國際電影競賽以提高它的國際影響力與能見度；增設「巴黎計畫」（Paris Project）以鼓勵國際拍片計畫與法國製片人間的合作。

七、八月對巴黎人來說，是換一種方式生活的日子，也是真正的法式生活復甦的時期。人們擺脫鋼筋水泥的建築，人手一個提籃，牽著心愛的家犬，一同到公園進行戶外野餐。在美好的大自然裡，人們放鬆心情，聆聽鳥叫蟲鳴，盡情享受這無拘無束的一刻。在如此輕鬆的氣氛裡，欣賞來自世界各地的電影，另有一番感受！

自一九九〇年起，位於巴黎十九區的小城市公園舉辦為期一個月的露天電影節（Cinéma en Plein Air），邀請巴黎人一同草地野餐，並在美麗的星空下觀賞來自世界各地的經典名片，營造出巴黎人不出國也能環遊世界一個月的歡樂氣氛。小城市公園至今已舉辦了二十八屆的露天電影節：每年都選定一個主題，如水、搖擺電影、歐洲原音重現、西部片、向費里尼致敬，從《大路》到《逍遙騎士》、空間、家庭、宗派、部落、邊界、料理等，放映影片數量高達四十部，部部精采。每一場都吸引了至少六千名觀眾前來參加，並且，完全免費！期間，多虧了南特影展（Festival de Nantes）的主席亞蘭・賈拉東（Alain Jalladeau）與菲利普・賈拉東（Philippe Jalladeau）兄弟的努力，露天電影節才能從初期的歐美商業電影一路發展，成為今日商業與藝術並重的世界影展。而為期一個月的影展活動中，雖非一年到頭經常性的演出活動，卻對普及藝術電影具有相當的影響力——使得戶外電影節在巴黎年度影展中，扮演起日益重要

11 因缺少市政補貼，這個影展不得不在二〇一四年停止其活動。

的角色。

每年一月的最後一週，是影迷的年度盛會——電視概論影展（Festival de Télérama）活動。這個年度影展由《電視概論》（*Télérama*）雜誌所舉辦，雜誌社影評自過去一年間所有曾在法國上映的影片裡，選出最優秀的十七部劇情片、紀錄片及動畫片，並以低於一般票價十歐元三分之一的優惠價三・五歐元，招待《電視概論》的讀者重溫年度佳片。這個電影活動至今已經舉辦了二十一屆，每年都吸引數萬名影迷參加，而且愈辦愈成功，成為與露天電影節、電影節三足鼎立的年度電影活動。

幾百種電影雜誌

「法國究竟有多少電影雜誌？」這是我向法蘭索瓦・楚浮電影圖書館館長達茲女士提出的第一個問題。她思索了一下後告訴我：「大約有幾百種吧！當然，某些已經絕版，至今仍發行的還有數十種。」

這數十種雜誌中，國人耳熟能詳的有《電影筆記》（*Cahier du Cinéma*）、《正片》（*Positif*）。而除了這兩本專業電影評論外，更有探討科幻電影的《神奇的銀幕》（*Écran Fantastique*）、探討動畫的《動畫》（*Animation*）、剖析導演工作的《導演》（*Cinéaste*）、出版電影劇本的《前台》（*Avant-Scène*）、研習劇本寫作的《劇情大綱》（*Synopsis*），甚至有專門探討亞洲國家電影現況的《H.K.》，以及研究電影史的《1895》雜誌等等。針對目標讀者群不同，有專為鑽研技術的讀者出版的《視聽雜誌》（*Revue Audiovisuel*）、《全銀幕》（*Écran Total*）雜誌；或是以製片發行人與戲院老闆為訴求的《法國電影》（*Film Français*）；將電影當成文化與美學議題研究的《虹》（*Iris*）英法雙語季刊、《電視概論》與柯爾雷特（Corlet）合作出版的電影專刊《拍電影》（*Cinéma Action*），以及電影學者策畫的電影論文期刊《怪念頭》（*Vertigo*）等。

台灣的電影文化在哪裡？

在世界各城市雖拜訪過不少主題書店，如料理書店、廚師書店、同志書店、女性書店、文學書店，卻從未看過電影書店。這個始終縈繞於心的遺憾在我抵達巴黎的第一天便不復存在。巴黎不但有電影書店，而且數量還不少，如一九八六年成立至二〇一四年關門，已有二十八年歷史的反射（Librairie Ciné Reflet），就是我最喜歡也最常去的一家。

這家電影書店收藏了百餘種電影雜誌及法、英、西、德、義、日、中等不同語文的電影書籍，以及上萬張珍藏的電影海報、劇照與不勝枚舉的明信片；電影叢書至今已經累積超過一萬兩千本，其中包括電影評論、電影劇本、電影劇照、電影有聲書、影評與導演專題特刊。老闆還計畫以一天平均兩本電影評論、每月五十本電影專刊的速度累積店內藏書量。經過二十八年持之以恆地用心經營，反射已經成為在我的心目中，世界第一的電影書店，也成了集聚古往今來電影歷史的資料館。

至今，反射電影書店已被「萬神殿電影書店」取代，光是巴黎便擁有七家電影主題書店。我不由得想問：「何年何月，台灣能夠擁有一間電影書店？」更重要的是，台灣如何也能夠將電影當作是文化活動的一環？我們可以在電影院裡舉辦各式各樣的藝術專題講座。比如，巴黎

巴黎的電影主題書店

巴黎至今有七家電影主題書店，包括：

二〇〇五年開幕的MK2羅亞爾碼頭書店（MK2-Quai de Loire）。

二〇〇六年開幕的法國電影資料館書店（La Librairie de la Cinémathèque Française）。

二〇一五年在反射舊址上開設的萬神殿電影書店（La Librairie du Cinéma du Panthéon）。

迪克西特書店（Dixit Librairie）。

一九九三年開幕至今的金屬商店（Métaluna Store）。

擁有超過四千部影片的主流之外（Hors Circuit），是收藏大衛林區作品最齊全的影像店。

波坦金戰艦電影書店（Librairie Potemkine）。

本文中所提的反射電影書店，已於二〇一四年結束營業。

的MK2藝術實驗電影院自二〇一七年起，連續舉辦了兩屆的電影文化講堂。在數百堂的電影講堂中，有專門為二歲至四歲兒童量身打造的電影藝術活動，也有青少年至成人的課程：其涵蓋的領域從電影史、心理學、世界文化、國家美術館巡禮、攝影藝術、紀錄片觀摩、VR電影、動畫電影、哲學電影、女性畫像、當代藝術、文藝復興、舞蹈、音樂、藝術史、社會學、建築、時尚等，無所不包。

巴黎的藝術實驗電影院就是社會大眾的另一個校外文化藝術學院，透過藝術電影的欣賞與交流，提升法國國民的文化素養、促進社會大眾對於不同的世界文化的理解，甚至藉由電影教育，敦促社會發展走向更為健全與良善的未來。由此可見，電影院在法國從來不僅是看電影的空間，更是大眾的思想人文教育、價格最平易近人、穿透力及影響力最強的藝術文化活動的殿堂。看電影從來不僅是娛樂，更是刺激腦力激盪、幫助個人探索世界，以及讓想像力飛馳的活化劑。我們說法國人是最會創造的民族，最懂得生活、想像力豐富，也最能夠從食衣住行中體驗出藝術的美與力量。這一切，或許是因為，早在娘胎時，他們就已經開始親近藝術實驗電影。

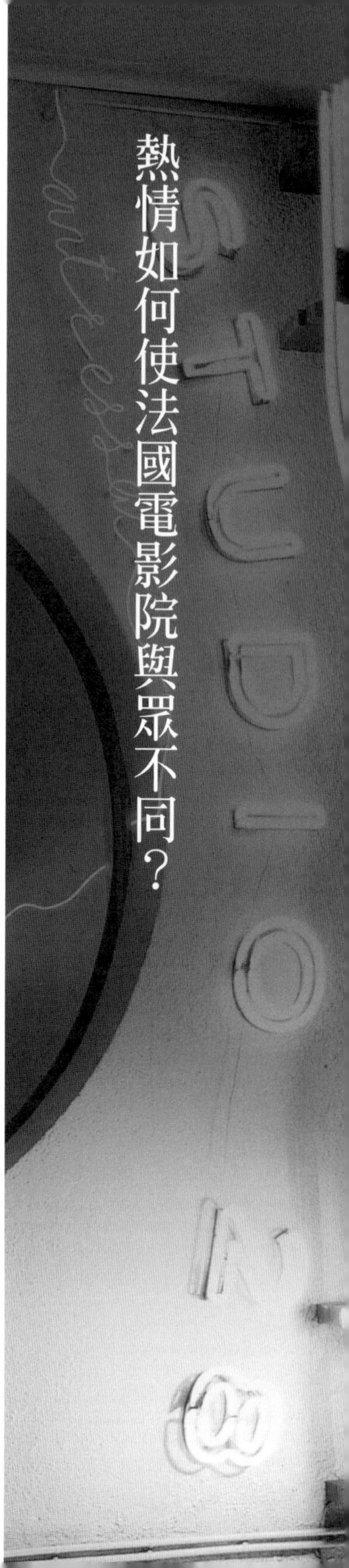

熱情如何使法國電影院與眾不同？

法國人之所以選擇到電影院看電影，從來不是只為了看電影而去，更多的是為了對電影院的工作團隊表達敬意，也認為這是維護電影藝術不滅，唯一且最好的方式。但還有更重要的理由，一家用心經營的法國電影院——從售票窗口、賣爆米花飲料的人員到放映師、戲院經營者的個人品味：從選片能力、電影DM的設計、電影院的活動、專題選擇、播放影片的選擇、如何與觀眾產生互動與交流，與戲院風格——也就是戲院的外觀到內部裝潢，包括：電影海報的陳列方式、售票亭到放映廳、放映廳外空間的功能與其設計，這些全部都會讓觀影者感覺到窩心與貼心。

在此特別介紹兩個我最喜愛的藝術實驗電影院：寶塔（La Pagode）暫時吹起熄燈號；二十八號攝影棚（Cinéma Studio 28）一度歇業後又重新開張。這兩家巴黎藝術實驗電影院的誕生與延續至今，其燈火不熄的背後，都源自動人的愛情故事。

寶塔的愛情故事

古色古香，流露著東方風情的寶塔戲院，因其建築物與內部空間再再引發觀者思古東方幽情，故而成為專門放映東方電影以及品味精緻的歐陸電影的藝術實驗電影院。這間戲院的誕生，卻是一則傳奇……

十九世紀末，歐洲深受東方文化所吸引，尤其日本的文化藝術，更受到布爾喬亞階級的廣泛喜愛，成為流行文化的代名詞。一八五四年時，日本結束了鎖國政策，首度與西方貿易。幾年後，在羅浮宮附近的立佛麗街（Rue de Rivoli）上，第一家專門販賣遠東精品的商店開幕，自此人潮不斷，當時在藝術界頗負盛名的畫家竇加（Degas）也在店內消費。

印象派畫家竇加珍藏的葛飾北齋（Hokusai）、歌川廣重（Hiroshige）等人的木刻版畫，部分便購自此處，啟發他繪畫中獨特的視點與二度空間的風格。此外，其他的印象派畫家諸如莫內（Monet）、烏依亞爾（Vuillard）等人，亦深受日本版畫的影響，紛自其中汲取創作靈感；波納爾（Bonnard）自從參觀了一八九〇年於高等美術學院（École des Beaux Arts）舉辦的「日本藝術」展覽後，終其一生，對日本藝術的熱情都不曾退燒；同一時期，德布西（Debussy）於一八八九年的巴黎「世界博覽會」上，發現了遠東音樂的神祕之美，影響他日後的《牧神的午後》與《海》等創作。更甚之，艾德蒙・龔固爾（Edmond de Goncourt）於《親愛的》（*Chérie*）一書的前言，也以吹噓「自己已經戰勝了日本主義」而自豪。

就是在這樣的歷史背景之下，一八九五年，巴黎首屈一指的百貨商店「不貴」（Bon Marché）總裁莫翰（M. Morin）請來當時最著名的建築師——小皇宮（Petit Palais）的建築師亞歷山大・馬賽（Alexandre Marcel），要求在自己所擁有的第七區巴比倫街上的私人花園內，建造一座東方寶塔，他特別囑咐設計師：「直到完成以前，請不要對外界公開這個計畫的任何隻字片語。」

為了建立一座真正的東方寶塔，亞歷山大不遠千里，自日本運來當地最好的木材；為賦予這座傳奇的寶塔真正的東方靈魂，他以最優渥的條件僱用最傑出的日本工匠，雕刻出一扇扇精美的的細木護壁板。

次年，寶塔終於在莫翰殷切的期盼之下落成。完工典禮當天，莫翰當眾宣布將這座傳奇寶塔獻給他摯愛的妻子，應邀的賓客莫不為莫翰的真情所感動，熱烈鼓掌，並對他身旁美麗的妻子投以既羨慕又忌妒的眼光。然而，這位美麗的妻子卻未回以同樣的熱情，未到典禮結束，她已經與莫翰公司股東的兒子私奔，留給後世一座永遠的愛情見證，與一則悲傷的愛情傳奇。

二〇一五年，寶塔戲院因經營困境而不得不關上大門。期間，多位房地產投資公司與屋主伊莉莎白・杜琦（Elisabeth Dauchy）接洽，想要將這座古蹟改建為高級餐廳或做其他的商業用途。但伊莉莎白・杜琦寧願歇業，也不願破壞這裡的一草一木。就這樣，寶塔塵封兩年後，才終於見到一線曙光……

來自紐約的查理斯・S・柯恩身為電影製片、發行以及數家老戲院復建計畫的幕後金主，同意慷慨解囊。這間世上最美的電影院，終於迎來它的第二個春天。不但得以修復隨著時間而失去光澤的木頭與玻璃，並且以不破壞古蹟外觀與結構的前提下，增加第三座放映廳，預計於二〇二〇年重新開幕。屆時，全世界的影迷都能再次親睹它動人的風采。

蒙馬特的二十八號攝影棚

二十八號攝影棚的創辦人尚普拉西德・摩克萊爾（Jean-Placide Mauclaire），不僅將戲院開設在藝術家群聚的蒙馬特中心，更將此地塑造為真正的藝術實驗中心。無論是布紐爾與達利的《安達魯之犬》、費南・雷傑的《機械芭蕾》或是尚・艾普斯坦的《烏夏之家的衰落》（La Chute de la Maison Usher），都是在此地獲得映演的機會。

戲院的外觀有著墨西哥瓦哈卡（Oaxaca）的建築風格，白色霓虹燈管在橘黃色牆壁上排出粗胖的「STUDIO 28」字樣——每個字母端端正正，充滿童稚的天真；旁邊的字體卻剛好相反，以草體寫出「Art & Essai」（藝術與實驗），末端的「i」卻從大門穿過玄關天花板，直抵大廳入口，有如戲院裡住著一位魔法師，對所有即將進入此地的觀眾，先施行「藝術與實驗」的咒語。

觀者腳底踩著戲院Logo，那是賽吉莫里斯・封迪耶（Serge Maurice Feaudierre）為戲院設計的銀幕與放映機的黑白組合，抬頭讀著尚・考克多在門扉寫下的「經典的戲院，戲院的經典」，穿越長長的甬道直通到吧台，長廊充當藝廊使用，經年展出繪畫或攝影展。在這條藝廊中，特別闢有一區，專門展出一九三〇年發生於此地的一場浩劫——《金色年代》事件。

入口的牆上懸掛著阿培爾・淦茲（Abel Gance）《拿破崙傳》（Napoléon）的原版海報，這部片子是一九二八年時，戲院開幕當天所放映的作品。海報前方放置一張有著達利風格的紅色沙發，而正對著海報的另一面牆上，則掛滿了曾到訪此地的大明星與大導演的簽名與手印腳印，如《戰火浮生錄》的克勞德・勒路許與《夏日之戀》的珍妮・摩露在八八年留下的腳印；二〇〇三年以《艾蜜莉的異想世界》紅遍全世界，並掀起蒙馬特風潮的尚皮耶・居內（Jean-Pierre Jeunet）的手印與女演員奧黛莉・朵杜（Audrey Tautou）的簽名。

一九四八年，當胡羅兄弟艾德卡（Edgar Roulleau）與喬治（Georges Roulleau）成為此地的經營者以後，二十八號攝影棚的面貌便煥然一新。他們不但請來考克多特別為此地設計燈光與裝潢，還邀請他與阿培爾・淦茲兩人共同擔任戲院的教父。映演片單也回歸戰前的藝術實驗精神，重映《烏夏之家的衰落》、費拉・費亞（Friedrich Feher）的《盜匪的交響曲》（La Symphonie des Brigands）、布烈松的《一個鄉村牧師的日記》（Journal d'un Curé de Campagne）、布紐爾的《被遺忘的人》（Los Olvidados, 1950）、有聲版的《拿破崙傳》，更

《金色年代》（L'Âge d'Or）事件

一九三〇年十一月二十八日，矢志捍衛前衛藝術的尚普拉西德・摩克萊爾不顧外界反對聲浪，公開放映布紐爾驚世駭俗的《金色年代》，並在今日的長廊藝廊區，陳列超現實主義最具代表性的人物，如達利、米羅、曼・雷（Man Ray）、馬克斯・恩斯特（Max Ernst）、坦基（Yves Tanguy）等人的作品。

然而，如此有原創性與重要性的文化活動，竟然因為一群猶太教徒的憤怒而被毀之殆盡。

當時在場的觀眾雷蒙・勒菲佛（Raymond Lefèvre）將這場文化浩劫寫入於一九八四年出版的《路易・布紐爾》一書中：「十二月三日那天，當影片放映到聖物被放在地上的畫面時，一位觀眾突然站起來大喊：『我們倒要看看，法國還有沒有基督徒存在！』接著席中有人大喊：『猶太人去死！』開啟了這場事先計畫好了的可怕爭端；銀幕頃刻間被紫色的墨水與發臭的雞蛋糟蹋得慘不忍睹；當某人發出口哨的暗號聲後，煙霧彈與臭氧球隨之四起，在入口處預先埋伏的群眾立刻衝入戲院，推倒家具、撕裂所有展出的畫作、切斷電話線路。期間，憤怒的觀眾高喊『反猶太人聯盟』，另一批則以『愛國聯盟』回應；多虧了尚普拉西德・摩克萊爾的勇敢與固執，銀幕經過大致上的整修以後，當晚立即恢復演出。第二天，『愛國聯盟』向大眾發表聲明：『此乃布爾什維克主義者的非道德電影，它不但攻擊宗教、家庭，還反對國家。』」

愛國聯盟義正嚴辭的聲明果然引起電檢單位的注意。十二月九日，《金色年代》被刪減了一半，隔天又被剪成只剩五分之一，最後完全禁演，直到一九八一年，《金色年代》才得以重見天日。

這個顢頇的決定使得二十八號攝影棚陷入窘境！因為它早已賣出《金色年代》數個月的預售票，突如其來的禁演，不但造成藝術家的損失，也導致戲院的財務情況因而捉襟見肘，既無能力退費給所有的觀眾，又無法在如此的情況之下，在空出來的場地放映其他電影。進退兩難之際，老闆尚普拉西德・摩克萊爾不得不於兩年後，將此地轉賣給艾杜瓦・葛洛斯（Edouard Gross）。直到一九四八年間，此地都以放映原音版的美國喜劇片，如柯普拉（F.Capra）、馬克思兄弟等人的作品為主。

特地找來著名的爵士鋼琴手尚・維恩（Jean Wiener）為卓別林電影擔任伴奏。

一九五三年，胡羅甚至以自創的三折式銀幕放映《拿破崙傳》，落實了導演阿培爾・塗茲最原始的多重銀幕的構想，甚至造成空前的轟動，此片映演了整整一年！每天晚上，飾演拿破崙壯年時期的演員阿爾伯・迪多內（Albert Dieudonné）在演出結束之後，都穿著劇服出現在觀眾面前，高喊：「我以你們為榮！」接著與觀眾合唱〈馬賽進行曲〉（La Marseillaise）。高昂的情緒讓觀眾即使散場了，仍一路邊走邊唱，使得蒙馬特四處瀰漫著革命的氣氛——如此的熱情持續了整整一年才退燒。

二十八號攝影棚吸引觀眾的可不只電影，出自考克多之手的五彩金屬吊燈與義大利喜劇丑角的圓錐帽燭花，將此地裝點得有如童話故事裡的夢境，既迷人又富有詩意！而花園咖啡館裡的法國演員劇照牆與希臘雕像，讓觀者宛若置身考克多一手打造的電影世界裡；喜愛爵士樂的胡羅兄弟更不時在此地舉辦爵士現場演奏，使得二十八號攝影棚成為名符其實的藝術電影院。

為了普及藝術電影，二十八號攝影棚特於一九六九年首創法國的第一張會員卡，每天放映不同的電影，並將週二晚上保留為首映場。雖然數十年以後的今天，二十八號攝影棚不再如當年般意氣風發，但第二代接班人亞倫・胡羅（Alain Roulleau）接手經營此地，完整保留原有氣氛，使得二十八號攝影棚成為巴黎最與眾不同的藝術電影院。

我問亞倫，二十八號攝影棚對他的意義為何？他悠悠地回答我：「我的母親在晚上九點三十分賣完當天最後一場的最後一張票，九點四十五分，她生下我；我的祖母也在賣完最後一場的電影票後，平靜地離開人世。我們一家三代都與這間戲院緊密相連，它是我的全部，我的心。」

藝術電影國度非一日生成

身為法國影迷都了解，若非藝術實驗電影院老闆的堅持、獨排眾議、持續且不間斷地映演這些藝術電影作品，並透過導演影展的方式引介給巴黎影迷，促使影迷得以完整了解每位導演的思想與作品風格，並進而成為這些導演的忠貞擁護者，塔可夫斯基、侯孝賢、蔡明亮、楊德昌、阿巴斯、阿莫多瓦、大衛林區、肯・洛許、賈木許、安哲羅普洛斯等優秀導演的作品，也許將永遠束之高閣，難有跨越地域映演的機會。更甚之，諸多導演之所以能夠享譽國際影壇，不能不歸功於這些無名的幕後英雄默默的堅持與努力。

此外，藝術電影院的老闆時常舉辦各種電影展，例如：鈴木清順作品回顧展、短片展、實驗電影展、非洲紀錄電影展、懷念張國榮影展、西默農作品電影展、文學與電影展、塔可夫斯基回顧展、帕索里尼回顧展、韓國影展等，幫助新世代與舊世代影迷發掘或重溫某導演或演員的代表作，或透過不同主題來了解一個國家，或從短片中發掘新銳導演。法國藝術實驗電影院的存在，對於世界藝術電影的催生與保存，實在不可或缺。誠如世界最重要的藝術電影製片兼發行商，MK2第一代老闆馬漢・卡密茲（Marin Karmitz）所言：「法國的強盛得力於外國人的貢獻，法國更是世界電影交流的中心與藝術電影的捍衛者。」

由上可見，電影在法國，尤以巴黎為最。之所以興盛，實乃法國從政府到民間一致的努力，才可能推動巴黎成為世界首屈一指的藝術電影之都、孕育世界藝術電影的搖籃。筆者希望透過此篇章，能夠刺激台灣政府、電影業者、文化界與影迷們，一起重新思索「電影院」，除了作為看電影的空間以外，有無其他的可能性？法國政府如此重視電影的理由何在？巴黎成為世界藝術電影之都，其背後的諸多形成條件為何？

正所謂「它山之石，可以為錯」——近幾十年來，韓國電影崛起，原因之一，便是參考並且引進法國的電影政策。期待在不久的將來，真正的電影文化、健全的電影政策能夠落實在台灣這塊土地上，使得更多優秀的人才得以全心全意地投入電影工作，並因他們的努力，使得台灣電影在世界影壇大放異彩。

C1
GENDARMERIE

Ch 2 不抗議不革命就不叫法國

為什麼五十年以後，馬克宏政府還要傾舉國之力，盛大慶祝一九六八年五月學運？

法國人如何看待一九六八年五月學運？這是一場政治革命？社會運動？學運？文化革命？婦女解放運動？

一九六八年過後五十年，黃背心運動爆發，它反應出什麼樣的法國民族性？

「不抗議不是法國人！不反抗就不是法國！」這句話你同意嗎？為什麼？

崇尚思想自由與言論自由的法國如何看待極權主義？

法國人如何定義英雄？

一九六八年五月學運到底改變了法國什麼？

一談及法國，多數人的第一印象是：這是個革命的國度。而歷經無數次革命的法國，卻選擇於二〇一八年，紀念一九六八年五月學運的五十週年。一九六八年五月學運為何如此重要？對於法國人的意義又是如何？

一九六八年可謂是不平凡的一年，那一年，先鋒派戲劇[1]、女權、嬉皮運動蓬勃興起，披頭四的音樂與《養子不教誰之過》中的詹姆士‧迪恩成為年輕人的偶像，「垮掉的一代」[2]開始參與反越戰運動。那一年初，世界就不太平靜……

1　先鋒派戲劇（L'Avant Garde）是十九世紀後期，在西方興起的多種戲劇流派的總稱，包括象徵主義戲劇、未來主義戲劇、表現主義戲劇、超現實主義戲劇、存在主義戲劇、荒誕派戲劇等等，因其共同的反傳統戲劇理念而得名。一百多年來，先鋒派戲劇與傳統戲劇兩大派別並肩發展，共同構成了西方劇壇上豐富多彩、氣象萬千的藝術景象。

法蘭西第五共和國

當今的法國為第五共和國。

一七八九年，法國大革命後頒布《人權宣言》，並於一七九一年制定《一七九一年憲法》，建立君主憲政，卻導致八月十日人民二次武裝起義，一七九二年罷黜國王，建立法蘭西第一共和。

一七九九年，拿破崙成立執政府，自任執政，後改終身職，共和制名存實亡。一八〇四年，拿破崙公布《拿破崙法典》，自行加冕為帝，史稱「法蘭西第一帝國」。一八四八年二月，巴黎又爆發革命，工人占領王宮，成立第二共和。

一八五二年，路易・波拿巴成立法蘭西第二帝國，直至一八七〇年普法戰爭，拿破崙三世被俘，第二帝國被第三共和國取代。

一八七一年三月十八日，產生歷史上第一個無產階級專政的政權「巴黎公社」，僅維持兩個月，多數黨員被處決。二戰期間，貝當成立親納粹的維琪政權，第三共和於一九四〇年覆滅。

一九四四年六月，戴高樂將軍成立臨時政府對抗維琪政府，兩個月後，維琪結束。一九四六年一月，戴高樂辭職，同年十月，第四共和成立。

一九五八年五月，因阿爾及利亞發生叛亂，同年六月一日，議會以多數票授權政府制定新憲法。

一九五九年一月，戴高樂成立第五共和，直到今日。

2 垮掉的一代（Beat Generation）乃指二戰後，美國作家開啟的文學運動，影響了二戰後的美國政治和文化。他們在一九五〇年代發表大量作品，廣為流傳。垮掉的一代的核心理念包含拒絕時下流行的價值觀，進行東方宗教的精神探索，反物質主義及消費文明，對人類現狀詳盡描述，試驗迷幻藥物、性解放及對未知精神現象的探索。這一名稱最早是由作家傑克・克魯亞克於一九四八年前後提出。在英語中，「beat」一詞有「疲憊」或「潦倒」之意，而傑克・克魯亞克賦予其「歡騰」或「幸福」的新含意，和音樂中「節拍」的概念連結在一起。參見維基百科「垮掉的一代」。

遍地開花的革命世代

一九六八年一月，切・格瓦拉在玻利維亞遭美國ＣＩＡ逮捕並處決。二月，以拳王阿里為首的美國民眾掀起反越戰的風潮。三月，英國工人及學生在格羅夫納廣場暴動。三月二十八日，巴西抗議學生艾迪生路易斯・都利馬蘇豆（Edson Luís de Lima Souto）在里約熱內盧的卡拉布丘餐廳遭到一名警察槍殺，引爆學潮。四月，黑人民權領袖馬丁路德・金恩博士被暗殺，美國四十多個城市掀起民族及民權鬥爭路線的動亂；同年六月，另一顆子彈結束反越戰的甘迺迪總統弟弟羅伯特・甘迺迪的競選之路。與此同時，德國爆發激進學潮，被視為「千年霉味」與「離經叛道」的世代對立[3]，加上兩年前，也就是一九六六年，基民黨與社民黨組織的聯合內閣，欲推動《緊急狀態法》（Notstandsgesetze）以限制通訊、遷徙以及言論自由，使年輕世代憂疑此舉將掏空民主、瓦解議會政治，促使反威權運動轉變為更加激進的社會主義運動及無產階級革命。

因舉辦奧運而搞得民窮財盡的墨西哥總統奧爾達斯（Gustavo Díaz Ordaz），遭到墨西哥學生以及工農歷時幾個月的示威抗議。十月二日，墨西哥城古老的「三文化廣場」（Plaza de las

3 當時在青年學生之間流傳最廣、用以形容上一代保守的標語是：「千年臭不可聞的霉味」（Der Muff von tausendenJahren），而上一代最常用來斥責下一代的字眼則是「離經叛道」。資料引自郭石城著《一九六八年德國學生運動始末》。

格羅夫納廣場暴動

英國大約有十萬人參加了格羅夫納廣場示威。在此示威活動的前一週，資本主義傳媒，特別是《泰晤士報》（*Times*），相信英國處於動亂前夕。不僅有學生表達不安與反對資本主義的想法，福特縫紉女工的一連串罷工亦成了此後所發生一連串事情的徵兆。一九六八年十月，《戰鬥派》雜誌提及「利物浦罷工浪潮」。十月，北愛爾蘭的戴里（Derry）爆發民權運動，這是一九六八年世界革命的直接反映，同時影響了天主教和新教青年，當時他們與宗派主義的統一派發生衝突。此外在工黨內部日益增長的戰鬥派，和對馬克思主義的支持也反映在一九六八年的工黨大會上。同年十一月，戰鬥派聲稱：「幾乎有三百萬選票支持社會主義替代方案。」當時，雖然有一個親資本主義的領導層，工黨仍是一個以底層工人為基礎的政黨。而今日，工黨已完全是資本家們手中的工具。

德國六八學運

一九六七年六月，西柏林大學生為抗議伊朗國王巴勒維來訪而舉辦大規模示威，自由大學學生昂尼索格（Benno Ohnesorg）被警察槍擊致死。引發所謂的「昂尼索格事件」之後，學生運動逐漸升高其暴力行動。自由大學天才橫溢的學生領袖杜切克（Rudi Dutschke）呼籲對學運不友善的施普林格出版社（der Springer Verlag）展開鬥爭。一九六八年四月二十一日，杜切克遇刺重傷，隨後在舉行支援杜切克的示威行動中不斷發生暴力事件。在大學校園，經常發生罷課、系所被學生占據、學生對不喜歡的教授丟雞蛋或彩帶，嚴重的時候甚至人身攻擊。至於所謂的「學權」（Student Power）、「宣講會」（Teach-in）和「靜坐抗議」（Sit-in）更是家常便飯。

資料引自郭石城著《一九六八年德國學生運動始末》。

Tres Culturas）上，超過萬名學生聚集，傍晚時分，大批軍警開始包圍抗議學生，軍方出動直升機在上空進行監視。下午五點五十五分，廣場附近的樓上傳出槍響。接著，有人朝軍方的直升機開火，軍隊隨之開始射擊。整個廣場迴盪著槍聲，群眾亂成一團、四散逃竄。義大利女記者奧里亞娜・法拉奇（Oriana Fallaci）當時就在事發現場。混亂中，法拉奇三次遭槍擊，還被墨西哥士兵拉著頭髮拽下樓梯。事後，關於該事件的死傷人數始終未有定論，少則數十人，多則數百人。目前身分查實的死者至少有四十四名，當晚有一千三百四十五人被捕入獄。除此以外，第三世界的土耳其、埃及，以及東歐的波蘭、南斯拉夫亦發生大規模的工運及學運。

布拉格之春

但這一切的暴力與謀殺只不過是開端，一九六八年最令人哀傷的故事，發生在中歐捷克的布拉格。

在那個鮮花盛開、生機盎然的春天，後來成為捷克天鵝絨革命後第一任總統的哈維爾首次搭機飛往美國，觀看他的劇作《備忘錄》（Memorandum）於百老匯的首演，當他初抵紐約時，甘迺迪機場的落日絢爛無比，一切都如此美好，充滿活力、熱情洋溢的紐約生活，讓哈維爾感慨萬千，在最後一本著作《城堡歸來》（*To the Castle and Back*）裡寫下這麼一段話：「當我看到紐約街景的繁榮，看到當地民眾的自由與活力，禁不住對自由和民主生活欣然嚮往，內

天鵝絨革命

又譯絲絨革命。

狹義上是指一九八九年十一月十七日，捷克斯洛伐克首都布拉格大學生發起了數十萬人參與、聲勢浩大的反共產黨統治示威，即「天鵝絨革命」，最終導致捷克斯洛伐克共產政權和平轉型的民主化革命。從廣義來看，天鵝絨革命是和暴力革命對比而來的，指沒有經過大規模的暴力衝突就實現了政權更迭，如天鵝絨般平整與柔滑。

布拉格之春

一九六八年一月五日於捷克斯洛伐克內的一場政治民主化運動。在共產黨第一書記亞歷山大・杜布切克的領導下，捷克斯洛伐克顯示出愈來愈強烈的獨立傾向。杜布切克在國內政治改革的過程中，提出「帶有人性面孔的社會主義」主張。這個方案並不像一九五六年的匈牙利改革，完全拋棄了舊有傳統。不過，蘇聯依然將此視為對其領導地位的挑戰，也是對東歐地區政治穩定的一種威脅。在冷戰期間，這是華沙條約成員國所不能接受的。八月二十日深夜，二十萬華約成員國軍隊和五千輛坦克武裝入侵捷克斯洛伐克，結束了這段民主化進程。事件發生後，西方國家中只有少數批評。因為在冷戰時期，由於核對峙，西方國家無法挑戰蘇聯在中歐地區的霸主地位。這次軍事入侵引起了約有十萬人左右的難民潮，其中包含諸多菁英與知識份子；這次事件也改變了許多西方國家左翼份子對列寧主義的左翼人士的同情態度。

心充滿了對捷克迅速繁榮發展的深厚期許。當下的我絕對想像不到，這不過是捷克人對自己祖國命運一廂情願的幻想。幾個月後，在那個最寒冷的炎熱季節裡，我將和全捷克人民一起遭遇人生中最痛苦的一個夏天。」

中國文化大革命

在中國，文化大革命自一九六六年已如火如荼地展開，無數紅衛兵揮動著紅本毛語錄走上街頭，學校關門、知識被摒棄、知識份子遭批鬥，一如五四運動時期，古文物、廟宇及孔子雕像再一次被搗毀。全國上下一片混亂，毛澤東卻說：「革命不是請客吃飯，不是做文章，不是繪畫繡花，不能那樣雅緻，那樣從容不迫，文質彬彬，那樣溫良恭儉讓。革命是暴動，是一個階級推翻另一個階級的暴烈的行動。」這句話跟長期以來左翼革命者嘴巴一直嚷嚷的列寧箴言「沒有革命理論，就沒有革命運動」，可說是完全相反。

一九六八年九月七日，中國《人民日報》、《解放軍報》發表社論：「無產階級文化大革命的全面勝利萬歲！熱烈歡呼全國各省、市、自治區『革命委員會』成立。」文化大革命此年於中國遍地開花，腥風血雨中，整肅異己的年代正式開始。這一波接一波世界各地的學潮及運動，自然衝擊到當時法國學子的心靈。

法國的理念與現實之爭

《斷裂的年代》一書作者艾瑞克・霍布斯邦說起五月學運的口吻，一如當時德國社會學者謝爾斯基（Helmut Schelsky）於一九五七年出版的《懷疑的世代》（*Skeptische Generation*）書中的預言，霍布斯邦認為：「法國近來發生的這些事件，可說是完全無預期且完全無先例。……幾乎所有嚴肅的政治觀察家都無疑地認為，西方國家不可能再見到古典意義下的革命……革命不可能在這樣的條件下爆發，然而，這樣的事卻在巴黎發生了。」但是，當巴黎以及整個世界都籠罩在一九六八年五月學運的震盪中，拿破崙曾領兵要將自由、平等、博愛的夢想傳播到世界各地的歷史畫面，又重上英國人的心頭。當時倫敦《泰晤士報》的社評家就憂心忡忡地說：「一九六八在法國歷史中的地位，是否將和一七八九年法國大革命、一八四八年二月革命以及一八七〇年的普法戰爭並列？」

這個杞人憂天的問題在今日讀起來只會遭致訕笑，因為一九六八年並沒有發展出一如法國其他的革命：推翻既有政權、改朝換代。但五月學運所揭示的意義與帶來的啟發，卻影響了全世界，因為，行動實踐已取代了理論涵養或預知未來，毛澤東取代列寧，成為五月學運者信奉的精神之父，一如毛澤東所言：「搗亂，失敗，再搗亂，再失敗，直至滅亡！」儘管如此，五月學運的前身，也就是三月二十二日事件，一開始，只是為了解決迫切的現實問題。

法國的學生運動向來秉持一個很強的政治理念傳統，採取的意識型態與其行動模式仍屬於傳統的左翼政治思維，它於阿爾及利亞的反殖民運動戰爭中扮演了不可或缺的角色，這也導致法國戴高樂政府處心積慮地要扶植出一個對政治冷感的「法國全國學生會」（Union Nationale des Étudiants de Frances, U.N.E.F.），但也因學運重視理論勝於社會現實及實際的社會運作，總是以失敗收場。

英國的猶太馬克思主義作家、新聞工作者和社會活動家艾薩克・多伊徹（Isaac Deutscher）於一九六五年在倫敦政經學院發表演說，便針對學生理想與現實之間的矛盾，做出如此表示：「你們未能有效反對自己所憎惡的東西，並為此深感苦惱。為什麼？因為你們是知

三月二十二日事件

巴黎西北郊南特爾大學（Université Nanterre），即巴黎第十大學，成立於一九六四年，因二戰後中產階級學生人口暴增而興建。學校位於廢棄的工業區，俯瞰移民勞工的貧民窟。一開始，學生從對校方安排男女宿舍的方式不滿，逐步衍生為對於法國高等教育的教學品質、空間設備與其設施嚴重不足，完全無法跟上現代化的工業化社會進展腳步而抱怨連連，例如教學講堂、圖書館及餐廳，各處時常人滿為患。隨後在社會系的帶領之下，激進教師與學生經常就社會及政治議題展開激烈的討論。一九六八年一月，校方召來特勤人員進行蒐證，引起學生反彈，進而示威抗議，表達不滿；隨後，校方動用憲兵，卻仍無法制止，再召來鎮暴警察敉平學潮，造成學生對學校及政府的極度不滿。三月二十二日，學生們得知有五位同學因反越戰的罪名被逮捕並羈押，決議採取更激烈的行動施壓政府以救人。當晚，數百名學生登上行政大樓，徹夜留守，討論大學和國家的關係、階級統治及身心壓抑，以及權力本質的問題。翌日，這批學生雖被鎮暴特警驅離，卻在日後成為五月學運的先鋒，例如丹尼爾・孔－本迪（Daniel Cohn-Bendit）。

識份子，你們主要的武器是言辭。你們的抗議除了言辭之外，別無他法。而言辭上的抗議，如果一再重複，只會令自己都心生厭倦，不會真正發生什麼作用！若要使你的抗議有效，需將之根植於社會現實之中，根植於國家的生產過程之中。比如，四十多年前倫敦的碼頭工人罷工反對英國政府運送武器給白軍來反對俄國革命。而今，你們卻無法罷工、拒絕運送武器到越南。在這兒，馬克思主義的概念或許有助於解釋你們的狀況。你們存在於生產領域之外。……你們不能真正有所行動，但只要你們可以說服社會賴以存在的生產支柱——工人，那將有所不同。你們活躍於社會邊緣，而工人則消極地身處社會核心，這就是我們社會的悲劇。如果你們不解決這個矛盾，你們將被擊敗！」

一體兩面的學生與勞工

當時的法國，無論在政治、民主、哲學，甚或文學、藝術，都出現與積非成是的社會沉痾對抗的現象。雖然當時法國的民生問題已經獲得普遍改善，然而，仍有五百萬居民活在赤貧邊緣，這也使得這批被統治者立意精心製造，透過教育體系所培育出來，得以無縫銜接，且完全適應體制的大學生，有了不同於經歷戰亂、保守的上一代的思考。

這群訓練有素的心智產品，原本的目標是用來推動、發展國家機器的未來。但這套完美設定的程式，卻出現反噬與摧毀製造體系的行動。三月二十二日事件發生當時，一張不具名的大字報上寫了一句話，或可看出事件參與者的想法──「在一個奶與蜜的世界裡，一九六八的年輕歐洲人想要當『一個全人』（Un Homme Total）。」青年欲擺脫國家與其教育體制的控制，成為一個自由而不受思想箝制及行動約束的個體。這也使得運動的最初宗旨，首重於開創一個新的社會制度，拋棄腐朽的舊思維與舊體制。

南特爾大學就位在移民勞工群居的貧民窟，該校的社會系學生對社會現狀更是特別敏感。他們深知，並不是所有人都得以享有社會的繁榮，尤其當每週的工作時數長達四十六至四十八小時，致使勞工日復一日，有如機器人般操勞。社會系學生身在其中，難免感觸萬千：再過不久，他們的身分就要從學生變成勞工，勞工的命運即是他們的未來。[4]

癱瘓的巴黎與戴高樂重返

三月二十二日事件引發的學運之火，不久之後便延燒到巴黎的索邦大學。五月三日，警察進駐索邦大學，驅趕集會學生，封閉學校。五月六日，六千多名示威學生與警察發生衝突，結果有六百多人受傷，四百二十二人被捕。外省城市也發生騷動。戴高樂總統表示絕不容許街頭暴亂。五月十日深夜，學生與鎮暴警察之間又發生大規模衝突，三百六十餘人受傷，五百多人被捕，一百多輛汽車被焚毀。五月十一日，龐畢度出訪回國，力主用溫和的手法平息運動，宣布赦免令，釋放被捕學生，重新開放巴黎大學。但為時已晚，未能平息事態。雷諾汽車工人占領工廠，各工會組織於五月十三日舉行總罷工，近八十萬人走上街頭，高呼「十年太長了！」、「戴高樂辭職！」的反政府口號。五月二十日開始，大部分的工廠已停工，商店也歇業，被撬起的馬路小石塊堆成路障，群眾包圍、占領巴黎街道，公共運輸停擺，瓦斯與電停止供給，廣播與電視斷訊，國家警察拒赴巴黎，布爾喬亞階級驅車倉皇逃出首都，整個巴黎完全陷入癱瘓；左翼政治人物也加入抗議的行列——此時，五月學運已由單純的學生運動演變成由左翼政治聯盟主導，要求戴高樂下台的政治運動。五月二十八日，左翼聯盟領袖密特朗宣布，如戴高樂下台，將由前總理孟戴斯・弗朗斯任臨時政府總理，他自己也將參加總統競選。

法國共產黨和總工會決定於五月二十九日遊行，逼迫戴高樂下台。在這緊張關頭，戴高樂決定遠離總統府，祕密前往德國巴登的法軍駐地，直到確認獲得法國駐德的武裝部隊總司令馬絮（Jacques Massu）將軍的支持以後，他才返國。五月三十日，戴高樂在巴黎召集了百萬人走上街頭反示威，並向全國發表講話：「改革可以，亂七八糟不行。」他決意留在職位上，並解散議會，但不撤換總理。布爾喬亞階級一聽戴高樂回來了，若無其事地返回巴黎的家。店家重新開張，工廠再次運轉。劫後餘生的巴黎，街道滿目荒涼，到處是燒毀的汽車殘骸，被貓狗撕破的垃圾袋散落各地，空氣裡瀰漫著一股令人作嘔的腐臭氣味。

4 五月學運重要成就之一，即是一九六八年五月二十七日達成的《格勒奈爾協議》（Accords de Grenelle），是由政府領導的集體談判的結果。由工會和法國僱主全國委員會及中小企業代表共同協議的結果：保證的最低工資（SMIG）增加三五％，實際工資平均增加一〇％。

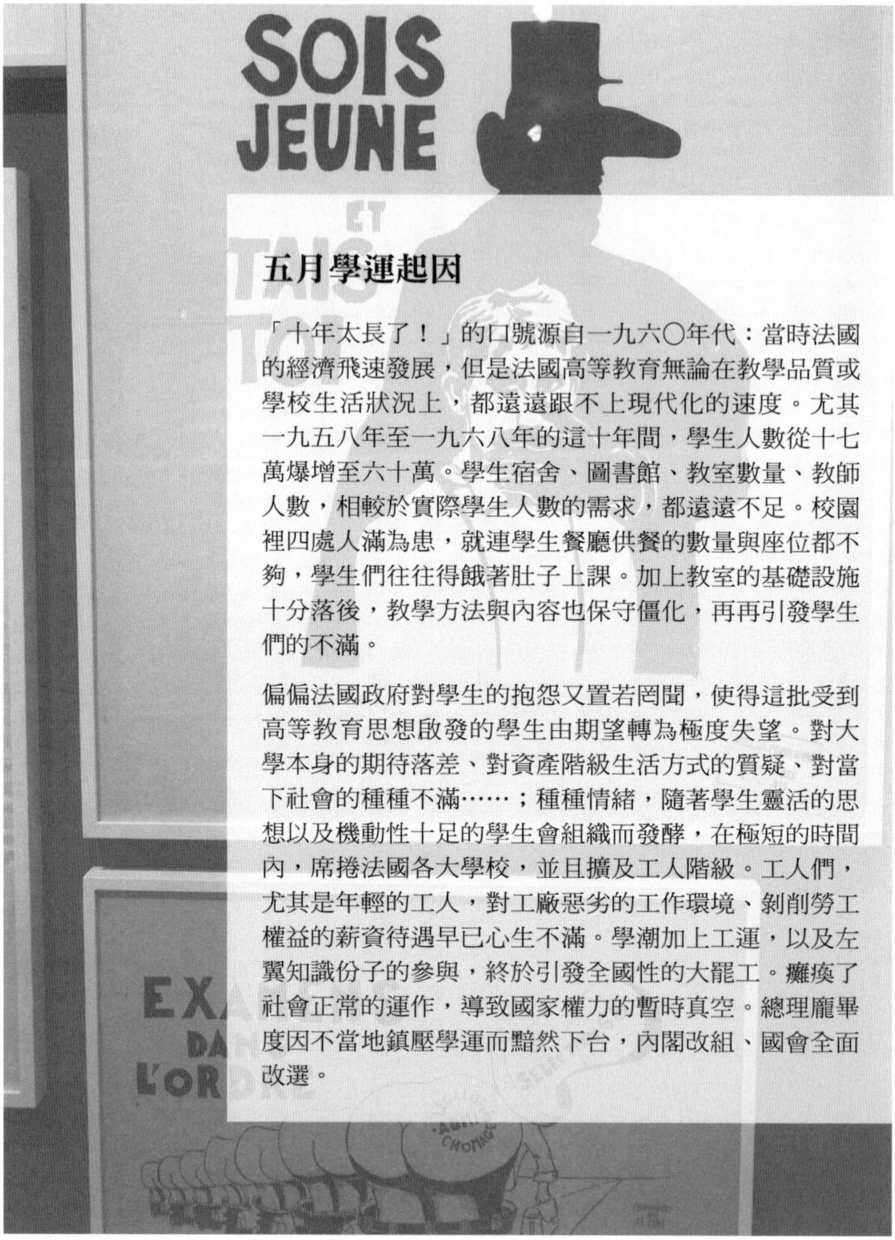

五月學運起因

「十年太長了！」的口號源自一九六〇年代：當時法國的經濟飛速發展，但是法國高等教育無論在教學品質或學校生活狀況上，都遠遠跟不上現代化的速度。尤其一九五八年至一九六八年的這十年間，學生人數從十七萬爆增至六十萬。學生宿舍、圖書館、教室數量、教師人數，相較於實際學生人數的需求，都遠遠不足。校園裡四處人滿為患，就連學生餐廳供餐的數量與座位都不夠，學生們往往得餓著肚子上課。加上教室的基礎設施十分落後，教學方法與內容也保守僵化，再再引發學生們的不滿。

偏偏法國政府對學生的抱怨又置若罔聞，使得這批受到高等教育思想啟發的學生由期望轉為極度失望。對大學本身的期待落差、對資產階級生活方式的質疑、對當下社會的種種不滿……；種種情緒，隨著學生靈活的思想以及機動性十足的學生會組織而發酵，在極短的時間內，席捲法國各大學校，並且擴及工人階級。工人們，尤其是年輕的工人，對工廠惡劣的工作環境、剝削勞工權益的薪資待遇早已心生不滿。學潮加上工運，以及左翼知識份子的參與，終於引發全國性的大罷工。癱瘓了社會正常的運作，導致國家權力的暫時真空。總理龐畢度因不當地鎮壓學運而黯然下台，內閣改組、國會全面改選。

六月的國會改選，支持戴高樂的右翼多數派大勝，獲得法國國民議會四分之三的議席，占據絕對優勢；而領導示威、促成暴動的左翼聯盟卻大敗。五月學運結束後的十多年間，左翼運動與其政治團體一直處於弱勢。戴高樂雖然重新控制了局勢，讓自己與法國度過危機，但五月學運所暴露出來的階級矛盾和社會衝突卻始終沒有獲得妥善的解決。一九六九年四月，戴高樂提出「削弱參議院權力修憲案公投」被否決以後，他宣布辭去總統一職。一年半後，戴高樂與世長辭。一九八一年，左翼終於取得政權，自此以後，左翼政黨於一九六八年五月學運中高舉的標語「禁止『禁止』」（Il est Interdit d'Interdire），轉而邁向「『抗議文化』的全面弱化」此一全然相反的發展，一如歷史總是揭露的殘酷現實：「事與願違。」二〇〇五年，法國國家二台舉行「最偉大的法國人」評選活動，戴高樂經評選獲此殊榮。

巴黎表面上恢復了秩序。然而，五月學運卻彰顯出一個事實——只要有想像力與激情，將腦袋裡建構出來的「烏托邦」理想合理化，它就會激勵人們再次忘卻腳底下現成的幸福，轉而求新求變，甚至不計一切代價，滿腔熱血地奔向所謂的「許諾明天」（des Lendemains Qui Chantent）[5]。

5 此名詞見於蘇菲・克雷（Sophie Cœuré）所著的《東方之光：法國和蘇聯》（*la Grande Lueur à l'Est:les Français et l'Union Soviétique*），即在全球殖民衝突日益激烈、地區政權不穩、階級鬥爭根深柢固之際，此種許諾明天的意識型態，更吸引人展開雙臂擁抱。

多元且寬廣的歷史詮釋

法國現任總統馬克宏一向對戴高樂將軍推崇備至，他就任不久，即著手展開五月學運這段歷史五十週年的紀念回顧。有不少法國國家一級文化機構參與這個計畫，除了龐畢度中心、東京宮等當代藝術中心以外，還有法國電影資料館、城市建築和遺產中心、法國國家檔案資料庫、法國國家圖書館、巴黎—南特爾大學以及南特爾—阿蒙帝耶劇院等；展出的內容涵蓋書籍、印刷媒體、電視轉播、電影、攝影、個人檔案（如信件、報紙、自傳），還有各民間機構（如工會、政治組織等）以及法國內政部建檔的資料（包含負責此專案的行政專員的總結報告，記錄了罷工、示威以及公共秩序的挑戰等）、香榭里榭宮的政府資料、教育界專家學者的專文論文與專書發表等。而如此龐大的歷史檔案紀錄中，光是法國國家檔案資料庫的初步統計，就有一萬件關於此歷史事件的紀錄。

藝術史學家羅蘭・尚皮耶則以以下這句話，為二〇一八年舉辦的盛大紀念活動，做出十分前瞻且有建設性的評言：「國家意識到，為『五月學運』此一事件採取唯一定調，消除不同解釋間彼此的衝突性，是有風險的。」所以，今日我們看到法國關於一九六八年五月學運的歷史詮釋，不再只存單一版本或學者專家的片面之言，而是愈來愈多元與豐富——這就是當今法國開放社會的文化包容，連帶而生的歷史陳述則不再是官方主導下的唯一版本。取而代之的是從文化界到民間學者、政府到民間共同努力而生的一個更為寬廣的歷史陳述：從原本的學生運動到工人及受薪階層參與的社會運動，從巴黎的首都運動發展成為跨國界的文化運動。

打破時間、地域及個人崇拜的迷思

首先是**時間上的更正**。雖然被稱為「五月學運」，但五月學運發生的時間並不是從一九六八年五月三日開始，到五月三十日結束，而是以六月戴高樂總統的退讓、承諾改選，並在接下來的國會選舉中獲得大勝而寫下句點。故而五月學運真正的發生時間是一九六八年五月及六月。

其次是**打破地域迷思**。雖然海內外媒體報導的焦點聚焦於巴黎，但五月學運發生的地點卻不僅限於此地。事實上，這兩個月期間，事件發生範圍從克勒茲省到馬士河流經的城市，從布列塔尼省至馬賽區，幅員廣闊。五月學運所激起的情感的震盪、身體的抗爭，是造成這個運動能夠產生如此廣泛影響的主要原因。

最後是**打破個人主義的迷思**。這個被神話與神祕化的大事件，在過往的法國歷史中，被視為個人主義與自由主義的極度發展與展現，尤以學生運動與女性性解放運動為其焦點，卻也一直以來被左翼政權運用，作為政治籌碼。舉例來說，參與運動的幾位深具野心的學生，如丹尼爾・孔—本迪[6]，便藉此將自己推上個人政治生涯的高峰。即使如此，五月學運事實上卻是讓

6　活躍在德法二國及歐洲綠黨。他是一九六八年五月法國學生起義的領袖。目前任職為歐洲綠黨—歐洲自由聯盟在歐洲議會之黨團共同主席。（參見維基百科）

整個法國社會原本老死不相往來的各個社會階級因此動員起來的重要事件。

在路障旁，洗碗工、送貨員、銀行員、麵包師、工程師、護士與青年學子、年輕的工人相遇。在那個時代，所有人都不敢說出自己的心聲，只有國家決策者才能發言。而人民對這些話都不能抱持任何懷疑的態度，也不敢奢求不同的未來，只求自己可以保住飯碗。但五月學運一發生，每個人卻不約而同地解放自己的想像，不僅是學生想要「改變生活」，法國人民腦中也浮現一個沒有廣告、沒有金錢、沒有競爭的更好社會的可能。計程車司機也參與勞工罷工，為了改善他們的工作環境，也為了改善空氣品質；巴黎歌劇院（Opéra de Paris）的舞者們也自問舞者的身體與舞蹈在另一個社會的定位又將如何；人類博物館（Musée de l'Homme）的員工們想像博物館不再是一個保存古物的儲藏室，也可以是一個和大眾互動的場所；公立高校的師生也開始思考教育方法現代化的可能與其影響——五月學運形成一個開放討論政治的氛圍。

社會學家尚皮耶・路高夫（Jean-Pierre Le Goff）於一九九八年出版的《不可能的遺產》（*l' Héritage Impossible*）就提出一個具有批判性的一九六八歷史觀點；他認為，文化左傾主義將以社會去政治性及個人主義當道為代價。此外，反一九六八的歷史學家馬賽・顧雪（Marcel Gauchet）則不停歇地斥責左翼不斷利用五月學運作為身分認同及多元文化崇拜的轉換符碼。

當法國為了正名「五月學運」而全國動員的同時，台灣面對二二八的歷史詮釋卻始終停留在單一且意識形態主導之下的官方說法，民間的聲音也只限擁有發言權的極少數專家學者。我期盼，未來，不僅有更多元的聲音可以參與討論，還有官方以外的民間學者參與，讓一直以來造成族群分裂的這段歷史，得以跳脫既有的窠臼，以更大的格局來審視與觀照；如何詮釋與看待這段歷史，將考驗所有台灣人民的智慧。而法國的作法，值得我們好好地思考及參照。

黃背心運動反應出什麼樣的法國民族性？

布洛克於《史家的技藝》中曾提起這麼一段往事：時值一九四〇年六月，正是德軍進軍巴黎的日子。在諾曼地的一個花園內，這群已脫離軍隊的參謀們，因無所事事，把心思放在再三思量這個災難發生的原因。他們當中一人喃喃自語：「難道，我們真得相信，歷史已經出賣了我們？」他以辛酸又焦慮的語氣道出今日法國人民的不安——歷史有何用？

黃背心，法國大革命或五月學運重現？

弔詭的是，當現任法國總統馬克宏傾舉國之力，在法國各地的文化一級機構以及巴黎市政府廳，盛大慶祝一九六八年五月學運五十週年歷史紀念回顧展的同時，法國社會卻毫無預警地爆發了這場五十年後最大規模的人民街頭抗議運動——黃背心（Gilets Jeunes）。難道，歷史無可避免地一再重演？五十年後，法國再一次爆發一九六八年五月學運？

不過，當我們將一九六八年五月學運與黃背心兩相對照時，不難發現，兩者之間，既有相似，也有相異之處。兩者抗爭的原因，同樣都源自人民對於法國民主政治裡各機構，如國民大會、法院，以及代議制中行使人民權力的政治人物的不再信任。相異之處則在於：一九六八年的法國經濟雖處於蓬勃發展、欣欣向榮的現代化階段，但學校、工廠軟硬體設備以及學生、工人的生活條件，卻無法跟得上現代化的腳步。二〇一八年的法國則剛好相反——一九九〇年代開始，法國社會及經濟的情勢已經日益惡化，[1]而與其對應的官僚體系卻無法回應變局，甚至加劇向下沉淪。

---

1 根據歐盟統計局調查，法國一九九〇年十月低於二十五歲以下的青年失業率為一五％，一九九五年十月已經提升至二一・三％，二〇〇〇年十月為一六・二％，二〇〇五年十月為二一・四％，二〇一〇年十月為二二・五％，二〇一五年十月為二四・五％，二〇一八年十月為二一・五％。平均失業率於一九九〇年為八％，二〇一〇年為九・四％，二〇〇〇年，為了降低失業率，法國將每週法定工時從三十九小時降為三十五小時，以便企業能聘用更多人力。導致企業無法依照生產需求，彈性運用人力，招致企業失去競爭力。二〇一五年第三季，失業率一度攀升至一〇・六％，相當於三百五十萬人失業，創下近十八年來新高，當時的總統歐蘭德對工商業界發表年度演說時，甚至形容「法國的社會及經濟進入『緊急狀態』」，並宣布將投入七百四十億元刺激就業。馬克宏上任以來，經濟小幅度好轉，二〇一八年降至八・七％。

事實上，當法國黃背心運動從起始階段要求廢除燃油稅[2]，逐漸演變為要求「全面解散國會」、「國會改選」、「馬克宏下台」、「斬首馬克宏」等口號時，乍聽不免讓人回想起一七八九年攻陷巴士底監獄時的法國人民，也同樣因為貴族奢華成性、財政困難、民生凋敝蔽，以及強制增稅等問題而爆發。

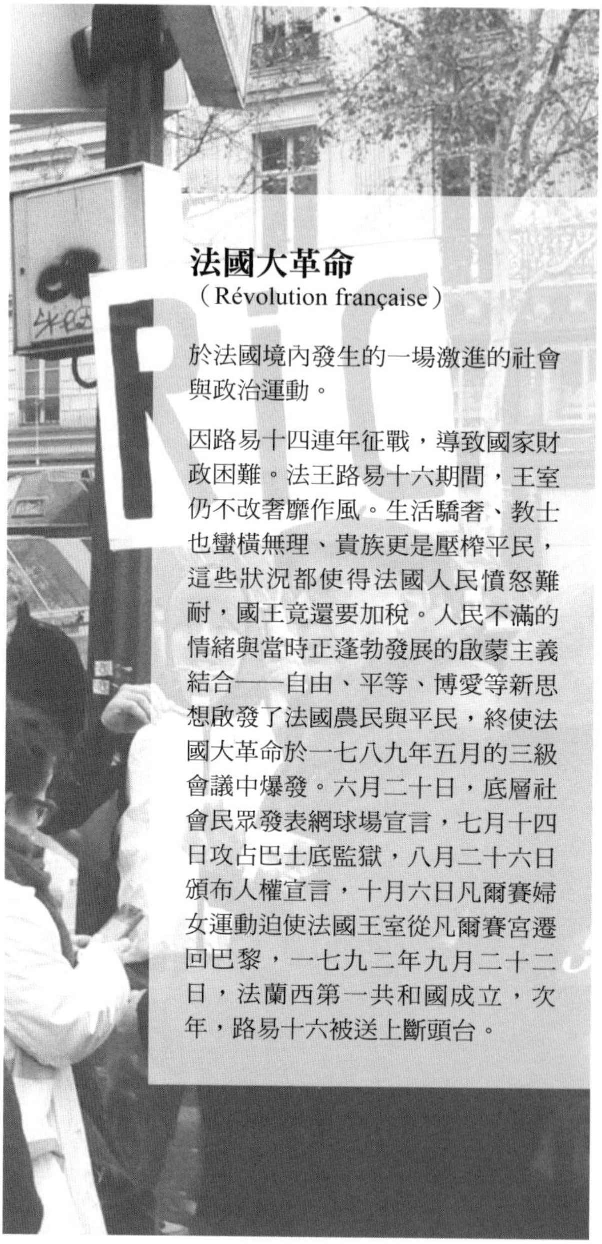

法國大革命
（Révolution française）

於法國境內發生的一場激進的社會與政治運動。

因路易十四連年征戰，導致國家財政困難。法王路易十六期間，王室仍不改奢靡作風。生活驕奢、教士也蠻橫無理、貴族更是壓榨平民，這些狀況都使得法國人民憤怒難耐，國王竟還要加稅。人民不滿的情緒與當時正蓬勃發展的啟蒙主義結合——自由、平等、博愛等新思想啟發了法國農民與平民，終使法國大革命於一七八九年五月的三級會議中爆發。六月二十日，底層社會民眾發表網球場宣言，七月十四日攻占巴士底監獄，八月二十六日頒布人權宣言，十月六日凡爾賽婦女運動迫使法國王室從凡爾賽宮遷回巴黎，一七九二年九月二十二日，法蘭西第一共和國成立，次年，路易十六被送上斷頭台。

五十萬歐元餐盤不貴，看用在什麼地方

法蘭斯瓦・魯芬（François Ruffin, 1975-）是「不屈服的法國」（La France Insoumise）黨的國會議員，於二〇一七年當選。二〇一八年六月十九日，他在一席國會質詢談話中，以嘲諷幽默但犀利的言辭，譴責馬克宏夫婦於二〇一八年六月十三日為艾麗榭宮添購了一組餐具，其中包含九百個餐盤和三百個麵包盤，共花費五十萬歐元。

他批評：「為了讓艾麗榭宮的陛下能夠『有尊嚴地』用餐，花費五十萬歐元不算什麼！同一天，國家元首咒罵：『花費那麼一大筆錢！』這些錢可不是指他的餐盤花費，也不是巴黎證券交易所前四十大企業的股票九百三十億歐元的獲利，更不是股東入袋的四百七十億歐元；他罵的是那些單親媽媽、職災傷殘者……。簡單說：『窮人太花錢了！』他們的津貼對國家財政來說是個無底洞。馬克宏的經濟原則就是：把錢給窮人叫『浪費』，給富人才叫『投資』！在此大原則下，這一年多以來，馬克宏政府取消了『富人稅』[3]、減低股息紅利稅。在不久的

2　二〇一八年十一月二十日，法國國民議會以三百四十五名國會代表投下贊成，兩百票反對，十票棄權，通過了黃背心運動譴責的燃油稅增加。為了減少石化燃料的碳排放量汙染問題，朝向較環保的低汙染能源發展，自二〇一九年一月一日起，柴油稅每公升將增加六・五分，而汽油稅將增加二・九分。

3　富人稅（Impôt de solidarité sur la fortune, ISF），又稱團結財富稅，是指自年度一月一日起，自然人和夫婦持有淨資產達到一定門檻以上，就要按照財產額度來徵收不同比例的稅。自二〇一六年一月一日起，徵稅門檻為一百三十萬歐元。二〇一八年取消，同年一月一日起，由馬克宏的房地產財富稅（Impôt sur la Fortune Immobilière, IFI）取而代之。

將來，馬克宏將比照美國採用『退出稅』[4]。但是，我深信，這一切都是為了法國好！法國人民心地善良又慷慨！在提高『社會普攤稅』、降低『個人住房津貼』（Aide Personnalisée au Logement, APL）、取消了『僱傭合約』[5]以後，法國人民還要準備犧牲什麼？我的問題是：『您打算採取哪些新措施，讓所有富有的朋友都能更換他們的瓷器？』」

法蘭斯瓦・魯芬的最後提問不久後成真。這次改革成為上台以來，無役不興、無役不與，卻從未遭遇敗績的馬克宏，人生中首次的重大挫敗。

稅制改革點燃階級抗爭

「你覺得你的國家，法國，是什麼樣的國家？」問法國人這個問題，他們多數不會回答「法國是個浪漫的國家」。在大多數世人心裡，認為法國有如天堂一般。但對生活在其中的法國人來說，往往覺得自己雖然享有很高的社會福利[6]，代價卻是必須支付高稅額。此外，經濟不景氣時，僱主寧願關廠或者結束營業，也不願意繼續負擔龐大的人力營銷開支[7]。這也讓法國身處底層社會的勞工或者中產階級受薪族，日常生活中總是愁眉苦臉。因為，小從日常生活開支，大到各項稅收帳單，都讓他們得小心翼翼地勒緊褲帶，算算每月所剩不多的薪資餘額還有多少。

到底法國的稅務有多麼繁複？不妨先以法國的三種稅談起。

一、單一稅（Impôt Forfaitaire），也稱為「定額稅」。被認為是三種稅制中最不公平的稅制，採取數量累進的定額收費，比如，電視收視費一百三十九歐元。

4 為了逃稅，許多美國富人寧可放棄國籍，為此，美國國會設立了退出稅（Exit-tax）的稅制。一般而言，通過審核後，只需繳納四百五十美元的手續費，就可以放棄國籍。此法於二〇一〇年七月十三日起實施。針對富人的放棄美國籍，二〇〇八年通過《英雄報酬補助救濟稅法》。美國法律規定，放棄美國國籍的特定人群需為超過六十萬美元的未實現資產收益繳稅。退出稅包括三個部分：淨資產徵稅、對遞延薪酬徵稅和對饋贈徵稅。徵收的前提是滿足以下三條中的一條即可：放棄國籍前五年年均收入稅超過十四萬五千美元；淨資產至少兩百萬美元；沒有過去五年的足額交稅證明。根據美國稅法規定，美國公民即使放棄國籍，政府也可追溯五年，要求其補齊放棄美國國籍前五年擁有的海外資產隱匿不報而逃避的稅收和罰金。參見 MBAlib 逃出稅。

5 僱傭合約（Contrat Aidé）原意在幫助那些在普通僱傭法下難以被僱用的人，能透過這份合約，融入勞動力市場。僱主也可以從中獲得減少勞動力成本的經濟援助。這個僱傭合約適用於二〇〇五年的社會凝聚力計畫下產生的所有補助合約。然而自二〇一八年一月一日開始，被「單一的整合合約」（Contrat Unique d'Insertion, CUI）取代。單一的整合合約又分成非營利的「就業支持合約」（CUI-CAE）及商業的「就業倡議合約」（CUI-CIE）。

6 社會福利支出五花八門，從家庭照護、醫療保險、職業傷害保險、失業津貼、退休金、在職訓練等等，不一而足。

7 根據法國法令規定，僱主要幫員工多付五二%的薪水，員工則需要負擔二二%的薪水，作為社福支出。根據二〇一二年歐盟統計局資料顯示，法國企業為員工支付的社會福利，在歐元區十七國裡最高，占勞工成本的三二・九%。而在歐盟二十七個會員國裡，僅次於瑞典的三三・二%。法國的社福支出甚至超過國內生產毛額（GDP）的三〇%。昂貴的勞工成本成為導致法國經濟危機的主要原因。

二、**累進稅（Impôt Progressif）**。被認為是最公平的稅制。比如，法國的「個人所得稅」（Impôt Sur le Revenu）實行累進制，即高收入者多交稅，低收入者少交稅，最高稅率為四〇％。[8]

三、**比例稅（Impôt Proportionnel）**。對所有人施行同樣的稅率制，比如增值稅（Taxe sur la valeur ajoutée, TVA）、社會普攤稅（Contribution sociale généralisée, C.S.G.）。

增值稅與社會普攤稅占法國政府稅收中的三九・七％。而個人所得稅占法國財政稅收總收入相對較少，[9]卻是法國人最關注的焦點，反而忽略社會普攤稅的影響性與重要性。

社會普攤稅創立於一九九一年，由密特朗總統時出任總理的米歇爾・羅卡[10]所創立。不同於社會貢獻稅（Cotisation sociales）僅對勞動收入徵稅，社會普攤稅將徵稅範圍擴大，不單單針對薪資所得，而是對所有收入均徵收比例不等的稅金。

---

8 依照二〇一〇年個人所得稅額度表顯示，年收入低於五千八百七十五歐元，〇％；五千八百七十五至一萬一千七百二十歐元，五・五％；一萬一千七百二十至二萬六千零三十歐元，一四％；二萬六千零三十至六萬九千七百八十三歐元，三〇％；超過六萬九千七百八十三歐元，四〇％。

9 二〇一七年的社會普攤稅收入為一千億歐元，比起個人所得稅的總稅收多了二百八十億歐元。

10 米歇爾・羅卡（Michel Rocard, 1930-2016）為社會黨人，在任時的政績不少，包括主導《馬蒂尼翁協議》，解決新喀里多尼亞（Nouvelle-Calédonie）的自治權問題，從而結束這個海外領地的困擾。他也減少失業、大規模改革福利國家的融資體系、創造最低生活保障工資收入、創立社會普攤稅。

法國增值稅稅率

法國是世界上第一個開徵增值稅的國家。增值稅因內容不同而有不同的稅率，主要分成以下幾種：

一、一般稅率為二〇%，大多數商品銷售和服務都是這種稅率。

二、特殊情況的低稅率五・五%，適用於食品、部分農產品、客運、大多數劇場經營、出版、部分第一住宅工程。

三、更優惠的稅率為二・一%，適用於社會福利範圍內可報銷的藥品、產肉牲畜的出售、電視稅、某些演出、已註冊的新聞出版物。

四、專業增值稅率（證券、股票、專利經營許可、專利發明、生產工藝收入等），實行特殊稅率。二〇〇五年一月一日起，稅率為一五%。二〇〇六年一月一日起，某些稅率為八%，其餘為一五%。

五、涉及貨物運輸或是提供服務方面，稅率會根據具體情況而有不同。

六、因貸款產生的增值稅可以要求退稅（Remboursement du Crédit de TVA）。

七、有些商品的增值稅可減免，例如海洋漁業、外貿出口、非營利性質的活動、醫療、教育、不動產（無裝修）、住房出租（Location Nue à Usage d'Habitation）、房屋（帶家具）出租、工業廢料及回收物品的運送。

八、有些行業的增值稅是不能夠享有減免政策的，例如旅遊業的交通工具等。

增值稅的徵繳，只針對法國境內開展的經營活動，但商品出口以及歐盟內部的商品貿易，原則上免除增值稅。商品進口應繳納增值稅，納稅地點為商品運抵法國時的入境海關。企業在歐盟內部的收購活動，也應申報增值稅。

依照收入來源，社會普攤稅分成以下幾個項目，稅率也各自不同：薪資（稅率為七．五％）、退休金（六．六％）、失業金（六．二％）、遺產（八．二％）、金融投資（八．二％）、遊戲（九．五％）。社會普攤稅採銀行自動扣款的預繳制，從收入帳戶中自動扣除，並且政府每年的稅收總額逐年增長，一九九一年法國總理里昂奈爾．喬瑟班（Lionel Jospin, 1937-）時期的社會普攤稅為個人收入的一．一％，一九九三年右翼執政以後，不減反增為二．四％，到了一九九六年，再增為三．四％，一九九八年占七．五％。馬克宏上任以後，通過修法，自二〇一八年起，薪資及退休所得的稅率提高一．七％，預估將為法國帶進至少多二百二十五億歐元的稅收。

對法國政府而言，加稅是紓解法國財政赤字的好辦法。可是，對於早已捉襟見肘的廣大底層社會勞工階級，以及必須縮衣節食以維持家庭開支的中產階級來說，無疑是雪上加霜。這也說明了為什麼當馬克宏政府宣布自二〇一九年一月一日起，還要對普羅大眾徵收燃油稅時，法國老百姓再也按捺不住內心的憤怒。這一年多來，他們眼見馬克宏總統面無難色地花費五十萬歐元來更換艾麗榭宮的餐盤、取消富人稅、降低股息紅利稅，但他們薪資增長的幅度卻永遠跟不上物價上漲的速度。

黃背心運動的源起

運動的源起來自塞納．馬恩省（Seine-et-Marne）的兩男一女。兩位男性為卡車司機，女性在網路上販售有機化妝品。他們都有著共同的目標——無法再忍受燃油稅的增加。二〇一八年五月底，當時年僅三十二歲的普里西利亞・盧多斯基（Priscillia Ludosky）在網路上提出一份請願書[8]。短短幾個月後，超過一百萬人聯署。她呼籲「立即降低燃油價格」。這位年輕女子日後成為黃背心運動的八位代言人之一。

另外兩名青年艾利克・杜威特（Eric Drouet）及布魯諾・陸菲佛（Bruno Lefevre）得知普里西利亞・盧多斯基於網路上發起請願書聯署運動以後，十月十五日，兩人也在臉書發起社會運動，公開號召網友們於一個月後的十一月十七日，堵住各大交通要道。隨後，有十多個臉書網頁也呼應此運動。

不過，真正為這個運動正名、賦予黃背心象徵意義的，卻是來自法國南部拿邦（Narbonne）鎮、三十六歲的紀思蘭・庫塔（Ghislain Coutard）。他自拍了一段影片，號召所有因燃油稅增加而心生不滿的駕駛員將車內的黃背心放在駕駛儀表板上，以表達對政府的抗議。短短幾週後，黃背心成為運動的象徵符號。

同樣因自拍抗議影片而在網路社群激起同仇敵愾情緒的，還有來自布列塔尼的催眠治療師賈克琳・穆蘿（Jacline Mouraud）。她於十月二十三日自拍、長達四分二十五秒的短片[9]中

---

8 請願書原出處：https://www.change.org/p/pour-une-baisse-des-prix-%C3%A0-la-pompe-essence-diesel

9 該片出處：https://www.youtube.com/watch?v=DOOUmDOJKAY

抗議：「馬克宏政府上任以來對於開車族的圍剿——因更嚴格的汽車廢氣排放法規，造成半數的法國柴油車面臨即將被淘汰的命運。燃料價格上漲，一公升一・五歐元！大家都不在乎？不上街頭抗議？因為上班族無計可施！我們要付年終的稅單。而幾年以前，是誰告訴我們柴油車是較少汙染的？現在就憑你們的一句話，給我們微不足道的補助金，就想讓我們拿出微薄的薪水來換車？[10]更何況，光憑你們給的那一丁點兒補助金，就能更換全法國的柴油車嗎？其次，法國到處安裝雷達測速照相，已經成為雷達森林！『你們到底是怎麼用錢的？』這是所有法國人都在問的問題。光在巴黎一地，這一年來的違警罰單通知書就從一萬兩千件爆增至八萬七千件。『你們到底是怎麼用錢的？』除了更換艾麗榭宮的餐盤、建游泳池……我們問自己：『這就是它的用途？』……」如今，賈克琳・穆蘿不僅成為黃背心運動的第一位繆斯女神，更於十二月二十二日首度向《星期日報》（*Journal du dimanche*）披露，她計畫創建一個政黨。[11]

衣服成為文化革命的象徵

所有法國人都知道什麼是「黃背心」。無分你的政黨色彩或者社會階級，只要家裡有一輛車，你就一定擁有一件螢光色的黃背心。它既醒目，又極為普及。更重要的是，加入此運動的門檻很簡單，只要穿上黃背心。

而黃背心的平均價格約在三歐元以內。最便宜的，在亞馬遜網站還可以〇・五歐元的價格買進。可說是人人皆負擔得起的革命符號。

所有型態的運動都需要形成視覺奇觀。尤其當黃背心運動是以占領街道及公共空間作為抗爭的手段。此外，在法國歷史中，以服裝標誌作為我群的身分標誌，這是極常見的，比如圓形徽章、某個顏色、法國大革命中的弗里吉亞帽與「非馬褲」裝等。這樣的裝扮也使得他們得以與所反對的菁英階級的政治立場有明顯區隔。

十二月一日，黃背心運動第三次抗議。位於香榭里榭大道上的凱旋門與其博物館遭示威抗議者入侵、破壞，鬧事者摧毀了幾件展品，包括一八九九年法蘭斯瓦・魯德（François Rude）的雕塑瑪麗安娜（Marianne），這是〈馬賽進行曲〉中，體現法蘭西共和國及其「自由、平等、博愛」價值觀的象徵。

雖然法國人在示威抗議中放火燒車、砸破商店櫥窗、將店內財物洗劫一空、在建築物外牆塗鴉寫下控訴文字、搗毀提款機、毀損人行道與告示牌等公共設施，但這些過激的行為在法國抗議運動裡並不罕見，也不足以解釋為什麼黃背心運動得以在法國成功，其影響力甚至蔓延到

10 二〇一八年十一月十四日，法國總理愛德華・菲利普（Edouard Philippe）針對法國二〇%的低收入戶提供現有柴油車換成二手汽油車的補助金四千歐元。

11 二〇一九年一月二十七日，賈克琳・穆蘿在奧爾良宣布「湧現」（les Emergents）政黨正式成立。宣稱此政黨將既不左也不右，她說：「我們期望用『心』和『同理心』來重塑政治文化，今日，金錢統治一切。我們希望通過努力讓財富有更好的分配。」

德國、比利時、荷蘭、英國、西班牙與埃及等國。根據法國巴黎一大萬神殿—索爾邦大學的現代史教授皮耶・塞納（Pierre Serna）就「一場真正的革命」所提出的解釋：「如果沒有文化革命，就無法實現一場有能力推翻政府，並以新政府取而代之的運動。第一種文化是我們穿在皮膚上的，也就是說，穿著的方式。」

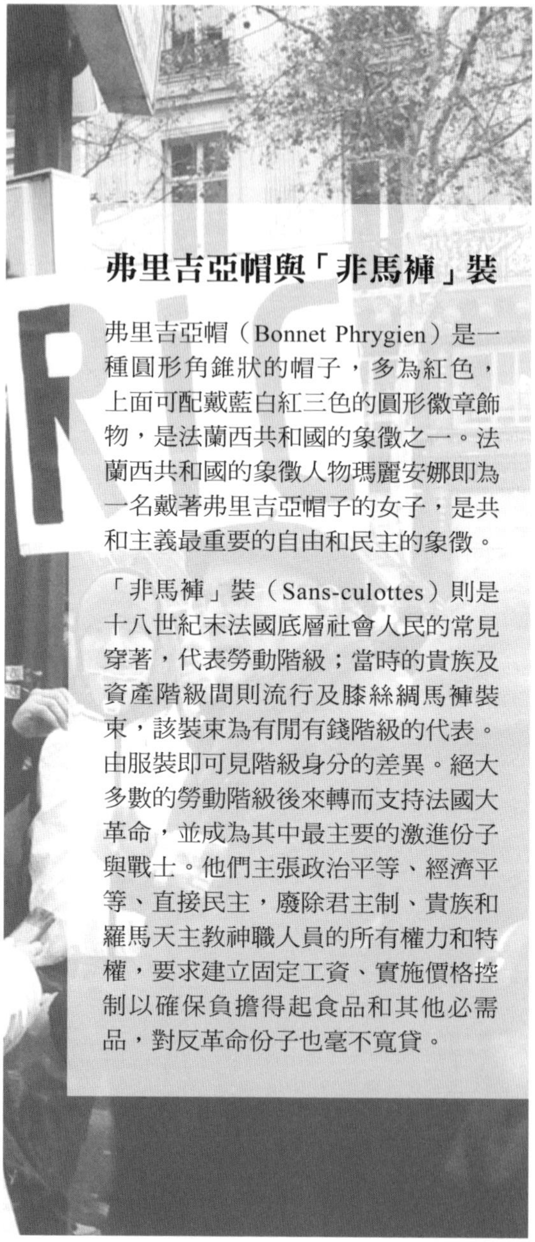

弗里吉亞帽與「非馬褲」裝

弗里吉亞帽（Bonnet Phrygien）是一種圓形角錐狀的帽子，多為紅色，上面可配戴藍白紅三色的圓形徽章飾物，是法蘭西共和國的象徵之一。法蘭西共和國的象徵人物瑪麗安娜即為一名戴著弗里吉亞帽子的女子，是共和主義最重要的自由和民主的象徵。

「非馬褲」裝（Sans-culottes）則是十八世紀末法國底層社會人民的常見穿著，代表勞動階級；當時的貴族及資產階級間則流行及膝絲綢馬褲裝束，該裝束為有閒有錢階級的代表。由服裝即可見階級身分的差異。絕大多數的勞動階級後來轉而支持法國大革命，並成為其中最主要的激進份子與戰士。他們主張政治平等、經濟平等、直接民主，廢除君主制、貴族和羅馬天主教神職人員的所有權力和特權，要求建立固定工資、實施價格控制以確保負擔得起食品和其他必需品，對反革命份子也毫不寬貸。

顛覆與改造原有的象徵意義

所有的革命都需要修改文字、圖像、衣服、姿勢等符號，並且賦予其新的意義，以標記他們與想要推翻的政府間的區別。

巴黎索爾邦大學的溝通史副教授阿諾・貝內德迪（Arnaud Benedetti）則認為：「黃背心原本為國家規定人民必須遵守的道路安全義務。而反抗者回收並利用這個來自行為規範中強加在他們身上的物件，予以扭轉、改變其意義，最終使其成為他們動員的革命徽章或者三角旗，以此作為顛覆該政權的象徵。」

它的原始功能被轉化成反抗運動的寓言。

黃背心具有三個象徵意義：

一、**處於困境時穿黃色背心**。所以，當這些人穿上黃背心時，表示「我們正處於經濟與社會的緊急狀態」。

二、**讓自己的訴求得以被看見**。就算身處遠方，螢黃色也清楚可見。這些底層社會的人們，在法國社會裡有如隱形，長久以來，遭媒體或政府遺忘及忽視。當他們穿上黃背心時，沒有人可以漠視他們的存在，政府及媒體再也無法視而不見人民的力量。

三、**在西方的歷史中，黃色是不被喜愛的顏色，因為它讓人們想到猶太人，轉而產生背叛、謊言等重罪的聯想**。在達文西的名畫《最後的晚餐》及《猶大之吻》中，出賣耶穌的猶大就是穿著一襲黃衣。而在法國歷史裡，黃色更被勞工用以稱呼那些寧願與資方結盟以討價還價的工會；而選擇罷工的工會則以紅色稱之。但到了黃背心運動中，黃色被當成是反抗、不滿的顏色。

黃背心運動最主要的訴求

雖然媒體報導中的黃背心運動訴求眾說紛紜，然而，仔細篩選網路社群以及抗議群眾的標語及口號，不難整理出以下幾點：

一、**對於稅制的公平性以及社會公平的懷疑**。

二、**對於馬克宏政府政策正當性的質疑**。

對這些普羅大眾而言，馬克宏政府是富人的政府，所有稅制上的改革利多都是回饋給有錢人的禮物，對升斗小民卻是極盡剝削之能事。舉例來說，鄉鎮合併後，以賠錢為由，取消偏遠地區的短程火車，使得城市以外的居民愈來愈依賴汽車。當汽車成為偏鄉與郊區最主要，甚至是唯一的交通工具，馬克宏政府卻以節能減碳為由，調漲燃油價格，並提高車檢的廢氣排放標準，等同變相強迫老百姓換車。但對石化工廠等真正製造環境汙染的元凶卻無嚴厲的罰則。

三、**生態轉型的問題並沒有得到政府真正的支持**。

四、**購買力降低**。

五、降低民選官員的薪酬。

六、恢復徵收富人稅。

七、提升一五%的最低薪資[12]**。**

八、恢復退休金。

九、創立「嚴重汙染稅」，專門針對油輪及郵輪等。

十、絕大多數的請願及抱怨皆是針對馬克宏以及政府機構而來。法國人民要求，足以影響百姓的政策不得再以代議政治的方式來行使決議案，而是交由全民表決，以展現直接民意。

而在以上這些最常見的訴求中，黃背心抗議群眾最在乎的是恢復徵收富人稅，以及全民表決展現直接民意。為什麼法國人民對於菁英領導的民主政治已經失去信任？

菁英主義失靈？

法國一向篤信菁英主義，而法國政治界領袖多出自兩大名校，即國家行政學院及巴黎政治

12 為了防制勞工迫不得已而同意低價出售勞力，愈工作反而愈貧窮，法國政府制定最低工資（Salaire Minimum Interprofessionnel de Croissance, SMIC）以保障勞工的購買力及其生活品質。二〇一九年的最低工資稅前為每小時十・〇六歐元，稅後為八・〇九歐元。月總額將為一千五百二十五・四七歐元，稅後為一千二百二十七・三九歐元。相較於二〇一八年，提高了四十歐元。

研究學院。然而，歷經兩個半世紀之久的巴黎政治研究學院，及有七十四年歷史的國家行政學院，已經逐漸喪失階級流動的活力，變成名符其實的貴族學校。在專屬於上層社會的菁英文化與庶民文化間，缺乏雙向的流動性。這也導致這些名校出身的菁英，一旦步入政壇，根本不知民間疾苦，將中產階級與弱勢階層的需求完全剔除於考量之外，使得菁英階級治理下的法國，與廣大的法國人民之間，存在無法跨越的鴻溝，菁英階層領導的法國政府，最終因背離絕大多數的民意而失去人民的信任，進而遭到公民的拒絕。

當走上街頭的群眾身穿的黃背心背上貼著「停止稅捐」（Stop la Taxe）、「受夠了稅！」（Ras-le-bol Fiscal!）的抗議標語；當底層社會老百姓吶喊著「我們有愈來愈多、愈來愈重的稅，卻有愈來愈少的服務」、「我沒有權利，沒有任何權利要求任何的幫助」、「我們這些勞工已無法生活！如果政府繼續向我們這裡要一點、那裡再擠一點，直接或者間接地抽稅，我們將滅頂！」時，法國統治階級裡的菁英份子做出什麼樣的決定？

不屈服於暴力

二〇一八年十一月十四日，在接獲超過百萬份聯署書的民意反彈以後，法國總理愛德華・菲利普依然故我，僅表示他會針對法國二〇％的低收入戶，提供舊柴油車換成二手汽油車兩倍的補助金，即由先前允諾的兩千歐元提高至四千歐元。馬克宏也抱怨：「我們不能週一支持環保，週二又反對增加燃油稅。我們不能在幾年以來都贊成排碳稅，今日又譴責燃油稅。尤其是，這個稅是自二〇〇九年即投票通過，更是二〇一四、二〇一五年以來，好幾位政治領袖的既定政策。」

這兩個反應簡直是火上加油。十一月十七日，黃背心發動第一次集會遊行。十一月二十七日，馬克宏於生態轉型致辭中，回應第二次黃背心運動，他說道：「我不會將暴徒與希望傳遞信息的公民混為一談。我感受到了對同胞的理解，但我不對那些想要摧毀社會安定以及製造混亂的人退讓半步，因為共和國的精神既是共和國的秩序，也同時是言論自由的表達。」

黃背心運動並未因十一月二十四日的暴力行為而趨緩，群眾內心的不滿更沒有因馬克宏的一席談話而得以平息。相反的，他們被馬克宏的談話內容所激怒，並在馬克宏前往阿根廷參與G20會議時，進行第三次的集會抗議遊行。

當馬克宏得知十二月一日黃背心運動於巴黎香榭里榭大道上引發的暴力事件以後，他在布宜諾斯艾利斯發表如下談話：「今天在巴黎發生的事情與合法的示威抗議毫無關聯。沒有理由可為襲擊警察、搶劫店舖、焚燒公共或私人建築物、威脅路人或記者，以及玷汙凱旋門辯解。這些暴力的肇事者不想改變，也不想讓情況好轉。他們想要混亂，他們背叛了訴求，並利用、操縱運動，以顛覆社會秩序。他們的身分將會被指認出來，並且在法庭上被追究責任。明天，我回來的時候，將召集一次相關事務的跨部會議。我總是尊重抗議，也會一直聽取反對意見，但我永遠不會接受暴力。」

馬克宏的妥協

第三次黃背心運動發生後不久，十二月四日星期二，當天法國總理愛德華・菲利普宣布燃油稅暫緩六個月調漲；週三，愛德華・菲利普推翻之前的決定，在國會議員前宣布：「燃油稅上漲將不會列入二〇一九年預算審查。」至於日後是否重啟，他仍語帶保留。但稍晚，在艾麗榭宮，卻傳出來另一個決定——完全取消燃油稅。這個決議並於十二月六日經愛德華・菲利普於參議院的演講中再次確認：「原定於二〇一九年一月一日上漲的燃油稅取消。」他補充說道：「緊張局勢使我們得出如此結論——任何稅收都不應該危及國內和平。正如我昨日在國民議會表示，我們與總統決定放棄原定二〇一九年一月一日施行的有關燃油價格和能源新價格的稅收措施。參議院也投票決定取消二〇一九年預算中的燃油增稅，也不再重新引入。」

事與願違，總理愛德華・菲利普與馬克宏的讓步並未換來黃背心群眾運動危機的解除，反而招致愈來愈多起抗議活動。十二月八日當天，除了第四次黃背心運動以外，兩百多所高中學生也以罷課行動向當局傳達他們對於高考制度改革、大學入學申請程序變更的抗議；另外，救護車醫護人員也在協和廣場示威抗議。警方出動了十二輛裝甲車及八萬九千名警力來維持秩序，單在巴黎一地，就有八千名員警待命。

法國政府與警方面對的是一個既沒有政黨組織，也無工會組織，因此沒有可談判對象、僅靠臉書動員的群眾運動。這些群眾在十一月二十六日選出一個八人組成的信使團，作為運動的代言人。不過，這八位信使中，有的是民族陣線政黨成員，有的則是法國民主工聯

（Confédération Française Démocratique du Travail, CFDT）的活躍份子，他們拒絕與政府溝通、拒絕組織、拒絕代表，這也使得他們成為極左派與極右派民粹主義者的最愛。

在黃背心發動第四波的抗爭行動後，馬克宏終於打破沉默，於十二月十日發表長達十三分鐘的電視演說。在這次演說中，他不再長篇大論地教訓人民，轉以謙卑的姿態、感性的聲音對人民喊出：「我唯一的擔憂是你（人民）！我唯一的戰鬥是為了你（人民）！我們唯一的戰役是為了法國！」並釋出多項利多，包括：

一、最低薪資自二〇一九年起增加薪資一百歐元，但僱主不需要多負擔社福成本。[13]

二、自二〇一九年起，加班費免課稅。

三、要求所有獲利的企業在今年年底支付員工一筆獎金。該獎金將免稅。

四、兩千歐元以下的退休金將免除調漲社會普攤稅一・七％。

五、減少居住稅（Taxe d'habitation）。

六、取消燃油稅。

七、凍漲電費及天然氣費。

八、對汙染較少的汰換舊車予以獎金補助。

馬克宏發表這場演說後，終於緩和、平息絕大部分社會底層人民及中產階級長達十八個月的憤怒。四九％的黃背心參與者覺得馬克宏令人信服，五〇％的參與者則不如此認為。五四％

13　此處所指的乃是：僱主每僱用一名員工，所須負擔的社福成本隨著薪資的增加而增加。

的法國人民認為黃背心應該停止抗爭。相較於一週前的民調顯示，仍有七五%民意支持黃背心運動，而馬克宏的支持度只剩下一八%，顯然已有改善。可惜的是，連續五週以來的黃背心運動，使得法國至少失血一百億歐元，而原本可能降至GDP三%的年度財政赤字也將難以達成。法國財政暨金融部長布魯諾・盧梅爾（Bruno Le Maire）則以「簡直是一場浩劫」形容這次的黃背心運動，他並表示：「二〇一八年經濟成長將會減少〇・一%的GDP。」關於這次的損失，部分將由社福來給付，也就是說，仍將由全民共同買單。

不屈服的法國人民

馬克宏的中學同學、不屈服的法國黨國會議員法蘭斯瓦・魯芬說起這位昔日同窗，曾發出如此警語：「他的下場，將如甘迺迪！」因為馬克宏取消富人稅、放寬資遣裁員的勞工法、調漲燃油稅更加深中低收入者強烈的被剝削感。而馬克宏的親商主義、富國強兵政策也使得僅有一%的最富裕人口成為大贏家，九九%的市井小民卻毫無所感，只覺得馬克宏是活在雲端上，無法苦民所苦的何不食肉糜者。這也無意中加深了法國的階級對立以及階級仇恨。

從法國的黃背心運動中，不難歸納出法國民族性的幾點特徵：

一、**支持弱勢發聲**。就算我不贊成你的行為，但我支持你有發聲的權利。

二、**團結**。《三劍客》中有句話：「我為人人、人人為我。」（One for all, all for one.）這句口號傳達了西方「一方有難、八方來救」、「路見不平、拔刀相助」的俠客精神。相較於台灣社會裡「人人自掃門前雪，莫管他人瓦上霜」的自私自利心態，可說是天壤之別。當代社會裡人人相互依賴，只有把別人的事當成是自己的事，才有可能讓社會往上提升。

三、**天生具有反抗精神，能反抗傳統，並且擅於反抗**。因此，法國人很難被奴役。當其他國家的人民習慣逆來順受，法國人民可不這麼想！

四、**無法想到人民需要的菁英最終也會被人民唾棄**。

在這次的黃背心運動中，法國人民展現出他們對於菁英領導的質疑——這已經不是法國人民第一次起而反抗不知民間疾苦的菁英統治。法國人民甚至開始思考直接民主的可能，他們討論著：如何培育菁英、篩選菁英？為什麼菁英社會猶如一個小型的封閉社群，只想到自己的需求，卻忽略了其他？當國家社會把最好的資源給予他們，卻反讓菁英擁有更強大的武器來對付人民，破壞社會和諧。

五、**不要施捨只要尊嚴**。

透過這次黃背心運動中人民的訴求，可以清楚看見，這些人民要求的不是救濟金津貼，他們更不是社會寄生蟲；相反的，他們要的是一份尊嚴。一位單親媽媽如此說道：「每天早上醒來，我都不想去工作，因為我再也找不到工作的意義。我辛勤工作，每個月卻連三百歐元、一百歐元的結餘都沒有，我甚至再也無法負擔到電影院看一場電影的錢。」由這位單親媽媽的告白可以了解：法國人不僅僅只是要求一份糊口的工作，更要工作的尊嚴、最起碼的生活品質。

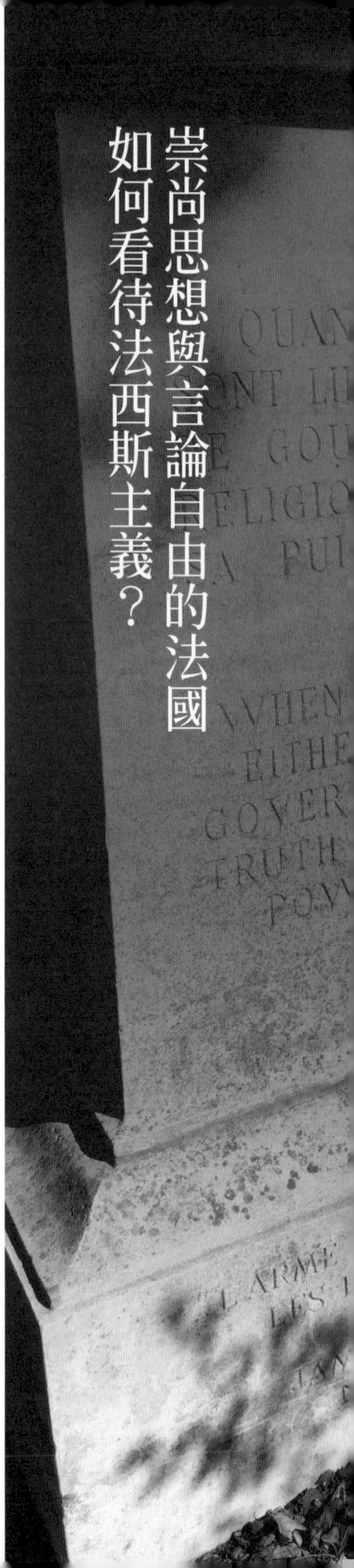

崇尚思想與言論自由的法國如何看待法西斯主義？

自歐盟[1]成立以來，湧進富裕的西歐社會的跨國遊民愈來愈多。二〇〇九年爆發的歐債危機[2]，以及隨著非洲及中東連年不斷的內戰而生的跨國犯罪與國際難民問題，釀成歐洲各國

---

1 歐盟的歷史可追溯至一九五二年建立的「歐洲煤鋼共同體」，當時只有六個成員國。一九五八年又成立了「歐洲經濟共同體」和「歐洲原子能共同體」，一九六七年統合在「歐洲共同體」之下，一九九三年又統合為「歐洲聯盟」，如今，歐盟已從貿易實體轉變成經濟和政治聯盟。

2 二〇〇九年年底，希臘、愛爾蘭、義大利、西班牙和葡萄牙等歐元區國家紛紛出現經濟危機，部分不屬於歐元區的歐盟成員國也岌岌可危。直到二〇一五年，歐洲經濟才開始緩慢復甦。

非洲動盪，引發國際難民問題

一九九四年，盧旺達大屠殺爆發後，當地的胡圖族和圖西族之間的武裝衝突就波及到相鄰的金夏沙剛果，導致一百多萬剛果人逃離家園。

中非共和國的內戰衝突自二〇〇四年爆發，索馬利亞內戰始於一九九一年。二〇〇一年九一一事件後，美國攻打阿富汗，開啟反恐戰爭的開端。以上所提戰爭，至今都仍未停息。

極端組織「博科聖地」成立於二〇〇四年，長期活躍在尼日利亞東北部地區，二〇〇九年以來，控制尼國東北部大片地區，不時在尼日利亞及鄰國實施恐怖襲擊，造成大量人員傷亡、居民流離失所。二〇一六年七月起，由尼日利亞、喀麥隆、尼日爾、查德等組建的多國部隊開始對博科聖地進行重點打擊。

二〇〇三年，蘇丹境內爆發「達佛衝突」，當地的非裔阿拉伯人民兵與黑人叛軍之間的武裝衝突不斷。蘇丹政府支援阿拉伯民兵在該地進行有計畫的屠殺、搶劫、強姦乃至種族滅絕：超過四十萬人因此喪生，兩百五十萬人流亡至查德，被認為是近年來全球最慘烈的人禍。

二〇一一年，南蘇丹自蘇丹獨立以後，二〇一三年十二月十四日，南蘇丹共和國的蘇丹人民解放軍試圖發動政變。薩爾瓦・基爾・馬亞爾迪特總統次日宣布已成功鎮壓政變，但戰鬥在十二月十六日重啟，且內戰至今。

伊拉克戰爭（二〇〇三年三月二十日至二〇一一年十二月十八日）的主要軍力為美、英、澳軍隊等多國組成的部隊，目的在於推翻以薩達姆・海珊為首的伊拉克復興黨政權。

二〇〇四年六月起，葉門政府就與什葉派武裝「胡塞叛軍」發生衝突。一些分析家將這場衝突定義為沙烏地阿拉伯與伊朗之間的代理人戰爭。因為沙國所代表的遜尼派對邊境發動空襲，支持葉門政府；而伊朗是什葉派勢力，支持叛軍。二〇一〇年二月雖簽署停戰協議，但二〇一五年仍重啟戰火。

以上所列，僅統計導致歐盟，尤其是歐盟中的富裕國家，難民人數激增的戰爭。

極右派興起，數個奠基於民粹主義[3]、國族主義[4]的極右翼政黨，這些年來，因大量湧入的難民所造成的社會秩序動盪及安全的疑慮，伴隨國內居高不下的失業率，持續在各國擴大影響力，並且在政治版圖上不斷擴張、崛起壯大。

歐陸極權的復辟

在西歐地區，出現荷蘭的自由黨（Partij voor de Vrijheid, PVV）、法國的民族陣線（Rassemblement National, RN）、德國的另類選擇黨（Alternative für Deutschland, AfD）、奧地利自由黨（Freiheitliche Partei Österreichs, FPÖ）[5]；在英國，出現致力於脫歐，讓自己擺脫歐洲難民問題，好置身事外的獨立黨（United Kingdom Independence Party, UKIP）[6]。

在中歐與東歐，塞爾維亞有由米洛舍維奇[7]領導的社會黨，而匈牙利的青年民主主義者聯盟（Fidesz-Magyar Polgári Szövetség）簡稱青民盟[8]，是匈牙利的保守主義極右翼政黨。另一個更激進的極右翼政黨「更好的匈牙利運動」（Jobbik Magyarországért Mozgalom, Jobbik）[9]，其二〇〇九年歐洲議會選舉的口號為「匈牙利屬於匈牙利人」（Magyarország a Magyaroké!），被稱為歐洲的新納粹政黨[10]。波蘭的法律與公正黨（Prawo i Sprawiedliwość, PiS）[11]是波蘭右翼保守主義政黨，也是波蘭第一大黨，贏得二〇〇五年波蘭議會選舉，萊赫・卡欽斯基在二〇〇五年的選舉中當選波蘭總統，其孿生兄長雅羅斯瓦夫・卡欽斯基後任波蘭總理。

3 民粹主義（Populism），又譯平民主義、大眾主義、人民主義、公民主義，意指平民論者所擁護的政治與經濟理念，是社會科學語彙中最沒有精確定義的名詞之一，也可以被當成是一種政治哲學或是政治語言。

4 國族主義（Nationalism），亦稱民族主義或國民主義，包含民族、人種與國家三種認同在內的意識形態，民族主義者（Nationalist）主張在各民族和人種意識形態相互認同的前提下，以擁有相同國籍的民族共同體為人類群體生活之「基本單位」，以作為形塑特定文化與政治主張之理念基礎。

5 二〇一七年十二月，奧地利自由黨與人民黨共組聯合政府，是西歐第一個成功進入內閣的極右翼政黨。

6 英國獨立黨為英國一個歐洲懷疑主義的右翼政黨，該黨主要的政治理念是推動英國脫離歐盟。

7 曾因種族滅絕和反人道罪而遭指控，檢察官陳述時，米洛舍維奇面無表情地坐著，拒絕承認法庭的合法性和對他提出的所有控訴。

8 保守價值與國族主義可說是青民盟的兩大施政方針。在文化政策上排外保守，反對多元文化，打壓少數族裔及ＬＧＢＴ；經濟上奉行國家主義，例如強制失業者勞動，將私有化退休保障收歸國庫所有，由國庫統籌退休金支付業務。政府更修改教育法，意圖封殺匈裔美籍金融商人索羅斯開辦的中歐大學以及其他非政府組織，以打擊「境外勢力」與其提倡的自由主義。匈牙利總理奧班（Viktor Orbán）甚至在記者會中聲稱，這些外來者不應該被稱為「難民」，而是闖入他國邊境的人，不僅不需要人道援助，而且是非法入境的可疑犯罪者，應使用警察權強制驅離。

9 Jobb在匈牙利語有兩種意義，更好與右邊，因此比較級的Jobbik意為更好的選擇和更右，意含「保守」和「適當」兩種意義。把自己定義為「原則性、保守、激進的愛國基督教黨」，其根本目的是保護匈牙利的價值觀和利益，被學者、媒體和政治對手稱為新納粹、反共主義、反猶太主義、反羅姆主義和恐同政黨。（資料參考自維基百科）

10 國家選舉委員會在選舉前夕裁定此口號違憲，該黨主張該口號是有道理的，因為匈牙利政經菁英將大量國家重要資產交到私人或外國手中，藉此取得財富。

11 法律與公正黨在二〇〇一年由萊赫・卡欽斯基與雅羅斯瓦夫・卡欽斯基兄弟成立。該黨結合部分原右翼團結工聯選舉行動（Solidarity Electoral Action）的成員以及基督教民主主義的中間協議（Porozumienie

法國中間勢力興起及極右翼的反撲

就在歐洲相繼淪為極右翼保守主義、國族主義、民粹主義陣營的同時，馬克宏領導共和前進黨[12]，以中間溫和理性務實路線為主，在二〇一七年五月的總統大選，高票勝出，籌組的聯合政府席次超過六〇%，成為國會第一大黨。這位年輕有為的前經濟部長對外宣稱，如要再創法國美好的未來，法國必須廣納世界各國的一流人才，並轉型為新興科技產業的創新大國；對內，他主張綠能與核能並存、推動勞動法改革、降低失業率、提高年輕人就業機會、致力倡導多元文化與不同種族間和平共存。這期間，國內瀰漫著一片和諧樂觀的氣氛，他的民調也不斷攀升。[13]

與此同時，二〇一七年六月三十日，法國極右派民族陣線黨魁瑪蓮・雷朋（Marine Le Pen）因涉嫌挪用歐洲議會約五百萬歐元（折合台幣約一・七億元），遭法國當局正式立案調查；二〇一七年九月二十一日，瑪蓮・雷朋的首席戰略與公關顧問弗洛里安・菲利波（Florian Philippot）宣布退黨，並在媒體上公開聲明，警告大眾：極右翼民族陣線因「極度恐懼」，已退縮回昔日最強硬的法西斯主義下的黑暗日子，這會讓成千上萬人（亞裔、非裔、阿拉伯人等等少數民族）驚慌失措。以上種種，都使得法國極右翼受到沉重的打擊。

極權人物與其思想

就在馬克宏的聲勢如日中天之際，二〇一八年，法國國家紀念高級委員會（Le Haut Comité aux Commémorations Nationales）[14]藉著查爾斯・莫拉斯一百五十週年誕辰，打算公開紀念這位二十世紀惡名昭彰的極右翼政治學理論者，並邀來二戰期間法

Centrum, PC），該黨與天主教會關係密切，採取傾向天主教會的社會保守主義立場。信奉自由市場經濟，但採取干預主義。對歐盟持懷疑態度，也反對接納更多移民與難民。卡欽斯基就曾公開指責難民「把霍亂帶到希臘，把痢疾帶到維也納」，他還認為難民帶來的穆斯林文化將破壞波蘭的天主教傳統。在國內政策方面，法律與公正黨表明會推動家庭福利政策，降低退休年齡，對外國銀行提高稅率，還曾警告要立法禁止墮胎和試管嬰兒。二〇〇七年波蘭議會選舉，該黨敗給公民綱領黨。二〇一〇年波蘭空軍墜機事件，致使該黨多位領袖喪生，包括總統萊赫・卡欽斯基。（資料參考自維基百科）

12 共和前進黨（La République En Marche!, REM）是法國中間派政黨，由馬克宏於二〇一六年四月六日在亞眠（Amiens）創建。二〇一七年五月七日，馬克宏代表前進黨在法國總統選舉中獲得勝利以後，前進黨隨即更名為共和前進黨，並改組為政黨，以派員參與國民議會選舉，成為法國第一大黨。

13 法國被《經濟學人》（*Economist*）評選為二〇一七「年度國家」，就是因為馬克宏在開放社會與推動改革雙方面獲得顯著成果。他年輕、充滿活力，傳遞出對未來充滿希望的訊息。該雜誌指出，「馬克宏先生主張的法國，是對外國人民、物資和想法都很開放，對內則進行社會改革的國家。」「在他出現之前，法國改革成功的希望渺茫。」

14 一九七四年，由當時的文化部長莫里斯・德魯翁（Maurice Druon）創立，最初負責全國的慶典，一九七九年依照法國檔案館的指示，用以紀念國家歷史上的重要事件。

國史的專家——巴黎索爾邦大學的法國史教授奧利佛・達德（Olivier Dard）為《二〇一八國家紀念史冊》撰寫長達三頁關於莫拉斯的概論；與此同時，法國大出版社羅伯・拉封特（Robert Laffont）也計畫將莫拉斯的仇恨論述，整理出多達一千兩百頁的文選，於二〇一八年四月十九日出版，並邀請多位右翼人士與歷史學者做推薦序。這個提議最終被文化部長法斯娃・尼森女士[15]否決，但以國家高度來紀念這個極具爭議性的人物的決定，卻也引發法國文化界激烈的辯論。

這位激烈的民族主義好戰份子以其生花妙筆，在一戰與二戰期間，不斷地藉由政治組織，如一八九九年成立的極右派政治組織「法蘭西運動」，策畫多起暴力行動，並且著述了多本反

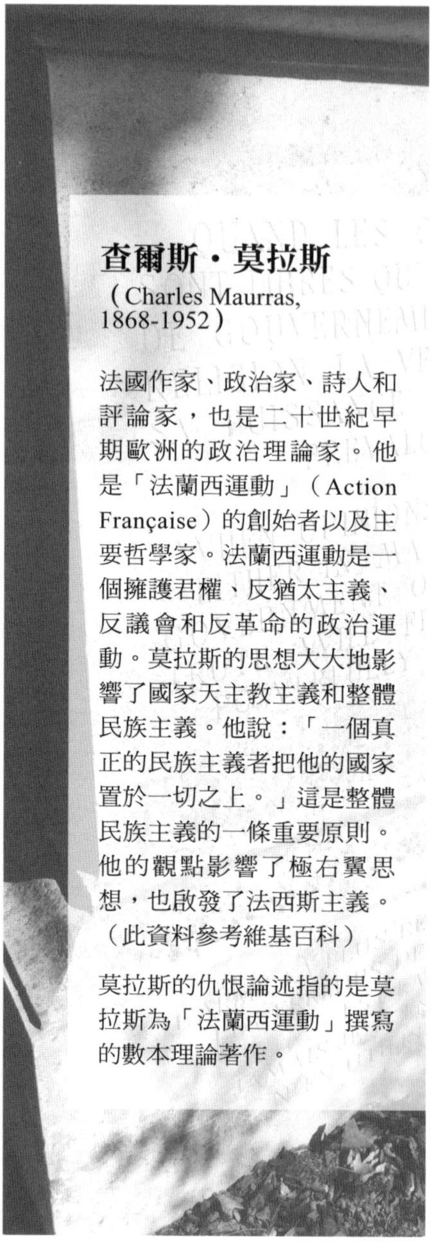

查爾斯・莫拉斯
（Charles Maurras, 1868-1952）

法國作家、政治家、詩人和評論家，也是二十世紀早期歐洲的政治理論家。他是「法蘭西運動」（Action Française）的創始者以及主要哲學家。法蘭西運動是一個擁護君權、反猶太主義、反議會和反革命的政治運動。莫拉斯的思想大大地影響了國家天主教主義和整體民族主義。他說：「一個真正的民族主義者把他的國家置於一切之上。」這是整體民族主義的一條重要原則。他的觀點影響了極右翼思想，也啟發了法西斯主義。（此資料參考維基百科）

莫拉斯的仇恨論述指的是莫拉斯為「法蘭西運動」撰寫的數本理論著作。

猶太、反移民、宣揚仇恨的論述，成為二戰期間法西斯主義重要的養分。

關於這位惡名昭彰的智識份子的公開紀念風波未平，法國出版界又相繼決定再版羅伯特·巴西拉奇、塞林、呂西安·雷巴德的作品，這些出版社在法國文學知識界都具有相當份量，他們的決定，對整個法國文化界，無疑是投下一顆震撼彈。

支持與反對的理由

極右派的支持者們希望能解禁、再版二戰後被查禁的若干極右翼份子的言論與其著作，所抱持的理由是：深信法國民主已經足夠成熟，可承受這些極具煽動性的反思想自由以及反民主政體的著作；不要把老百姓當作笨蛋，閱讀者有足夠的聰明才智來判斷是非；人民有「知」的權利；這也是我們歷史的一部分[16]，封存過去，並不能使我們倖免於難。

奧利佛·達德教授認為當今的法國有著與一九三〇年代極為相似的氛圍，你無法說服反

15 法斯娃·尼森，比利時人，是一位出版人兼政治家，為著名的出版社 Actes Sud 共同發行人，她最後決定，《二〇一八國家紀念史冊》中為莫拉斯撰寫的這三頁概論應被刪除，已經附梓的成書則需全數銷毀。

16 奧利佛·達德表示：「查爾斯·莫拉斯是我們歷史中具有代表性的人物。」他認為，要了解一九三〇年代的法國歷史、文化、政治與智識生活，無法避而不讀這些極右主義的作品。

羅伯特・巴西拉奇
（Robert Brassillach, 1909-1945）

作家、記者、法國電影評論家。一九三〇年代，被「法蘭西運動」組織吸納、訓練，走上激進的法西斯主義之路。納粹占領期間，他擔任反閃族以及維琪政府（Régime de Vichy）合作的報紙《無處不在》（*Je Suis Partout*）總編輯，二戰結束以後，因煽動與教唆叛亂，被共和政府以「智力犯罪」處決。

塞林
（Louis Ferdinand Céline Écouter, 1894-1961）

法國作家和醫生，塞林為其筆名。一九三二年出版的《深夜旅行》（*Voyage au Bout de la Nuit*）為其代表作。塞林被認為是二十世紀最偉大的法國文學創新者，同時也因反猶太主義而聞名。一九三七年起，他出版充滿敵意的小冊子《大屠殺的瑣事》（*Bagatelles pour un Massacre*）。法國被德國占領期間，他被認為是納粹德國祕密組織成員。

呂西安・雷巴德
（Lucien Rebatet, 1903-1972）

作家、記者、音樂評論家和法國電影評論家。一九三二年加入「法蘭西運動」組織，並為報紙《無處不在》傳遞法西斯主義主張。一九四一年，為納粹與反閃族的法語報紙寫稿。一九四二年出版《摧毀》（*Les Décombres*）這部極端激進的反猶主義小冊。解放後被判處死刑，後被赦免，直到一九五二年出獄。爾後，他專注於電影批評和寫作生涯，一九五一年出版最重要的代表作《兩面旗幟》（*Deux Étendards*）。

閃族者因書本下方的註釋而停止反閃族，這些人也不會購買這樣的著作。但是，若有讀者渴望了解那個年代究竟發生了什麼事，閱讀諸如呂西安・雷巴德的《摧毀》等著作，就是了解當時與納粹合作者的腦袋裡究竟在想什麼的最好途徑；禁止出版，反而等同支持那些陰謀論者。關鍵在於，如何解讀以及教育。

反對者則認為，除了充塞一堆卑劣下流的思想以外，這些著作到底能對人們產生什麼樣的教育意義？墮落的思想，對任何人都沒有教誨的價值！難道出版商不需承擔任何道德責任，可以僅僅為了金錢利益而出版這些與維琪政權或納粹主義關係親密的著作嗎？這些極權主義的作品並沒有被全面禁絕，研究者可以輕易地在十幾間市立圖書館查閱到相關資料，根本沒有理由要在此刻大量且密集地出版他們的著作。由大學附設的出版機構，或由訴求商業管道的大眾出版社來出版這些著作，代表兩個涇渭分明的目標讀者市場；前者旨在提供學術研究，後者影響的讀者面則更廣，更何況，出版社將其歸類於「文學」類，而非「歷史」類。此外，有影響力的大出版社、個人出版、小規模出版社，出版書籍的發行量天差地別，所引發的重視程度也是大大不同。

歷史學者安德烈・羅艾茲（André Loez）認為，一連串極右翼著作的出版，意謂著反動及傳統主義思想的復活。這些素材被當成是為反多元成家、反移民、反伊斯蘭解套。尤其是許多法國史學家深信：透過一連串的歷史反省與檢討，法國已經誠實面對[17]於二次世界大戰期間所

17　一九九五年，法國總統席哈克承認：共和政府於二戰期間的維琪政權，對納粹集中營所犯下的罪行以及應承擔的責任。

犯下的暴行！所以，出版塞林反閃族的著作，或者以國家高度於今日來紀念查爾斯・莫拉斯，根本不構成任何問題。但，很顯然的，這是一個錯覺。

出版品一旦進入市場，任誰也沒有辦法保證，當讀者拿到這些書時，不會被書中的內容所影響。就算這些歷史學家深信，每頁下方的註解可以幫助讀者在閱讀時，接收到關於這些反閃族的恐怖描述，並與之保持相當的距離。但是，法國人所置身的年代，已經是一個反伊斯蘭以及意識型態混亂的年代[18]，而國家紀念高級委員會想要紀念的，甚至是反共和政體、反閃族、帶有猥瑣的意識形態的查爾斯・莫拉斯！

沒有道德規範的思想自由可以殺人

邁克・博藍尼[19]曾提出，上古時代古希臘文明的智識自由可以持續千年的和平，是因為受到道德的規範與制度的約束。而到了現代，自由主義的口號甚囂塵上，卻也使得社會秩序相對不穩定。但他也提出一個例子：克里蒂亞斯（Critias）和查米德斯（Charmides）原是虛無主義者，後來受蘇格拉底的思想啟蒙，從他的教育中，學得不受拘束的思考，並以此發展出一套劫掠與燒搶（smash-and-grab）的「弱者服膺強者政治哲學」。隨著他們騰達得勢，成為三十僭主的領導人物，奪取政權，並於執政的八個月期間，殺害一千五百多位政敵。而後人民遷怒蘇格拉底教導出這樣的學生，以「毒害青年罪」控訴他，這才是蘇格拉底之死的真正原因。博藍

反伊斯蘭的《查理週刊》

二〇一五年一月七日，《查理週刊》位於巴黎十一區的總部遭到恐怖攻擊，兩名頭戴黑面罩的槍手一邊高喊「Allahu Akbar（真主至大）」，一邊朝平民百姓和警方射擊。《查理週刊》因為經常諷刺伊斯蘭教創始人穆罕默德而受到世界注目。槍手手持AK47自動步槍與火箭筒亂槍掃射後逃逸。此一事件造成總編輯斯德凡・夏邦尼耶（夏伯）、漫畫家、記者與警察在內共十二人死亡，十一人受傷。案發後，大量軍警投入緝捕，巴黎的反恐警戒提升至最高層級，各級學校停課。

二〇一六年一月，《查理週刊》登出一則諷刺漫畫，將淹死的三歲敘利亞難民兒童亞蘭・庫爾迪與德國新年性侵案連結起來，再次引發激烈爭論。亞蘭・庫爾迪與家人一起逃亡，卻不幸死亡——陳屍沙灘上的照片引發歐洲公眾對難民的最大同情；然而，《查理週刊》刊載的作品卻暗示：如果庫爾迪抵達歐洲，並長大成人，可能會成為性侵案犯人之一。

18 塔固佛（Pierre-André Taguieff）與杜拉芙（Annick Duraffour）的《塞林——種族與猶太人》由法雅（Fayard）出版。書中指出，一九三七年，塞林成為人民陣線的敵人和「與希特勒結盟」的支持者，並選擇成為反猶太作家，投身反猶主義的浪潮，不懈地與「紅色危險」和「猶太人的危險」進行鬥爭。他所製作的反猶宣傳小冊透過納粹的宣傳管道發行，並用美妙的文學包裝這些思想，使得納粹占領期間，他成為一位新的先知，一位反猶太主義的教皇。

19 邁克・博藍尼（Michael Polanyi, 1891-1976）生於布達佩斯，並於布達佩斯大學獲得醫學與物理學博士學位，對物理、化學、經濟、哲學都有很重要的貢獻。他認為實證主義提供了對「知識」的虛假解釋，如果認真對待這種解釋，就會損害人類的最高成就。博藍尼對社會科學所做的貢獻，例如他在思想探究中應用多中心自發秩序的概念，是在他反對中央計畫的背景下制定的。

尼用此段故事清楚而深刻地表達，沒有道德規範的言論自由與行動，會造成多麼大的危機。

二戰結束以後，因西方終於稍稍認清現代極權主義史無前例的壓迫力，使得自啟蒙運動以來，自由主義者與宗教擁護者之間不斷的激烈鬥爭，得以緩和下來，並一致以伏爾泰的那句座右銘「粉碎無恥」作為追求希望的口號。伏爾泰終其一生反對教會的迷信、狂熱、蒙昧主義和迫害。他認為教會不斷地打壓智識自由，並自以為掌握真理的解釋權，以此迫害異端。「粉碎無恥」這句話訴諸的是「普世價值」，如人權、自由、平等、博愛，普世價值超越國界、種族、政治主張、宗教，故法國人以「無恥」為大忌，這也是為什麼文化部長法斯娃・尼森女士

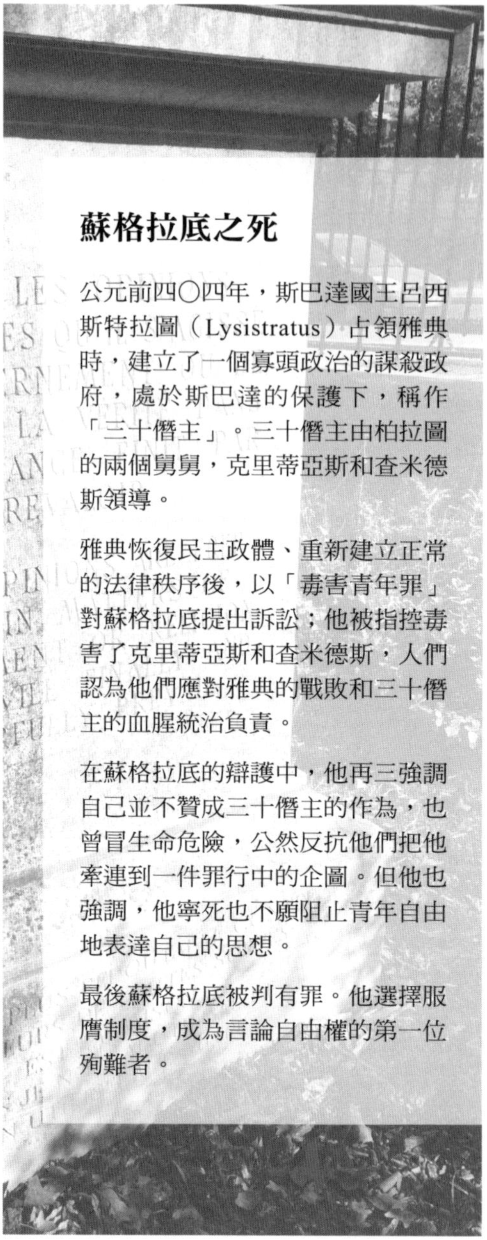

蘇格拉底之死

公元前四〇四年，斯巴達國王呂西斯特拉圖（Lysistratus）占領雅典時，建立了一個寡頭政治的謀殺政府，處於斯巴達的保護下，稱作「三十僭主」。三十僭主由柏拉圖的兩個舅舅，克里蒂亞斯和查米德斯領導。

雅典恢復民主政體、重新建立正常的法律秩序後，以「毒害青年罪」對蘇格拉底提出訴訟；他被指控毒害了克里蒂亞斯和查米德斯，人們認為他們應對雅典的戰敗和三十僭主的血腥統治負責。

在蘇格拉底的辯護中，他再三強調自己並不贊成三十僭主的作為，也曾冒生命危險，公然反抗他們把他牽連到一件罪行中的企圖。但他也強調，他寧死也不願阻止青年自由地表達自己的思想。

最後蘇格拉底被判有罪。他選擇服膺制度，成為言論自由權的第一位殉難者。

最終還是否決了紀念查爾斯・莫拉斯的提議。

台灣社會內各種意識形態的紛爭從未間斷，但，約束各種不同的極端意識形態所造成的社會秩序瓦解及體制崩壞的道德標準、社會制約（包括媒體、出版及知識份子）、法律制度卻付之闕如，台灣成為各種思想的競技場與實驗場，卻也因為沒有一套比賽的辦法與規則而深陷混亂與崩解。我一直深信，民主政治的良莠是奠基於百姓素質的高低、極高的道德標準與自我要求。然而，深信自身的民主制度夠強悍，是絕對謬誤的知識份子的傲慢與天真！如果法國的民主政治夠強悍，怎麼會有為數不算少的年輕人被網路散布的仇恨言論煽惑之後，就不自覺地成為恐怖主義的信徒了？

思想是利器，用在哪裡、怎麼用？都會產生巨大的影響。更何況，以國家的高度來決定紀念誰？誰該被紀念？為什麼他應該被紀念，只因為某人屬於「歷史」此一理由，就變成國家英雄，這已經與伏爾泰「粉碎無恥」中，反狂熱、蒙昧主義及迫害的思想背道而馳了！並且，這些過往被國家認定為叛亂者，並被處以叛國罪等刑責的知識罪犯，如今，又要以言論自由、思想自由而得以重見天日，甚至透過恢復歷史地位以達到推崇的目的。現在，難民問題當前、歐洲極右翼勢力不斷壯大，猶如回到二戰發生前的那段時間，所有人都對限制這樣的出版物嗤之以鼻，認為何必小題大作。但結果是——當世界經濟崩潰以後，這些法西斯主義者主張的思想，就成了出閘的猛虎野獸。到那時再說「我怎麼知道」，恐怕為時已晚。

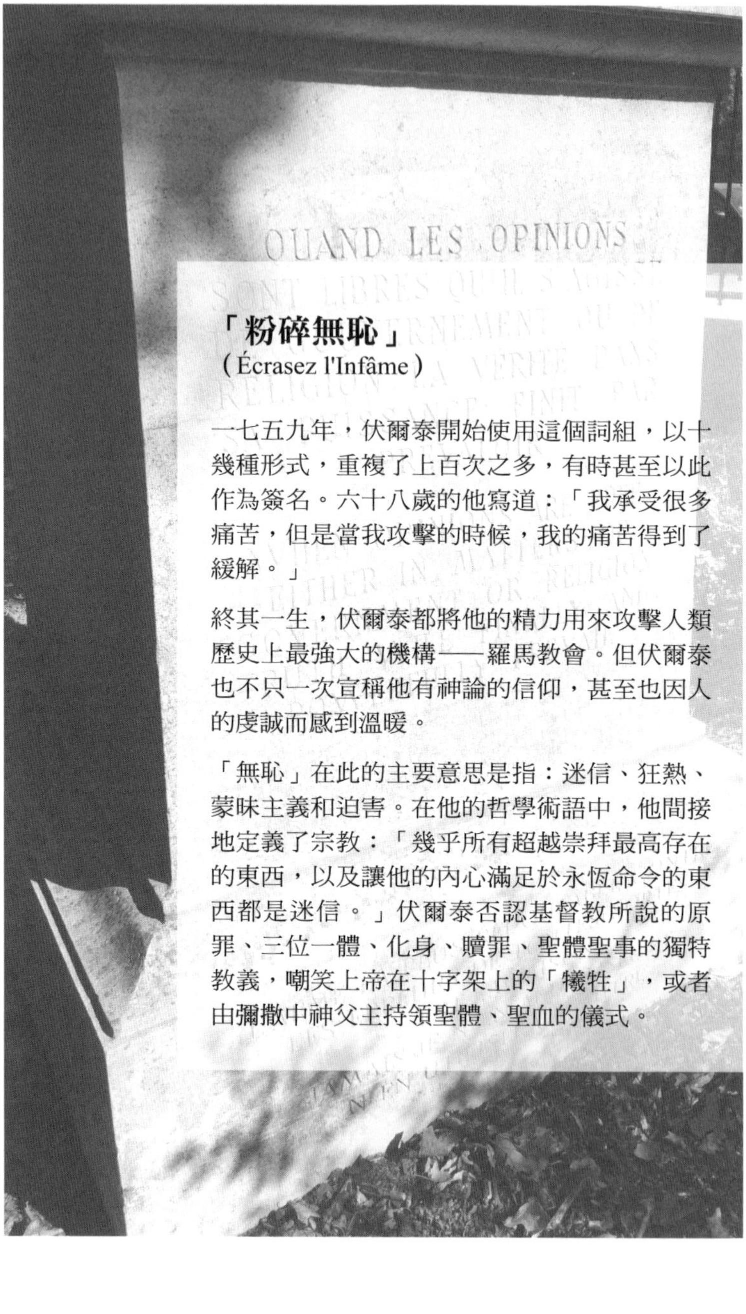

「粉碎無恥」
(Écrasez l'Infâme)

一七五九年，伏爾泰開始使用這個詞組，以十幾種形式，重複了上百次之多，有時甚至以此作為簽名。六十八歲的他寫道：「我承受很多痛苦，但是當我攻擊的時候，我的痛苦得到了緩解。」

終其一生，伏爾泰都將他的精力用來攻擊人類歷史上最強大的機構——羅馬教會。但伏爾泰也不只一次宣稱他有神論的信仰，甚至也因人的虔誠而感到溫暖。

「無恥」在此的主要意思是指：迷信、狂熱、蒙昧主義和迫害。在他的哲學術語中，他間接地定義了宗教：「幾乎所有超越崇拜最高存在的東西，以及讓他的內心滿足於永恆命令的東西都是迷信。」伏爾泰否認基督教所說的原罪、三位一體、化身、贖罪、聖體聖事的獨特教義，嘲笑上帝在十字架上的「犧牲」，或者由彌撒中神父主持領聖體、聖血的儀式。

ISIS恐攻後的法國如何定義英雄？

一個民族如何面對死亡、思索歷史與群體間的關聯，將連帶影響他們面對生命的態度。因而許多古老民族總是擬定特殊的節日，或以祭典的方式來紀念或追思逝者，藉此緬懷先人的努力，並期許自己與後人也能以此為楷模。這也是為什麼一個國家在選擇什麼樣的人物值得以國家的高度來紀念時，所樹立的，正是這個國家的形象與其得以偉大的價值。

歷史乃愛的表白

羅蘭・巴特[1]於《明室》（*La Chambre Claire*）裡提及死亡，他如此說道：「古代社會總

1 羅蘭・巴特（Roland Barthes, 1915-1980），法國文學批評家、文學家、社會學家、哲學家和符號學家。

設法使紀念物取代生命，使其永恆，或至少這紀念物——紀念碑——足令死亡本身不朽。」然而，當現今社會以必朽的照片作為「此曾在」的普遍證明，等於捨棄紀念碑。但攝影卻是短暫易逝的證據，這所有一切，愈發使我們無可奈何——不久，我們將不再能以情感的或象徵的角度來想像時間。

儘管感嘆世人的薄情與健忘，羅蘭・巴特卻大力讚揚朱勒・米雪雷[2]所提出的「歷史乃愛的表白」——不僅為了生命的永恆，也為他所稱道，今日卻已過時的語彙：善良、公正以及團結。

在不朽與必朽之間掙扎的人類，如何得以超脫一己之私，寫下朱勒・米雪雷所言的「歷史乃愛的表白」？尤其自二〇一五年ISIS連續發動恐攻以來，聖戰士已在法國境內奪去二百四十條以上人命。方興未艾的恐怖主義以及為數愈來愈多的伊斯蘭教移民問題，招致法國人民內心的恐懼，仇外排外情緒日益高漲。二〇一八年三月二十四日當天上午，法國南部的奧德省發生人質挾持的恐攻事件，這是馬克宏自二〇一七年五月上任以來，最嚴重的一起恐怖攻擊事件。此事件也使得剛剛宣布終止戒嚴的法國，人民從上到下，再度面臨歷史嚴酷的考驗。這一次，他們能夠再以愛來克服恐懼、戰勝仇恨嗎？

2 朱勒・米雪雷（Jules Michelet, 1798-1874），生於巴黎，為法國歷史學家，被譽為「法國史學之父」。

恐怖份子連續攻擊事件摘要

二〇一五年一月七日，在巴黎發生由激進派穆斯林發動的《查理週刊》總部槍擊案，造成十二死十一傷。同年二月發生對猶太中心的襲擊，六月在里昂附近有砍頭事件，八月又發生高速列車槍擊案。十一月十三日與十四日凌晨，法國巴黎及其北郊聖丹尼爆發連續恐怖襲擊事件（Attentats du 13 novembre 2015 en France），事發地點在法蘭西體育場（Stade de France），導致包括三名襲擊者在內的四人死亡。當時場內有八萬名觀眾，正在舉行法國與德國的足球友誼賽，歐蘭德總統也在場觀賽。賽事進行期間，體育場附近發生數起襲擊及自殺炸彈爆炸：畢查街（Rue Bichat）的小柬埔寨餐廳（Le Petit Cambodge）、鐘琴咖啡館（Le Carillon）、國王噴泉街（Rue de la Fontaine-au-Roi）的「我們的家披薩屋」（La Casa Nostra）及「好味啤酒咖啡館」（Bonne Bière）、夏洪街（Rue de Charonne）的「美好團隊」（La Belle Équipe）酒吧均發生槍擊。此外，當晚在伏爾泰大道（Boulevard Voltaire）的巴塔克蘭劇院（Bataclan）內，觀眾被四名持AK47突擊步槍、身藏引爆炸彈的恐怖份子挾持，造成八十九人死亡。襲擊事件共造成來自二十六個國家的一百二十七人當場遇難，三人到醫院後不治身亡，八十至九十九人重傷，三百六十八人受傷。

二〇一六年 七月 十四日，在尼斯施放國慶煙火時，恐怖份子以貨車Z字形駕駛並沿途掃射，造成八十四人死亡，二百零二人撞傷，其中五十二人重傷，二十五人第二天仍需靠儀器維持生命，十名兒童或青少年受傷，多名外國人喪生。

捨己救人才是法國英雄

二〇一八年三月二十三日，法國南部奧德省特雷比城內的某家超商內，一位效忠伊斯蘭國的摩洛哥裔法籍人士持槍挾持多名人質。為了營救無辜的民眾、避免傷亡，四十四歲的中校阿諾・貝特拉米[3]提出以己交換人質的要求，卻在其後遭襲擊，因傷重而過世。

他犧牲自己以拯救無辜者的情操令人動容。貝特拉米的弟弟告訴法國媒體：「他是為陌生人犧牲自己的生命，他一定知道此舉幾無生還機會，但他仍然如此決定。如果這不是英雄，我不知道什麼才是英雄。」為表彰他捨己救人的犧牲奉獻，法國於三月二十八日當天舉辦全國追悼會。

當日，天空飄著綿綿細雨，他的靈柩以警車開道，並於巴黎市區繞行。所經之處，不分族群，巴黎群眾駐立於道路兩旁等候，只為目送這位警察最後一程。棺木最後抵達法國最重要的歷史博物館——榮軍院（Les Invalides）[4]停留，並在「榮譽庭院」內舉行國葬儀式，場面極為哀榮。典禮由總統馬克宏親自主持，三位前總統薩科奇、歐蘭德、季斯卡，以及貝特拉米中校的親友、他的兩百位警察同事也到場致哀一分鐘。這一天，歐盟在布魯塞爾的所有機構以及法國各地警察局均降下半旗，以向這位勇敢的英雄表達最真誠的敬意。

馬克宏說，貝特拉米「自願接受死亡以拯救無辜。這是身為士兵使命的核心，隨時準備好獻出自己的生命，因為同胞的生命比什麼都重要；正是這貫穿他生命內在的理念，那偉大，讓法國讚揚」。最後，馬克宏總統授與貝特拉米中校象徵法國最高榮譽的軍團勳章，並尊重貝特拉米家屬的意見，將他的靈柩運返家鄉卡爾卡松（Carcassonne）進行家庭葬禮。

東西普世價值皆同

隨著政權的數度轉移，台灣忠烈祠初始的歷史意義與傳統價值漸漸被淡忘，觀光價值起而代之。但法國人民卻一如既往，緬懷著歷史的意義，世世代代延續著傳統儀式[5]。如此的文化

---

3 貝特拉米（Arnaud Beltrame）曾於二〇〇三年獲選跳傘菁英部隊，二〇〇五年赴伊拉克服役，並獲頒軍事榮譽獎。隨後，他加入共和國衛隊，二〇〇六年至二〇一〇年起駐守艾麗榭宮，專門為總統官邸提供安全保護。二〇一〇至二〇一四年在法國西北部阿夫朗什城擔認憲兵隊指揮官。二〇一七年八月，他被調派法國西南部卡爾卡松城擔任反恐警察局副指揮官。

4 路易十四在遺囑中寫道：「在所有我統治期間所興建的建築，沒有一座能比『榮軍院』對國家更重要。」榮軍院建於一六七〇年，由法王路易十四下令建造，是一家用來接待及治療退伍軍人及抗戰後殘疾軍人的醫院。拿破崙・波拿巴的陵墓於一八六一年遷葬於此地。拿破崙的親屬和某些將軍也葬於此地。傷兵院北側，有一座簡潔、莊嚴的庭院，名為「榮譽庭院」，四面拱門後的長廊擺放著七十座精美的古典銅鑄戰砲。榮譽庭院是舉行各種軍事儀式的重要場地，如接待外國國家元首、將領退役，殉職士兵的葬禮等。榮軍院中還有法蘭西軍事博物館（Musée de l'Armée），是法國參觀者最多的歷史博物館。

5 巴黎凱旋門正下方的墓場乃於一九二〇年十一月十一日建造，用以紀念一戰時期為法國捐軀的一百五十萬名無名英雄。墓碑嵌在地面，其上的墓誌以紅字寫著：「這裡安息的是為國犧牲的法國軍人。」每逢

傳承，使得法國得以在一次又一次伊斯蘭恐攻行動後，每每向世人宣告：何謂「法國價值」，以及，什麼樣的死亡，才是真正具有高度；什麼樣的人物，才配稱為英雄，值得以國家的高度來紀念。

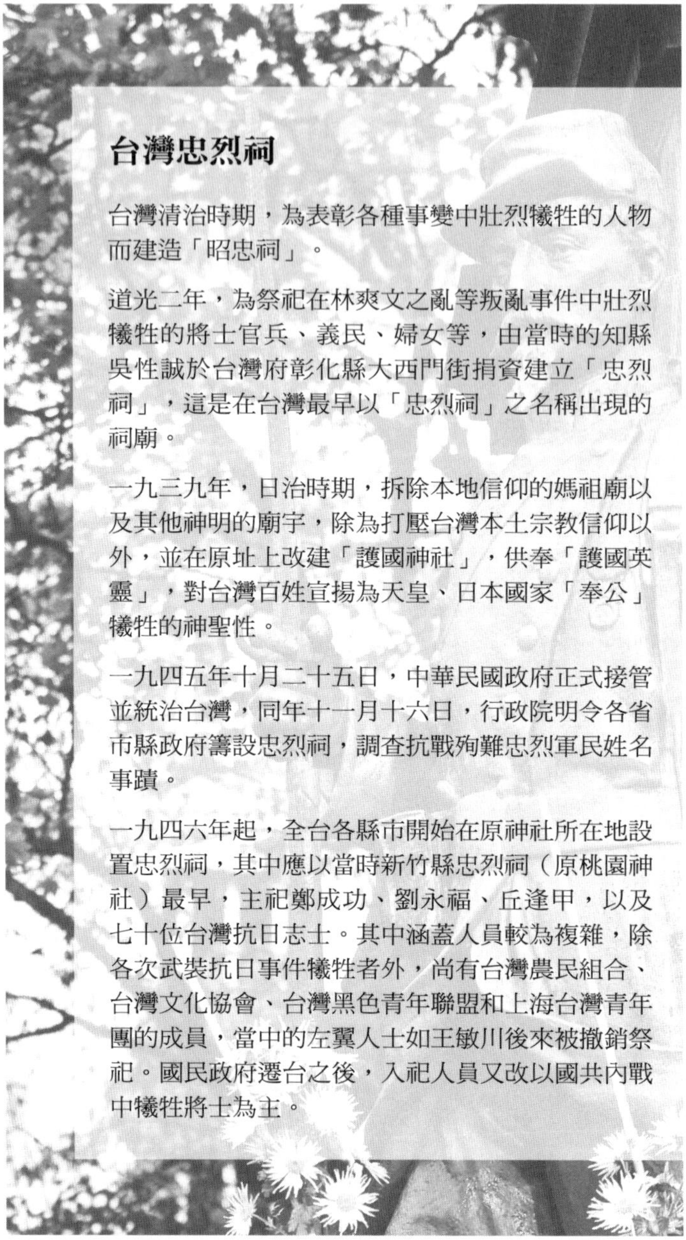

台灣忠烈祠

台灣清治時期，為表彰各種事變中壯烈犧牲的人物而建造「昭忠祠」。

道光二年，為祭祀在林爽文之亂等叛亂事件中壯烈犧牲的將士官兵、義民、婦女等，由當時的知縣吳性誠於台灣府彰化縣大西門街捐資建立「忠烈祠」，這是在台灣最早以「忠烈祠」之名稱出現的祠廟。

一九三九年，日治時期，拆除本地信仰的媽祖廟以及其他神明的廟宇，除為打壓台灣本土宗教信仰以外，並在原址上改建「護國神社」，供奉「護國英靈」，對台灣百姓宣揚為天皇、日本國家「奉公」犧牲的神聖性。

一九四五年十月二十五日，中華民國政府正式接管並統治台灣，同年十一月十六日，行政院明令各省市縣政府籌設忠烈祠，調查抗戰殉難忠烈軍民姓名事蹟。

一九四六年起，全台各縣市開始在原神社所在地設置忠烈祠，其中應以當時新竹縣忠烈祠（原桃園神社）最早，主祀鄭成功、劉永福、丘逢甲，以及七十位台灣抗日志士。其中涵蓋人員較為複雜，除各次武裝抗日事件犧牲者外，尚有台灣農民組合、台灣文化協會、台灣黑色青年聯盟和上海台灣青年團的成員，當中的左翼人士如王敏川後來被撤銷祭祀。國民政府遷台之後，入祀人員又改以國共內戰中犧牲將士為主。

西方如此看待生死，東方又如何思考生死之事？在關原會戰中失敗的石田三成被俘至德川家康面前，遭到德川家康的家臣本多正純的譏笑：「你在一敗塗地以後，並未自殺，反而厚著臉皮被俘，這豈是武將應有的態度？」三成反駁道：「一個人不等別人動手就切腹自殺，乃一介兵卒的行為。真正的大將，不會輕易就死，哪怕是走投無路，他也會打算東山再起。」被砍頭前，有獄守拿柿子給他食用，他卻以「柿子有害健康」為由拒絕，引來哄堂大笑，但他反而理直氣壯地說：「心存大義者，即使在被斬首的前一刻，也要珍惜生命，有始有終，死而後已！」由此可見，日本大將絕不輕言死。[6]

儒家看重生死，生死乃大事，生死必須遵從義理：孔子的弟子子路寧為義死而不苟活；《孟子・公孫醜章句》：「自反而縮，雖千萬人，吾往矣！」文天祥以〈正氣歌〉明其志，敵人也受感動；梁啟超嘗言：「國家興亡，匹夫有責。」[7]正是因為中國人認為死可輕如鴻毛，

節日，一面十多米長的法國國旗會從拱門頂端直直垂下，在無名烈士墓上方飄揚。法國人並以長明燈火與鮮花紀念。直到今天，每逢重大的節日盛典，身穿拿破崙時代盔甲的戰士，手持劈刀，守衛在「出征」雕像前，鼓舞法國人民為自由、平等、博愛而戰鬥。而每年七月十四日，舉國歡慶國慶時，法國總統都要從凱旋門下通過，法國總統卸職的最後一天，也要來此向無名烈士墓獻上一束鮮花。

6 此處可見，日本的傳統文化極其珍視生命，與三島由紀夫以切腹企圖喚起日本軍魂，以及恐懼肉身的老去，追求如櫻花般在盛開時落下的完美，實南轅北轍。

7 八字出自顧炎武的《日知錄・卷十三・正始》：「保國者，其君其臣肉食者謀之；保天下者，匹夫之賤與有責焉耳矣。」

也可重如泰山。不輕言死，更不以死來脅迫他人。

那些以死波及無辜或損害群體幸福，甚或藉此以作為交換條件籌碼，這樣的死，不是中華文化裡表揚的犧牲小我以完成大我；而在西方世界裡，這樣的以死要脅，乃至傷及無辜者，更被視為是恐怖份子與恐怖主義的暴行。也因此，法國人才會以「捨己救人」的博愛前提，作為法國上下秉持的價值，區隔何種死才是有意義的死亡，何種價值才是真正值得我們尊崇的普世價值。在台灣價值觀混亂的當前，法國貝特拉米之死所表現出的，是以責任、道德與榮譽為前提的普世價值——即儒家的仁、墨家的兼愛以及耶穌的博愛。

BANQUE et ASSURANCES

Ch 3
轉型期經濟與能源的困境與挑戰

馬克宏領導下的法國如何急起直追，從時尚大國轉型為科技文化創意的國度？
法國的科技孵育中心與台灣的科技創意園區有何不同？
為什麼法國人一提到銀行就聞之色變？
歐威爾筆下的一九八四，在當今的法國社會如何重現？
不是核能與綠能之爭，那法國的能源政策到底在爭執什麼？

馬克宏領導下的法國如何轉型為科技文化創意國度？

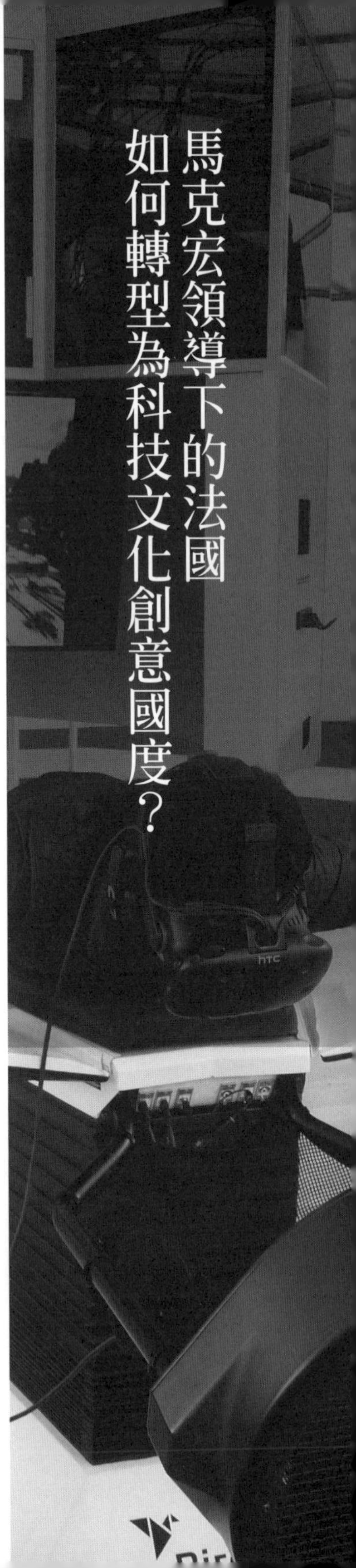

一提及法國，第一個想到的是時尚、美食、精品、拿破崙與法國大革命的口號：自由、平等、博愛，卻很難將法國與科技連結在一起。因為多如牛毛的法律規定、冗長瑣碎的行政程序，加上法國文化裡的繁文縟節，每每讓外國投資者裹足不前；就算奮力闖關，也會被法國人悠哉悠哉的辦事節奏嚇得偃旗息鼓。

因此當馬克宏上台後高喊：「法國要蛻變為創新與創業大國。」大家還是心存觀望。事實上，早在密特朗總統執政時期，法國欲以舉國之力脫胎換骨的決心，已初見端倪。一九八九年時，密特朗為了紀念法國大革命兩百週年，興建了九項總統工程，致力於推動文化、教育、科學與當代藝術，奠定日後法國成為新興文化科技產業國的基礎。他最具野心的代表作便是由知名建築師伯納德・屈米（Bernard Tschumi）操刀園內整體設計的小城市公園——位於巴黎十九區東北邊緣，一九七四年前後，原是聚集大量移民的牲口屠宰場及雜貨交易市場。小城市公園占地五十五公頃，其中綠地面積三十三公頃，是巴黎市區內綠地面積最大的公園。該公園並非傳統意義的綠地公園，更是兼具娛樂、藝術、文化、教育、展覽、商業功能的文化藝術中心。公園內設立多所展覽館、戲劇院、球體電影院（La Géode）以及教育機構，包括歐洲最大的科學博物館「科學與工業城」（Cité des Sciences et de l'Industrie）、音樂廳（Cité de la Musique），以及被公認為世界上最好的藝術教育學院之一的國立巴黎高等音樂暨舞蹈學院（Conservatoire National Supérieur de Musique et de Danse de Paris, CNSMDP），還有多所數位科技展覽館，如 Folie Numérique。

從密特朗以後，政府更是全速推動法國，朝科技文化國的既定方向邁進。

融合娛樂與高端體驗的ＭＫ２虛擬實境電影院

自二〇一七年開始，虛擬實境電影在歐洲各大城市掀起一股熱潮，阿姆斯特丹引進虛擬實境電影院，巴黎第三區也有 Pickup 虛擬實境電影院。有鑑於此，法國藝術實驗電影院的龍頭ＭＫ２決定跟進，將緊鄰十三區的「ＭＫ２圖書館電影院」旁一個占地三百平方公尺的建築，改建成專門放映虛擬實境影片的空間。

ＭＫ２公司於二〇一七年十二月九日的開幕典禮上如是表示：「這個虛擬實境電影院計畫

將涵蓋電影、紀錄片、視頻遊戲和其他經驗。MK2的想法是建構出一個讓使用者感到舒適、增進體驗，並使得創意更被看重的空間。」MK2的加入意謂著：虛擬實境影片將是二十一世紀不容小覷的電影新形式。這些影片的內容多為獨家映演，由Felix和Paul、Ubisoft、PlayStation、Smart Studio VR、索尼、華納兄弟等國際工作室創作。

不惜砸下重本的MK2虛擬實境電影院，初期就投入一百五十萬歐元。MK2聲稱在二〇一七年迎來了十萬名觀眾。全場設有十二座不同設計的體驗裝置，並採用產業界最好的虛擬實境頭盔，比如HTC的生動（HTC Vive）、PlayStation 4的PS RV、Facebook旗下的Oculus Rift，更有採全身沉浸式（Full Body Immersive）[1]的最昂貴的模擬器，其體驗自然不同於一般的虛擬實境。

其中最讓人驚豔的是Birdly：頭盔使用HTC Vive，體驗者整個人如飛鳥一般，可以在紐約市的上空與大海上飛旋，也可以選擇向下墜落再反躍急升——其體驗之美妙，難以言喻。

最具代表性的法國新創育成中心

除了已經走向商業的虛擬實境電影院以外，近十年來，法國儼然已經成為跨國科技公司以及新創團隊必設的據點，隨處可見新創育成中心，像是：

一、Numa

位於巴黎市中心、第二區 Sentier 區的 Numa，乃法文「數字與人類」（Numérique et Humain）的縮寫。二〇一三年由 Silicon Sentier 協會推出，現在在巴黎新創育成中心獨占鰲頭，蜚聲國際。

Numa 的場地建築有七層樓高，Sketch Fab、Bankin'、Travauxlib 等初創公司都在此邁出第一步；該中心致力於創新、促進經濟成長，健康、修復、教育或運輸等項目均列屬其計畫範圍。一樓咖啡廳和餐廳是所有人都可以使用的公用空間。

二、蜂巢（La Ruche）

新創空間的另一個經典範例。蜂巢不僅在巴黎二十區及十四區築巢，還發展到蒙特勒伊、里昂、尼斯、馬賽和波爾多。光在首都，位於二十區的蜂巢就占地三千兩百平方公尺，再加上位於十四區丹佛地鐵站附近的前文森保羅（Saint Vincent de Paul）醫院改建而成的蜂巢，此中心培育出來的新創項目就已經高達四百多個，Oui Share、Avaaz 或 Péligourmet 等新創公司均出自於此。從蜂巢培育出來的新創項目有一個共通點——他們都是對普世價值有所貢獻的社會企業，如公平貿易、在環保技術上有所創新的企業。

三、SenseCube

自許為「對人類社會有影響計畫的新創育成中心」，SenseCube 的使命是為有道德的企業

1 在虛擬現實中進行全身運動的體驗。

及永續發展的項目提供幫助。因此，該中心特別支援與社會或環境領域相關的創新初創企業。舉例來說，在他們所孕育的初創企業中，Voxe.org 是一個網路的公共政策論壇，著重於促進公民對於公共事物的理解、討論，進而形成公共政策的共識；Hopaal 設計百分之百可持續回收的服裝；位於第十二區的新創育成中心 Connect'O 則製作連接感測器的整合裝置，用以減少水資源的浪費。

四、五十個合作夥伴（50 Partners）

這個中心僅有五十家新創團隊，由 Lemon Way、Voyage-privé.com 或 iProspect 機構的執行長，親自輔導這些未來的企業家。它位於占地六百二十平方公尺的閣樓，靠近巴黎市中心第一區夏特雷地鐵站旁一間舊繩索廠，可提供新創團隊進行展示、交流和創造。

在這個育成中心的協助之下，Selency、Brigad 或 deliver.ee 已開始嶄露頭角。並且，中心每年有五十天舉辦研討會活動，以介紹最能激動人心的新創項目。

五、櫃檯（Le Comptoir）

這間新創育成中心位於蒙特勒伊，致力於協助十八歲至三十五歲的青年企業家。這家育成中心強調家庭的氛圍，重視先驅者的創新精神，輔導的企業項目五花八門，從媒體（無A_〔Sans A_〕）、水培的都市農業項目（Hydropousse）、養老院的比較（快樂的退休〔Heureux en Retraite〕），到優質的肉店（法國牛肉〔Le Boeuf Français〕）都有。

而在這些如雨後春筍般冒出來的新創育成中心裡，最重要的，也是最關鍵的，就是：位於巴黎十三區，塞納河附近，離法國國家圖書館不遠處的「Station F」。

世界最大的國際新創平台——Station F

這座建築高三百一十公尺，相當於艾菲爾鐵塔的高度，占地面積為三萬四千平方公尺；二〇一七年六月二十九日傍晚，由法國總統馬克宏親自到場宣布開幕。它的前身為一九二〇年代的火車站佛雷西奈廳（La Halle Freyssinet），二〇一三年被法國電信業 Free 商人艾札菲耶・尼爾（Xavier Niel）買下。

當時艾札菲耶・尼爾的腦海裡有各種想法盤旋：他想著要將分散於法國及歐洲各地的創新企業集聚起來、建立創新企業的聚落、賦予企業家實現其抱負的方法。Station F 總監羅克薩・法拉札（Roxanne VARZA）表示：「Station F 的目標不僅在於創建世界上最大的新創育成中心，更重要的是，創造一個將新創公司生態系統匯整在一起的空間。這是一個雄心勃勃的國際項目，將使法國和歐洲成為國際初創企業的領頭羊。」

由羅克薩・法拉札帶領的九人管理團隊至今已經成功引進二十七個國際一流企業進駐，並提供它們各自的啟動輔導計畫：這些企業包括 Facebook 的 Startup Garage、Line 的 Naver、Microsoft 的 Program、Impulse Labs 的 Accelerator 等等。

除了以上企業，Station F推出的「創始人計畫」（Founders Programme）[2]協助了另外兩百多家新創企業；另類的「戰士計畫」（Fighters Programme）專門針對弱勢，例如社會底層、移民、難民的創業者，提供一年免費使用Station F內部所有的設施及資源的機會，幫助發展其業務，並給予其產品曝光機會，進而激勵未來的世代。

Station F可容納一千家新創團隊進駐，總共三千間辦公室、三百七十人座的會議廳兼音樂廳、兩間咖啡館及酒吧、四間廚房。甚至，為了吸引國際創業人員入駐，更在距離Station F步行僅需十分鐘的地點，計畫興建一座可容納六百人的集合式住宅，內部設有健身房及交誼廳。

尚米歇爾・威廉莫特（Jean-Michel Wilmotte）是負責Station F計畫的法國建築師，他所帶領的Wilmotte & Associés建築事務所大量保留該建築的原始特色，包括原始的預應力混凝土結構以及老式貨櫃。前者僅做適當的修復，後者則改裝為一個又一個獨立會議室。

建築師於整座空間內開闢出兩條非常寬闊的公共走廊，並將長條形的空間分割成三大區塊：前段為共享區（Share），中段為創意區（Create），後段則是休閒區（Chill）。

共享區：專為企業家提供活動空間和服務。在這個區域，有兩個對公眾開放的空間，分別是Anticafé（按小時付費的工作咖啡館）及一間創新的郵局。不對外開放的，包含六至八間活動空間、一個可以容納三百七十人的會議廳兼音樂廳、一間專門激盪大腦創意的創意空間。此外，共享區也提供了3D列印、雷射切割工作坊以及工作區，亦附設亞馬遜網頁服務辦事處、Zendesk公司，以及投資者達夫尼（Daphni）、基馬風險投資公司（Kima Ventures）和VENTECH高科技公司等。

創意區：乃 Station F 的核心區。初創企業在此著手進行改變世界的工作。每個研究團隊都可因其計畫的大小與複雜度不同，租用一至多個辦公空間，並獨立管理其初創企業——但必須通過研討會和活動的形式，與其他不同團隊的計畫相互合作。為了進入此區，每間初創公司都得像申請大學、碩士學位的學生一樣，必須提出一項計畫申請，主題如 Medtech、Fintech、Adtech、網絡安全、虛擬實境等。除此之外，Facebook、Zendesk、法國巴黎銀行、Plug & Play 或 Ubisoft 也參與其中，並與新創團隊合作，提供資源、輔導，甚至於參與計畫。

休閒區：則由法國近年來最紅的義式健康餐廳品牌 Big Mama Group 所打造；占地三千五百平方公尺、一千多個座位的空間，寬敞舒適。整體空間因善用設計巧思、藝術融於生活的概念，以及自然光的元素，使得這座科技園區輕盈靈巧、生機盎然，孕育人們對未來世界的想像。而園區裡讓人會心一笑的 Holly Shit 標示、廁所大門上的娃娃裝置藝術、每一間廁所獨具巧思的設計——俯拾皆是的巧思，更激發了人們的創意。

讓人民自由揮灑創意的巴黎 104

位於十九區及九十三區奧貝維埃邊界的巴黎 104（Le Centquatre-Paris），成立至今，轉眼

2 創始人計畫針對雄心勃勃的初創企業，給予最實質的協助，包括提供二十四小時開放的辦公室、被企業家認可的、有價值的資源。

已經邁向第十個年頭。

這座與龐畢度中心地基一樣大，昔日為巴黎市政府最大的市政殯葬服務處，上千名工人在此製造各式各樣棺木的陰暗場所，在總監喬塞馬努哀爾・貢薩菲斯（José-Manuel Gonçalvès）的努力不懈、排除萬難後，改頭換面，成為巴黎社區居民另一個舒適的休閒空間，並且提供文化藝術養分，它並為全世界藝術家無價供應生產和傳播作品的空間。

作為一個職業藝術家與業餘藝術家、不同的社會階級交流並合作的平台，巴黎 104 側重以下幾方面：

一、**當代藝術**：如數位藝術、劇場及舞蹈的創造性所激發的想像力以及人性化的內涵。也鼓勵大眾流行藝術：如街舞、嘻哈、馬戲雜耍等。

二、**多元的展演方式**：多媒體裝置，如結合聲音與劇場的 TRIFF；虛擬實境遊戲，如令人身歷其境的偵探恐怖懸疑虛擬實境「解救愛蜜麗」（Libérez Émilie）；戲劇演出、現代舞蹈、攝影、圖像（包含素描與繪畫）以及數位藝術。

三、**回應社會大眾對藝術的熱情，更滿足業餘藝術愛好者自我展現的渴求**。

這也是一個非常生活化的文化藝術場地，裡面附設二手商店、書店、披薩餐車、咖啡館與餐廳，甚至提供免費的藝術實踐和幼兒活動的場地。十八、十九區的居民都可以來此空間放鬆身心，或者在眾人的欣賞下展現自己的技藝，完全不用擔心安全問題或者遭人白眼。

同時，它也是法國第三大新創育成中心「104 工廠」（104 Factory）所在地。對於整合初創企業的育成中心來說，它更是一個獨特的實驗場所，是藝術和創新匯流的場域。

相較於其他的新創育成中心，104工廠更偏重創新團隊的藝術性、文化性、創造性。一旦研發出雛型設計，創新團隊便可在公共空間邀請十九區居民前來體驗他們團隊發明出來的成果，並接受各方意見以豐富產品的內涵與應用。

當科技融合文化、藝術，才得以人性化。巴黎104的獨特經驗讓我不由得想起台灣的華山與松菸文創園區。相較於巴黎104，台灣文創園區缺少的——就是幾分靈氣、充滿實驗性且免費提供的展演空間。如何跳脫狹隘的商業思維，以及慣性的文創中心運作方式？考驗台灣人民的智慧。

人文科技、藝術社會

透過法式新創育成中心的經驗可以得知：文化、藝術、創意，才是一個空間真正的核心價值。因此，如何透過當代科技以回應未來社會的困境與需求、解決人類社會的問題，成為法國在推動科技新創中心最根本的考量。

透過文化與藝術內在源源不絕的創新活力，讓原本暮氣沉沉的社會大眾，因文化、生活藝術乃至於創造性活力的注入，而得以真正地脫胎換骨。更重要的是，如何透過藝術及文化的力量，讓社會產生真正的包容與互相尊重——回歸人性、自由與平等的社會。

法國新創育成中心將科技立基於文化、藝術，使得這些空間所顯現出來的，是真正的「科技源自人性」，讓科技人文、藝術社會的實現，不再僅是空談。

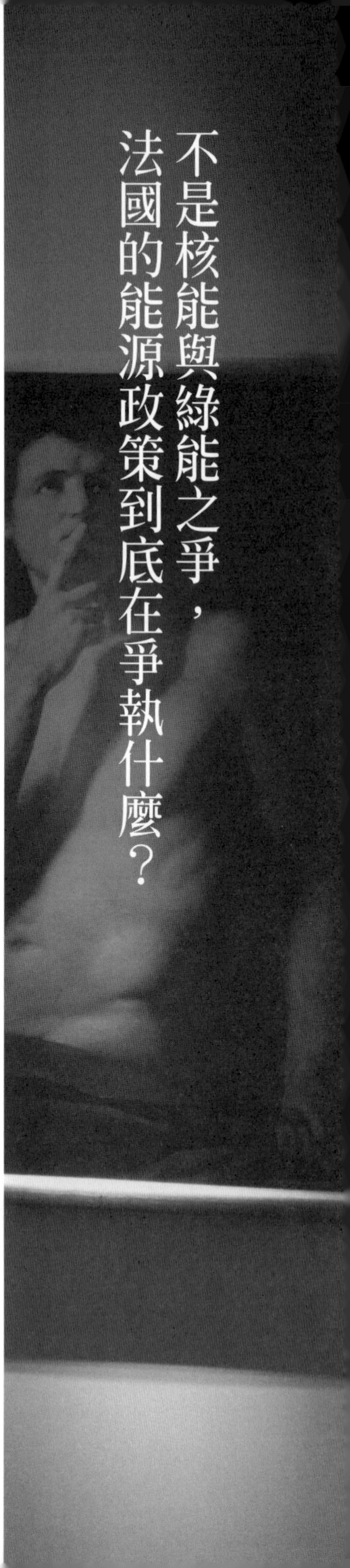

不是核能與綠能之爭，法國的能源政策到底在爭執什麼？

當台灣還在為了擁核或廢核而爭論不休時，殊不知，各國政府及全球七百位科學家早已為了全球暖化現象而憂心忡忡。他們發出緊急呼籲：「人類已引發大規模滅絕跡象，這是五億四千萬年中的第六次滅絕。最終，本世紀末，許多的生命形式可能完全消失，或者至少瀕臨滅絕。」他們認為，人類社會當務之急，是致力於落實二〇一五年十二月十二日由一百九十五個成員國於聯合國氣候峰會中達成的《巴黎協議》（Accord de Paris），以「遏阻全球暖化」為首要目標。[1]

二〇一七年六月一日，美國總統唐納・川普宣布美國將退出《巴黎協議》。與此同時，中國國務院總理李克強則強調中國政府會堅定履行協議的相關承諾，致力於保護氣候。而英國著名的動物保育人士珍・古德亦公開讚揚中國及印度的努力：「無論我走到哪裡，人們都在談論氣候變化、雨林遭到破壞，每個人都指責中國。這是事實，尤其在非洲，中國無處不在。但在中國境內，他們卻為保護野生動物、恢復棲息地、控制碳排放量，做出巨大的努力。中國與印度在太陽能和風能發展方面，更是領導者。但是，當他們這樣做，並且努力地保護自己的家園時，他們卻去其他地區開採天然資源。是的，中國正造成損害，但歐洲的殖民主義做了什麼？完全一樣的事情！跨國公司今天做什麼？完全一樣的事情！我們不應該只是責怪和詆毀中國。她是代罪羔羊。最重要的是，我們應該歸咎於整個政治、經濟體系、軍備工業、跨國石化燃料公司，以及木材工業。」

如何以各種方式來節能減碳？首先，必須改變慣性的政治及經濟思考模式。為發展經濟而不惜付出環境被汙染、物種被滅絕的慘痛代價，這套經濟發展的理念已無法再受到社會大眾的認同及支持。相反的，無論哪一國政府，現在都必須將環境保育以及節能減碳視為首要目標。

---

1 協議第二條指出將通過以下內容，「加強《聯合國氣候變化框架公約》」：
- 把全球平均氣溫升幅控制在工業革命前水平以上低於二℃以內，並努力將氣溫升幅限制在工業化前水平以上一・五℃以內，同時認識到這將大大減少氣候變遷的風險和影響。
- 提高適應氣候變化不利影響的能力，並以不威脅糧食生產的方式增強氣候抗禦力和溫室氣體低排放發展。
- 使資金流動符合溫室氣體低排放和氣候適應型發展的路徑。

參見維基百科《巴黎協議》。

政府間氣候變化專門委員會
（Intergovernmental Panel on Climate Change, IPCC）

又譯政府間氣候變化專業委員會、跨政府氣候變化委員會，是一個附屬於聯合國之下的跨政府組織，一九八八年由世界氣象組織、聯合國環境署合作成立，專責研究由人類活動所造成的氣候變遷。該會會員限於世界氣象組織及聯合國環境署之會員國。IPCC協助各國於一九九七年在日本京都草擬了《京都議定書》，協議目標是要在二〇一〇年時，讓全球碳排放量比一九九〇年時減少五・二%，目前已有一百七十多國核准該協議。IPCC已分別在一九九〇年、一九九五年、二〇〇一年、二〇〇七年及二〇一三年發表五次正式的「氣候變遷評估報告」，IPCC主席帕卓里博士同時於二〇〇八年公開呼籲：「假如在二〇一二年前沒採取任何行動，就太晚了。接下來的兩、三年是決定我們未來的關鍵時刻。」

二〇一八年十月召開的「政府間氣候變化專門委員會」甚至預言：「如果各國政府再不堅決地減少溫室氣體排放，本世紀末將是世界末日！」

台灣溫減法徒具其名

反觀台灣，自二〇〇九年起，於全球「氣候變遷表現指標」（Climate Change Performance

Index）——總體溫室效應氣體排放的現況、趨勢以及增溫控制——一直是名列倒數。二〇一七年，台灣為全球倒數第七名，僅優於哈薩克、美國、澳洲、南韓、伊朗與沙烏地阿拉伯。

當全世界都在推動節能減碳的同時，已經排名落後的台灣，不但不謀求改善，卻反其道而行——全世界先進國家都將燃煤電廠視為避之唯恐不及的全球暖化問題元凶，台灣卻決定重啟並擴建深澳火力發電廠[2]。這項決議不但與全世界的環保觀念相衝突，勢必將製造出更多的碳排放量[3]，更與二〇一五年六月在立法院通過，七月一日公布實施的《溫室氣體減量及管理法》（簡稱溫減法）中明文規定，「台灣溫室氣體二〇五〇年碳排放減量至二〇〇五年的五〇%」此一目標，背道而馳。

另外，二〇一六年蔡英文政府上任，台電儲存備轉容量創歷史新低，供電吃緊，眼看限電缺電危機將在可預見的未來引爆。面對此，台電對策仍是重啟二〇一五年遭立院杯葛而停機一年半的核一廠一號機，用以解決燃眉之急。八一五全台大停電[4]以後，為避免缺電危機再次發生，政府決定重啟核二。台灣在經濟發展與環保節能之間搖擺不定，歸根究柢，隱藏於其後的

2 編按：行政院長賴清德已於二〇一八年十月十二日宣布，暫時停建深澳火力發電廠。

3 自二〇一五年核一廠一號機大修後暫停，之後陸續共有三部核能機組停止運轉。根據台電統計，暫停的核能機組改以燃煤、燃氣取代後，至二〇一七年底，三年來累計排碳量將增加一千二百萬噸。

4 二〇一七年八月十五日下午，因為中油對大潭發電廠的天然氣供應管線意外停止運作，導致大潭發電廠六部機組全部跳停，進而造成全台電力不足。台電啟動分區停電的保護措施，直至當天晚間十一點始恢復正常供電。

真正關鍵與其本質的問題是：「究竟，我們想要過什麼樣的生活？」

火力發電的碳封存以及CO_2回收問題

目前全球主要的發電技術有三種，包括火力、核能以及再生能源（太陽能、風力、水力）。這三種方式中，又以火力發電為現階段電力的主要來源，占全球發電總量的三分之二左右。火力發電的來源包括煤、石油、天然氣等三種，其中又以燃煤為主流，占全球總發電度的四〇％；天然氣次之，約二〇％；石油近年則遞減，只占約五％。再生能源為第二大電力供應，約占生產電力的二〇％；其中又以水力發電為最大宗，約占一六％；風力、太陽能、地熱及海洋能總和則在三％左右。至於核能則名列第三。

目前全球共有四百四十座核能機組，台灣共有六座，生產全球一・三％的電力。但是，根據台電資料，無論是核電還是再生能源，在供電比例的總額上均偏低。此外，台灣自有能源極度匱乏，不管是煤礦、天然氣、鈾等，都必須仰賴進口。所以，短期之內，如不願意改變台灣既有的經濟政策以及生活型態，火力發電將成為不可避免的最主要電力來源。

更何況，碳封存的後續處理是令人頭疼的問題。一則因台灣可以選擇的封存地點實在有限，二則因回收二氧化碳的能源消耗量相當大：以台灣為例，每年燃煤發電所生的二氧化碳為一億五千萬噸，光為了回收燃煤發電所產生的二氧化碳，就需要使用台灣一年消耗石油數量的十倍。更令人憂心的是，不論是選擇地層封存或海洋封存[5]，勢必都嚴重影響自然生態。所以，要徹底解決能源需求，又能兼顧環境保育，僅有的辦法仍是再生能源。

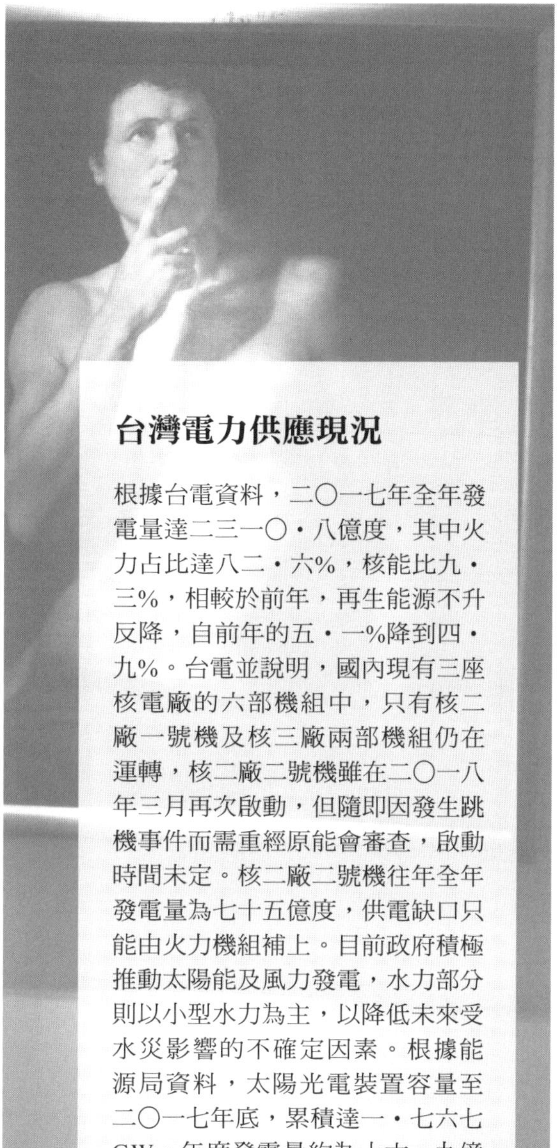

台灣電力供應現況

根據台電資料，二〇一七年全年發電量達二三一〇・八億度，其中火力占比達八二・六%，核能比九・三%，相較於前年，再生能源不升反降，自前年的五・一%降到四・九%。台電並說明，國內現有三座核電廠的六部機組中，只有核二廠一號機及核三廠兩部機組仍在運轉，核二廠二號機雖在二〇一八年三月再次啟動，但隨即因發生跳機事件而需重經原能會審查，啟動時間未定。核二廠二號機往年全年發電量為七十五億度，供電缺口只能由火力機組補上。目前政府積極推動太陽能及風力發電，水力部分則以小型水力為主，以降低未來受水災影響的不確定因素。根據能源局資料，太陽光電裝置容量至二〇一七年底，累積達一・七六七GW，年度發電量約為十六・九億度，今年預估再新增一GW。

5 地層封存是指將二氧化碳打入廢棄油田中儲存。海洋封存則是指將二氧化碳打入超過三千公尺的深海底。

法國追求再生能源，欲將核電由七五%降至五〇%

當前環境保護署副署長詹順貴先生為重啟深澳火力發電廠投下關鍵性的一票時，法國政府內閣成員中最具聲望，也是曾讓席哈克總統於二〇〇二年約翰尼斯堡舉辦的地球峰會中說出警世之句「我們的家燒著，我們卻看著它方」的環保戰士尼可拉・玉羅（Nicolas Hulot），在拒絕席哈克、薩科奇、歐蘭德三位總統力邀擔任生態部長一職以後，於二〇一七年，他終被年輕有為的馬克宏總統「左右共治」的政治語言魅力所打動，在科學家、社會學家、人類學家以及環保人士的期盼下，出身左翼的玉羅進入艾麗榭宮，成為眾所矚目的生態轉型和團結部（Le Ministère de la Transition Écologique et Solidaire）部長。然而，十五個月之後，他卻毫無預警地宣布辭職，留下一句話：「我們可能既支持商業又支持地球嗎？」

這十五個月以來，他置身於滿腦子只想發展經濟的閣員中，無人提起環保。就連總統馬克宏，相較於落實二〇一五年《巴黎協議》所通過的，控制全球平均氣溫升幅、遏阻全球暖化，他對狩獵法案反而更關心、付出更多努力！

事實上，玉羅上任不到六個月，即二〇一七年十一月，已不得不宣布法國不可能按照二〇一五年《能源轉型法》中所提及的預定目標：「在二〇二五年將核能的比例從目前的七五%降到五〇%，以實現多元能源計畫。」他提出延遲至二〇三五年的最後期限。但針對修訂「能源的多年計畫」（Programmation Pluriannuelle de l'Énergie, PPE）所進行的討論，顯然也無法讓玉羅獲得精確的新時間表，文中也未明確訂出反應爐關閉的數量以及名稱。

再者，根據法國二〇一五年《能源轉型法》規定，二〇一五年必須關閉十七到二十座核子反應爐；根據綠色和平的統計，二〇一六年，法國至少得關閉二十七至三十一座核子反應爐；而今，法國能源轉型的進度不但遠遠落後預期，就連數字也還無法達成共識、做出最後的確認。二〇一八年原本預定要關閉的兩座最老的法國核能發電廠費森海墨（Fessenheim），也因原本要取代它們的法拉馬費爾（Flamanville）歐洲壓水反應爐技術問題無法解決，得延宕到二〇二〇年才可除役。

歐洲壓水反應爐

歐洲壓水反應爐（Evolutionary Power Reactor, EPR）是一種第三代壓水反應爐設計，主要由在法國的法瑪通（Framatome），後來的阿海琺（Areva），現更名為歐哈諾（Orano）、法國電力公司（EDF）以及德國西門子公司共同設計及開發。在歐洲，這種反應爐的設計被稱為歐洲壓水反應爐，但國際化的名稱是進化動力反應爐，現在被阿海琺集團簡單地命名為EPR。

目前有四台EPR的機組建造中。一部在芬蘭、一部在法國、兩部在中國（廣東省台山核電站、二〇〇九與二〇一〇年動工）。目前在芬蘭與法國建造中的EPR都遭遇了工期延宕的問題。中國台山一號機在二〇一八年六月六日啟動發電，二號機預定二〇一九年啟動。二〇一六年九月，英國欣克利角將興建兩座EPR，預計將於二〇二五年完工。

參見維基百科歐洲壓水反應爐。

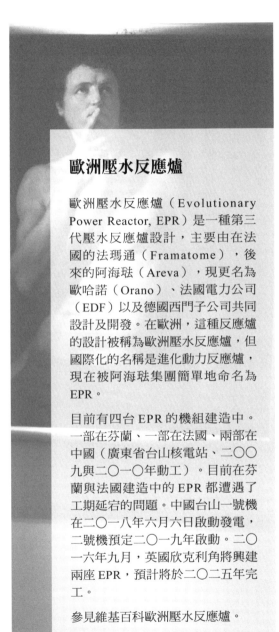

擺脫政務官枷鎖的玉羅，總算可以自由地表達他對核電的看法：「經濟及技術上均無用的瘋狂，但為此，我們卻執迷不悟。」

兩個彼此無法相互理解的宇宙

玉羅的離職，至少凸顯了三個不爭的事實：

一、**自由經濟的發展模式與氣候變化間的不相容。**

二、**政治帶頭改革能源政策的無能為力，只能寄望於民間自覺及公民行動。**

三、**金融遊說團體力量之強大，幾乎全面殖民與控制了法國政府部門。**

尼可拉・玉羅離職以後，馬克宏政府從上到下一片噤聲，媒體追問起來也是支吾以對、閃爍其詞。反倒是法國社會學家艾德嘉・莫杭（Edgar Morin, 1921-）公開表達玉羅的離職是一場悲劇。他坦言：「有兩個道德的、心理的、智力的宇宙，彼此是無法相互理解的。首先，技術經濟領域。我們的領導者，只透過數字、增長、盈利、競爭力、國內生產毛額等……來看世界；另一領域，則認為地球上的人類悲劇正在惡化，需要徹底改變方向，放棄這種偽科學的自由經濟主義。」

台灣如何應對迫在眉睫的地球暖化危機

根據美國國家科學院（Proceedings of the National Academy of Sciences, PNAS）院刊於二

〇一八年八月六日發表的一項研究報告宣稱：「地球已發生一種無法控制的連鎖反應，是一種『不可逆轉的突然轉變』。」並預測「地球上不適合居住的地方」，而「這十到二十年間的決策，將決定未來世界一萬年的軌跡」。

現今，被玉羅兩次稱為「烤箱」的地球，正因人類的貪欲而面臨浩劫。根據法國國家科學中心（Centre National de la Recherche Scientifique, CNRS）於二〇一八年三月的研究報告顯示：過去六個月，由於農業不間歇地耕作，已經使得昆蟲大規模地減少，鳥類也以令人驚詫的速度消失；二〇一七年十二月，另一項報告顯示：自一九〇〇年以來，物種的消失以百倍來計算；二〇一八年四月，巴基斯坦該月的氣溫五〇・二℃，打破世界月紀錄；同年五月，二氧化碳平均濃度達到百萬分之四一〇，比起一八八〇年增加了四六%；六月，歐盟聯合研究中心（le Centre Commun de Recherche de l'UE）確認歐洲的七%土地已荒漠化，到了二〇五〇年，地球將有四分之三的土地呈現貧瘠化，九〇%將不再適宜人居；七月，瑞典、美國加州，甚至北極圈都遭逢火災，熱浪也席捲歐洲；僅七年時間，哥倫比亞失去了五分之一的冰川；八月，人類所消耗的自然資源超過了地球所能負荷；同月一日，印度的喀拉拉邦經歷了前所未見的颶風，導致至少四百四十五人死亡，一萬人流離失所；十一月，超過一萬五千名科學家、一千七百位研究者共同呼籲：「如果二十五年後，人類未能取得足夠進展，以解決這些環境挑戰，是非常令人擔憂的。」

人類整體社會的生存危機當前，台灣朝野及社會大眾在面對自產能源極其有限，而對環境的汙染最為嚴重的火力發電的比重又高達八二・六%的失衡狀況——未來，如何降低火力發電廠的排碳量與解決碳封存，自是台灣所有居住者都得積極面對、徹底解決的問題。

另一方面，就目前的工程技術而言，興建新世代火力發電廠並非難事，[6]只不過，要達到近零汙染，不只成本高昂，所需要的技術也極高端。同樣的，新世代的核能發電技術日新月異，提高產能與降低安全疑慮的種種措施不一而足。核廢料的儲存問題，也已可從地小人稠的台灣本島與離島地區以外，找到核廢料的儲存方案[7]。但是，無論核廢料或者碳封存，都無可避免地製造地球環境的汙染——這已是不容忽視的事實。

找出永續存在的環保經濟模式

真正的關鍵問題在於生態和當下主流的經濟型態——鼓勵消費，兩者是無法彼此調和的。但艾德嘉．莫杭提出立基於另一種論調的經濟思考——不再汙染城市，使所有能源的來源都盡可能是清潔的；不再汙染鄉村，遏制農業產業化和畜牧業工業化，以政策支持有機農業及在地農畜牧業發展；[8]發展維修工藝，而不是一次性消費、用過即丟的工業。[9]這樣的經濟型態將提供工作，且更有趣、更有用，也更健康。

儘管法國目前的能源轉型改革因玉羅的辭職而中斷，但是，法國乃至歐洲先進國家均已開始走向降低對能源的依賴，並避免不必要的消耗與過度浪費能源——追求無碳能源。在未來十年內，翻修老建築為隔熱保溫的建築以節能；以電動車代替燃油車；發展有機農業與食用有機產品；以在地生產的新鮮自製食品為主；綠化城市；交通以步行、腳踏車、電動腳踏車或者大眾運輸工具為主；針對航空公司抽取排碳稅；以數位科技來帶動新一代的能源革命；鼓勵合作經濟及循環經濟等。

面對地球暖化的危機，台灣自然不能置身事外。思考能源問題不能僅限於能源本身，還應考慮其政策的可行性。政策若以經濟增長、創造更多的財富為主，就不可能不增加能源的消耗；若增加能源消耗，卻又想著降低碳排放量、廢核，那就會陷入魚與熊掌不可兼得的困境；未來的十年內，這關鍵的十年，能夠對人類社會產生真正影響的，或許是在生態、能源以及生活之間，找到平衡點，期待思想家、社會學家、科學家能提出新觀點，且讓我們拭目以待。

6 橫濱市磯子區的火力發電廠因日本頂尖的燃媒技術而使得排碳量相對於一般電廠為低。

7 芬蘭已經提供可以儲存十萬年的商業方案。

8 二〇一八年五月，玉羅打算透過農業及食品法律規範，禁止使用孟山都出品的有機磷農藥甘草磷。此舉卻被歐盟的決定所推翻，歐盟給予孟山都繼續出售這個全世界最暢銷的除草劑五年的許可。這也使馬克宏所承諾的三年內要禁用此劑變成一張廢紙。與此同時，農業部長史帝凡・特拉斐（Stéphane Travert）也與玉羅的主張唱反調，要求將禁令延長五至七年後實施。此外，二〇一八年五月，國會議員也拒絕將玉羅所提出的：於二〇二一年禁止甘草磷的訴求列入法案，這項否決案使得二〇一五年五月即被十七位專家與世界衛生組織列為「強烈懷疑的人類致癌物」在法國及歐洲仍通行無阻。此外，馬克宏政府也廢除了對於BIO農業以及小農的補助政策。

9 據BBC報導，目前至少有十八個歐盟會員國正考慮推出綠色條例（eco-design directive），要求廠商必須延長產品使用年限，以及更方便維護。

為什麼法國人一提銀行就聞之色變？

法國是犯罪者的天堂。因為注重隱私權，公共空間如街道、巷弄、集合式住宅的大廳與庭院內，皆未安裝監視器，這也使得這個社會無法防患於未然，甚至舉國上下變成恐怖份子蠢蠢欲動的樂園。[1]一旦犯罪發生，死傷無數，又往往必須出動大批警力才能緝凶。比如在二〇一八年十二月十一日，史特拉斯堡聖誕市集發生茄利夫・謝卡特（Chérif Chekatt）孤狼式的恐攻行為，造成二死一腦死以及十二人輕重傷。而事前，法國警方已經將此人列為威脅法國國家安全、具有恐攻風險的S檔案人物，並且預見他可能犯案，卻依舊無法掌握他的行蹤。最後，這位被列為S檔案的高度危險人物，擺脫警方的監控，犯下滔天罪行。法國警方出動了七百名警力，封鎖出入城的交通，並要求該城居民配合，全部待在家中，緊閉門戶。史特拉斯堡內，人人自危。警方挨家挨戶地進行人身搜索。四十八小時過後，終於找出、擊斃這名恐怖份子。法國以人權為名，保護人民在公共區域自由行動的隱私，卻為此付出難以想像的慘痛代價。[2]

另一方面，法國銀行界卻以反洗錢及防制犯罪為名，嚴格控管法國人民及法國境內的一切資金流動：從開戶地點、開立哪些帳戶、開立帳戶者需具備的資格、提款上限金額、存款上限、匯款金額限制等等，均有相當繁複的規定。這種種嚴密監控的作為，使得法國的金融體系，就某種程度而言，已經取代了既有的警察體系，儼然成為全面監控人民的另一個組織——因為對於現金提取數量的高度控管：比如，一週最多可提領的金額是五百歐元，相當於一萬八千元台幣，並鼓勵人民以簽帳金融卡取代現金支付，每一筆消費因而都可被追蹤、紀錄，連帶曝光個人行蹤。更離譜的是，簽帳金融卡消費金額上限多為每月不得超過一千至兩千三百歐元不等，如有高於此金額的消費需求，必須事先與該銀行所屬專員報備，並取得專員的同意授

1 法國是歐洲擁有最多聖戰士的國家。兩萬多名聖戰士中，有一千五百五十名在法國。此外，根據法國警方的資料，法國境內有三千人與激進組織緊密聯繫，另有七千多人被認為可能被激進組織吸收。由此可見，法國境內恐怖主義是一顆不定時的炸彈。但因為這些激進份子擁有法國籍，又得力於法國注重人權保障，並且是人道主義精神以及自由民主的國度，促使法國成為恐怖主義的溫床。

2 二〇一五年一月七日，《查理週刊》事件造成十七人死亡；二〇一五年十一月三日巴黎恐攻，一百三十人死，三百六十八人傷；二〇一六年七月十四日的尼斯卡車恐攻，至少八十六人喪生。二〇一八年八月，馬克宏執政期間，通過極具爭議的新移民法及邊境法案，規定非法居留法國者，得處一年徒刑；非法進入法國者，得處五年徒刑；非法移民申請庇護的行政作業期限由原本的九個月縮短至六個月。

權，才得以取得使用此款的自由。

如果已習慣台灣銀行以客為尊的服務、快速便捷的行員辦事效率，一旦抵達法國，接洽旅居法國的必經之所：銀行，幾乎難免因法國銀行一連串繁文縟節的規定而氣結。無論是旅遊、留學或者辦當地居留，為了避免台灣人民出國遇到各種情況，敗興而歸，筆者將台灣留學生在法國銀行實際遭遇的狀況整理如後，並將兩地銀行員的說法交互並陳，供讀者自行判斷。

不接受臨櫃：凡事都得預約

在台灣開戶，多半是本人帶著雙證件（身分證與另一證件）與印章，即可臨櫃辦理。但是在法國，開戶卻變成一件大工程，也是初抵法國的留學生或辦理短期、長期居留者一定會面臨的挑戰。

首先，法國銀行並不接受台灣人習以為常的隨到隨辦，而是必須採預約制。筆者跑完十多家法國銀行後發現：要在法國銀行開戶，首先得排隊以取得櫃檯接待人員給予的一個預約時間。法國銀行內大多沒有設立顧客的等候座位區，也不像台灣有抽號碼牌的機制，以便即時顯示等待的人數、預估等候時間。因此，在法國，只能站在長長的一列排隊隊伍中耐心等候。有時候運氣好，前面只有一人，但行員處理單戶問題的時間往往長達半個小時以上。顯然，與法國銀行打交道，第一個守則就是耐住性子、沉著以對。少則半小時，多則一至兩小時才能處理完問題，在此是司空見慣。

好不容易等到了，千萬不要以為當下就可以開戶。櫃檯行員通常會詢問一些問題，包括你的身分是法國居民還是外籍人士；如為法國居民，行員往往會要求以下證明：期限不少於半年至一年的有效護照、法國居留證、薪資報稅單，以及居住地上載明你的名字，當日往前推算三個月的水電瓦斯繳費證明。如顧客擁有另一個銀行戶頭，則須提供當日往前推算三個月的該戶頭帳戶報表。然後，行員會給顧客一個下次約見的時間，快則一週，但一般而言，約見日期往往是二至三週以後。如果下次與行員見面時，並未帶齊所要求的文件，或行員轉而要求更多的文件，那就得再次約見。結論是，如果一切按照流程，從開戶成功到支票本與信用卡核發下來，少則一個月，多則依個人情況而定。

本國與外國居民分開管理

如為外籍人士，法國可不是任何銀行都可以讓你開戶的。欲在當地開戶，必須到專為外籍人士設立的銀行。與法國國民相比，外籍人士的開戶手續更為繁瑣，審理的時間也更長。而且，專為外籍人士所設的銀行的管理收費也高出許多。筆者針對里昂信貸銀行（LCL Banque et Assurance）、法國巴黎銀行（BNP Paribas）、法國農業信貸銀行（Crédit Agricole - Banque et Assurances）、互助信貸（Crédit Mutuel）、法國興業銀行（Société Générale）以及法國興業銀行旗下的線上銀行布爾梭哈瑪（Boursorama）等進行實地採訪、調查，獲得法國各銀行行員如下解說：

首先，法國國家並未對銀行業採取統一規定。但是，各銀行，尤其是跨國銀行，如里昂信貸銀行、法國巴黎銀行、法國興業銀行，卻紛紛針對外籍人士採取集中管理的作法，其中尤以法國巴黎銀行最為繁瑣。因為連行員都不見得充分理解自家銀行的規範與承辦業務，往往給予錯誤的資訊，致使筆者接連跑了五家法國巴黎銀行的分行，才總算找到專為亞洲人士、涵蓋台灣籍而設，位於第十六區克萊伯大道五十一號（51 Avenue Kléber, 75016 Paris）的法國巴黎銀行國際分行；里昂信貸銀行的外籍人士銀行地點為香榭里榭大道五十五號，另一間則位於以芥茉醬聞名於世的第戎（Dijon）。法國興業銀行的外籍人士銀行則位於歐斯曼大道（Boulevard Haussmann）二十九號。

至於為何要另外成立外籍人士專屬銀行？里昂信貸銀行員尚瑪莉女士表示：「這並不是法國政府的要求，而是出自各銀行的內規，只為了便於管理。還有，也因各國稅務制度不同，像美國的稅務制度就極為複雜，所以交由專門窗口來進行個別的處理。」當我再問及尚瑪莉女士這樣的情況是自何時開始的，她說：「就這兩年才開始的。」

法國巴黎銀行的行員莉莉雅娜•海斯女士則表示：「因銀行內部考量，決定把各個外籍人士再依照不同區域，交由不同的國際分行管理。」一般而言，海斯女士會詢問顧客各方面的資訊，包括是否為美國稅務公民、為何在此開戶、職業、報稅金額、年收入多少、婚姻狀況、伴侶的職業等等。這與台灣的國情當然不同。在一個如此注重個人隱私權的國家，銀行員的角色似乎並非以服務客戶為主，更多時候是進行客戶的資格審查、掌握其背景與個人資訊。

開戶時，銀行要求提供的資料不一而足，因各家銀行的內規不同，要求也不盡相同，並沒有國家統一規範。原則上，愈大的銀行，尤其是跨國國際銀行如里昂信貸銀行、法國巴黎銀行、法國興業銀行等，要求相對嚴格，除了法國居民必須提供的資料以外，更需要有效簽證、最後一期稅單、台灣最近三個月的瓦斯帳單、水費、電費帳單、職業證明（如合約）等等，均須提供英文或法文譯本。更需注意的是，不少法國銀行甚至會要求顧客提供報稅所在地往來的銀行所開立之法文或英文版的銀行推薦信（la Recommandation Bancaire），上面要載明個人的報稅地址以及居住地址，並表明客戶的信用良好。當文件都齊全以後，銀行員才會送交主管或者委員會審查，審查大約需時一週。而顧客最在乎的銀行費用問題，通常在將近一個小時冗長的「偵訊」結束後，會面時間已近尾聲，若顧客未主動詢問，行員不會主動給予一本「產品與服務」（Produits et Services）價目表。

一不留神錢就不見了

必須謹記在心的是，沒有白吃的法式午餐。在法國，公共場所的廁所，除了極少數的公廁以外，只要是營業場所，如咖啡館、餐廳、酒吧等所附設的，非消費顧客，都得付費才能換取開門的使用密碼。以此類推，在超商買沙拉吧的自助沙拉，若以為像是在台灣的 7-11 買生菜沙拉會附贈沙拉醬包而隨手拿取，結帳時就會發現，帳單上多了一筆沙拉醬〇・五歐元到一歐元不等的費用。同理推論，顧客使用銀行的服務，也必須接受「使用者付費」的概念——不同的服務有不同的收費。一般而言，除非必要，法國人不會到銀行找行員代為處理帳務，以免被收取高昂的服務費用。

法國銀行每年都會調漲一次費用，但通常都不會主動通知客戶。客戶必須親自到銀行索取最新版的「產品與服務」價目表，在多如牛毛的服務項目與收取費用欄位中，分辨清楚自己放在銀行的錢是怎麼一點一點地愈變愈少。無論如何，與法國銀行交涉，首先要知道的是，只要使喚到銀行行員，事無鉅細，都得支付少則數百、多則數千，乃至上萬台幣的服務費用。

無論是影印資料（索費一歐元），還是人工轉帳、跨行提款的次數每月超過三次以上、換匯、國際匯款轉出或者轉入、兌現外國支票、郵寄帳單、特殊的要求如第三債務人通知費、法律聲明信件、禁止簽發支票等，最高可收到一百六十多歐元不等的手續費。最可怕的是，如果活期帳戶存款不足而消費超支，哪怕是一天，都得支付極其可觀的超支罰款。至於產生利息的帳戶，政府也會透過銀行針對利息收入，以各種名目徵收費用，例如徵收「團結貢獻稅」（Contribution de Solidarité）、「普遍的社會貢獻」（Contribution Sociale Généralisé）「社會普攤稅」、「社會的徵收」（Prélèvements Sociaux ）、「社會債務償還」（Remboursement de la Dette Sociale）、「積極的團結收入」（Revenu de Solidarité Active）、「贊助奧運」等等。許多人都有在法國銀行開戶，然後莫名其妙被扣一堆錢的經歷。一不留神，利息就被扣到所剩無幾。在當地生活多年的郭女士就感慨地表示：「法國銀行亂扣款，天啊！當我銀行戶頭是他們的？先扣款再說。除非仔細發現扣款金額不對，極力爭取，才有機會拿回被亂扣的錢。不然就只能自認倒楣。」

王姓留學生則說：「我留學時，法國使用的貨幣仍是法郎。當時存入一萬八千元法郎，卻在日後發現，帳面金額竟只有八千。當時的支票本有複寫功能，才得以留取存根。當我拿著存單證明，要求行員退返少掉的一萬法郎時，銀行員卻置之不理。最後還是請動學校的指導老師陪同，行員才退返該筆金額。」

這些巧立名目的支取，除非顧客是銀行內部體系的員工，否則誰能夠了解這些支出的真正用途為何？這些費用都是在客戶毫不知情，也就是完全不可能同意或者理解的情況下，悄悄地從顧客的帳戶中支領出去。若是顧客要求結束戶頭，不少銀行也要收取銷戶的費用。這一切種種，包括冗長的時間等待成本、高額的手續管理費用、動輒得咎的罰款，以及個人的帳戶利息被以各種名目支領等等，都使得顧客深感法國銀行難以信賴，也驅使愈來愈多的法國人改以線上銀行取代實體銀行。[3]

3 法國線上銀行的數量愈來愈多，顧客人數也隨之激增，然而，絕大多數的線上銀行都是由法國原實體銀行分出來的子公司，如法國巴黎銀行成立的 Hello Bank!、法國興業銀行旗下的布爾梭哈瑪、匯豐銀行的 HSBC 線上銀行、法國農業信貸銀行旗下的 BforBank。

提錢存錢都有風險

早在一九八七年，吳〇芳的家人匯款到法國給在當地留學的她作為生活費，她卻於一個月以後才收到匯款。吳女士說起她的故事，至今還是憤憤不平：「我二姑是當時中央信託局副理，她幫忙匯的錢，錢早就進入里昂總行，但不知何故，被卡了一個多月，這錢才三十多萬台幣！可能被銀行拿去投資了？很誇張。」

她還告知：「法國銀行的散漫是出了名的。我記得我某年回國時，錢不夠用，向朋友借了九百多法郎，折合台幣是四千五百元。我一回國馬上把錢匯還給朋友，隔了一兩個月後，我問朋友，朋友才告訴我『他根本沒收到錢』。他們把錢誤轉入另一個也姓王的戶頭，轉錯了，卻要我朋友自行追回。到最後，那筆錢也沒有還我，朋友也沒收到匯款。那位華人的名字跟我朋友有點像。今天再想起這件事，真是無言！」

同樣到法國留學的彭〇華提起當年的經歷，仍心有餘悸：「不要期待法國銀行會有專業服務，做事方法取決於匯率高低——一九八五那年，美元兌法郎創下歷史高峰，留學生根本收不到家裡匯來的錢，匯款被困在法國銀行裡快兩個月，我真的都快餓死了！後來還是台灣駐法辦事處的法國專員陪著我，前後去了銀行幾次，錢才總算入帳。二〇一一年，我去法國一個月，又碰到匯率高峰，我趕緊去十三區的兆豐銀行巴黎分行[4]再開一個新帳戶，最後請朋友在台北兆豐匯款。我後來先收到這筆匯款，至於出國前兩週匯入法國銀行的款項，卻在我快離開法國時才收到……巴黎再迷人，我絕不會終老於斯，所有的情懷都會被現實生活中的點滴瑣事折磨殆盡。還是隔個距離和巴黎靈魂交流吧。」

存錢進戶頭如此麻煩，那提領呢？同樣留學法國的王〇培說起這段回憶：「某年回國的前一天，我要提領四千五百歐元，結果銀行員卻回應：『這得於七十二小時以前告知銀行。』我當時非常氣憤地說：『這是我的錢耶！』吵了半天也沒結果，臨要上飛機，還忙著跟朋友調頭寸。」自此以後，王〇培不再將現金存放於銀行，以免要用時求告無門。

另一位到法國度蜜月的彭〇之打算在巴黎的銀行提領現金，好不容易找到一家銀行，卻發現大門深鎖，原來法國銀行中午有休息時間。等到銀行開門營業，已是下午兩點，行員卻告訴她：「銀行的現金已經被提領光了！」每次提起法國，她就滿腹抱怨與不解地直說：「法國銀行是不是很怕被搶，怎麼都不放現金的？」

法國銀行通常不會在銀行內張貼告示，告知顧客該分行當日可供提領的現金餘額已為零，也不會主動告知客戶每日提領金額的上限，以及簽帳金融卡級別每週或每次可以提領金額的上限。此外，在開戶銀行以及非開戶銀行提領的金額上限並不相同。顧客必須主動詢問行員，並且再三與銀行確認自己這張簽帳金融卡的額度是多少。一般而言，法國銀行以安全理由限制客

---

4 十三區的兆豐銀行巴黎分行已不再接受客戶開戶。筆者詢問行員，目前該銀行的業務為何，行員回答：「其他。」

戶每日提領上限為五百歐元，但因顧客信用級別而有信用提領額度的不同，原則上，基本額度每週不得超過一千歐元，如果連續兩次提領五百歐元，第三次欲再提領時，卡片會遭到鎖卡至少三日的懲罰。如果急需用錢，金額又超過信用額度以及銀行放款允許的五百歐元額度，就得事先與自己的銀行顧問訂約，要求提高額度並且放款。最需留意的是，無分金額多少，匯款至法國戶頭，最好事先告知自己信賴的銀行顧問，有一筆錢要入帳、金額為多少、預計入帳時間，並且事先準備所有足以自證清白的文件，以備不時之需。如果沒有個人顧問，或者個人顧問正值度假或離職，改由其他行員處理這個案子，就極有可能面臨這筆存款無法提領的窘況。

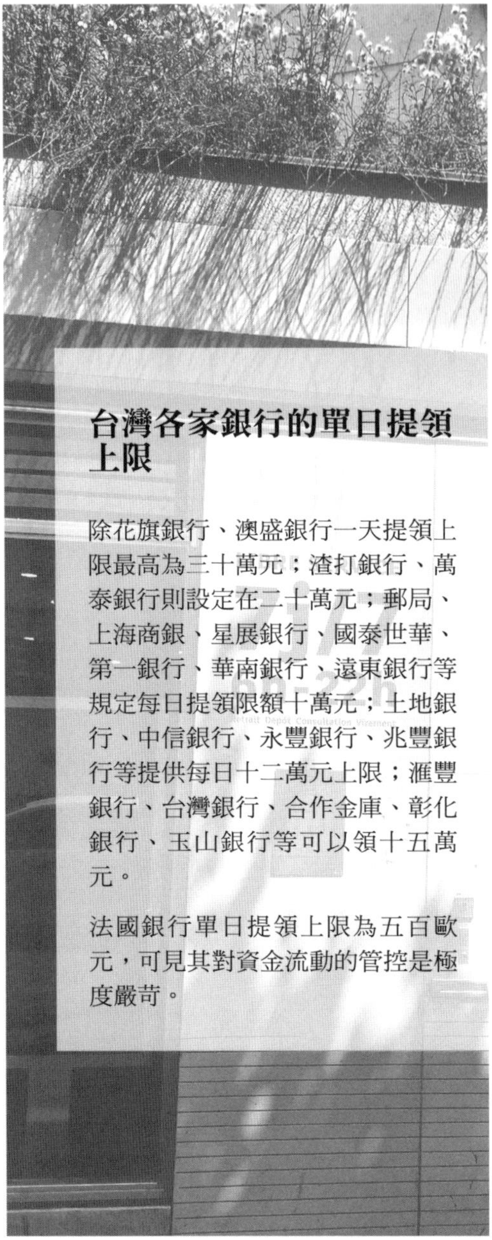

台灣各家銀行的單日提領上限

除花旗銀行、澳盛銀行一天提領上限最高為三十萬元；渣打銀行、萬泰銀行則設定在二十萬元；郵局、上海商銀、星展銀行、國泰世華、第一銀行、華南銀行、遠東銀行等規定每日提領限額十萬元；土地銀行、中信銀行、永豐銀行、兆豐銀行等提供每日十二萬元上限；滙豐銀行、台灣銀行、合作金庫、彰化銀行、玉山銀行等可以領十五萬元。

法國銀行單日提領上限為五百歐元，可見其對資金流動的管控是極度嚴苛。

台法來回奔波，差點買不了房

在法國留學多年的藝術工作者魏〇宏，因為藝術家無固定收入而被法國里昂信貸銀行行員冷嘲熱諷：「你的月收入好像不太穩定！」還奉勸他：「既然都是小錢，就別存銀行了！」後來他聽說法國農業信貸銀行沒有那麼囉嗦，就在此銀行開戶。多年以後，為了在外省有一間自己的工作室，他四處找房，好不容易才找到滿意的居所，並與仲介簽訂購屋合約，這才與這家銀行有了實際往來。

二〇一七年四月，他開始辦理貸款。剛開始，一切都很順利，房屋首購合約也已簽訂，頭期款也付了。兩個半月過去，事前允諾的貸款卻再也沒有下文。一開始，他以為是法國人做事情向來動作慢，也不以為意。但是當仲介及代書開始要求付款，他到法國農業信貸銀行詢問，銀行這時卻回覆他：「我覺得你還是回家借錢，叫他們把錢借給你，然後你再把錢還給我們。」

「但是我根本沒有拿到你們銀行的貸款啊！」他完全無法理解其間的邏輯。急得滿頭大汗的他，眼看房屋交款的最後期限在即，只好向家裡告急。跟媽媽借了點週轉金，又跟姊姊求救，最後由姊姊統整，匯款十五萬歐元到他於法國農業信貸銀行的戶頭，這下問題又來了！

「銀行跟我要匯款人的資料以及金錢來源證明，證明這筆錢不是來路不明。」但是當他寄給銀行關於他姊姊的個人資料及匯款證明後，銀行又有意見了。

「當中有一筆錢是別人給的，這人是誰？也要她的個人資料以及匯款證明資料。」

但是魏先生的母親住在鄉下，開不了外文證明。魏媽媽得跑到大城市，也弄不清楚到底要怎麼做才好。這一家子人，上上下下，從法國到台灣，都被法國銀行弄得忙到團團轉，卻又莫可奈何。最後，因時間超過銀行要求的時限一週，這筆十五萬歐元的匯款被法國銀行退回台灣。這下他可傻眼了。眼見購屋付款的最終期限將至，他只好跑回當初處處刁難的法國里昂信貸銀行，這回匯款就順利了。錢雖到戶頭，卻也不准他領出來。他得先拿房屋資料去法國稅捐處辦理該房屋報稅登記，詳細載明台灣的借貸金額以及每月償還金額數目。事實上，兩週前，他已經到稅務局辦過這張稅單，但因為來來回回的匯差，導致帳面的金額產生出入，借貸金額有所調整。第二次再辦，稅捐機關辦事人員自抽屜中取出他兩週前填寫的報稅單。交還給他時，笑嘻嘻地說：「還在這裡？把舊的還給你就好。不用重辦。」

房事雖然解決，但八月，他又接到法國農業信貸銀行來信，要求他結束戶頭。魏先生十月去辦理結清，銀行立刻取消他的信用卡，卻又說：「你還有一個帳號享有五%的利息，我建議你稍晚結掉此戶頭。我們會處理。到時再通知你前來。」

「結果，我二〇一七年十月簽字，帳戶到十二月還沒結清。二〇一八年一月初去問，他們說還有問題；三月初，我回到台灣，這個戶頭還是沒完成銷戶。」魏先生如今回想起來，餘悸猶存地說：「法國人跟台灣人想的不一樣。他們的想法跟我們大不相同。」

因人而異的銀行內規

匯款十五萬歐元就被銀行刁難，那麼，法國銀行的匯款上限到底是多少？里昂信貸銀行的行員李查森・亞力森先生斬釘截鐵地回答：「沒有上限。」我再次與法國巴黎銀行國際銀行部門的海斯女士詢問同樣的問題，答案如出一轍。我又向互助信貸的資深行員史帝夫・博爾紀耶先生詢問，得到的答案仍舊相同。

然而，銀行員藉著恐怖主義、洗錢、走私毒品之名，詢問金錢來源，並要求台灣留學生提供證明文件的大有人在：如（1）洪姓留學生夫婦，二〇一六年，因各自在銀行存入三千歐元現金，就接到銀行來電詢問，要求他們提出自白證明，包括銀行存摺及薪資證明，否則不予放款。（2）郭姓女子於二〇〇三年提領法國興業銀行帳戶內的幾萬歐元，以支付房子的部分金額，遭銀行懷疑她洗錢，並被視為拒絕往來戶。然二〇一二年透過里昂信貸銀行多次匯款轉帳買房，甚至詢問貸款，卻未被懷疑洗錢或其他。（3）蔡女士於二〇一六年買房，簽訂買房協議書以後，從台灣匯款入法國帳戶，錢卻被卡了三個月，直到買房協議書三個月的時效眼看就要到期，情急之下，由先生打電話給銀行員，生氣地吵了半小時後，行員才總算放行，房子差一點就買不成。

依照二〇一八年台灣留學生於法國在台協會（Bureau Français de Taipei）申請學生居留簽證處的要求——台灣學生在法國，每個月最低得有六百一十五歐元的生活費用，一年至少就得有七千三百八十歐元的生活費用，才能夠被批准獲得學生簽證一年居留。但根據台灣留學生們的陳述，有人從台灣匯款六千歐元到里昂信貸銀行就被凍結帳戶，必須解釋資金來源；有些留學生的帳戶則在存入兩千歐元後遭凍結。法國銀行的內規如此嚴苛，若依照各銀行內規，無分金額多寡，這筆生活費用都有可能被卡關。倘若無法提出令銀行滿意的證明，一卡就卡關數個月都有可能。如此一來，學生申辦學生居留簽證以及生活費用都成問題。而若是經營生意，需要週轉金，錢動不動就被扣在銀行兩週甚至幾個月，那生意還能營運嗎？這樣的例子，在資金流動量大的餐飲業者間，最是常見。這種行政上的矛盾所造成的困擾，對在法國生活的台籍商界人士、留學生而言，更是時有所聞。況且，同一家銀行、同一家分行，只因行員不同，作業方式與作法就不盡然相同。這也造成眾說紛紜、莫衷一是的混亂。那麼，法國銀行處事到底有沒有規則呢？跨國銀行匯款到底有沒有上限呢？如被懷疑為洗錢，那麼台灣銀行的作業流程又是如何？

台灣銀行的作業流程

玉山銀行外匯匯款部專員劉先生表示：「台灣中央銀行規定每人每年換匯額度為五百萬美金，如非換匯，單純匯款並無上限。目前僅確定的是，個人戶匯款到大陸限額只有八萬人民幣。」富邦銀行吳姓專員也做如是回答。玉山銀行的劉先生並以書面回覆：「因國際間現今都

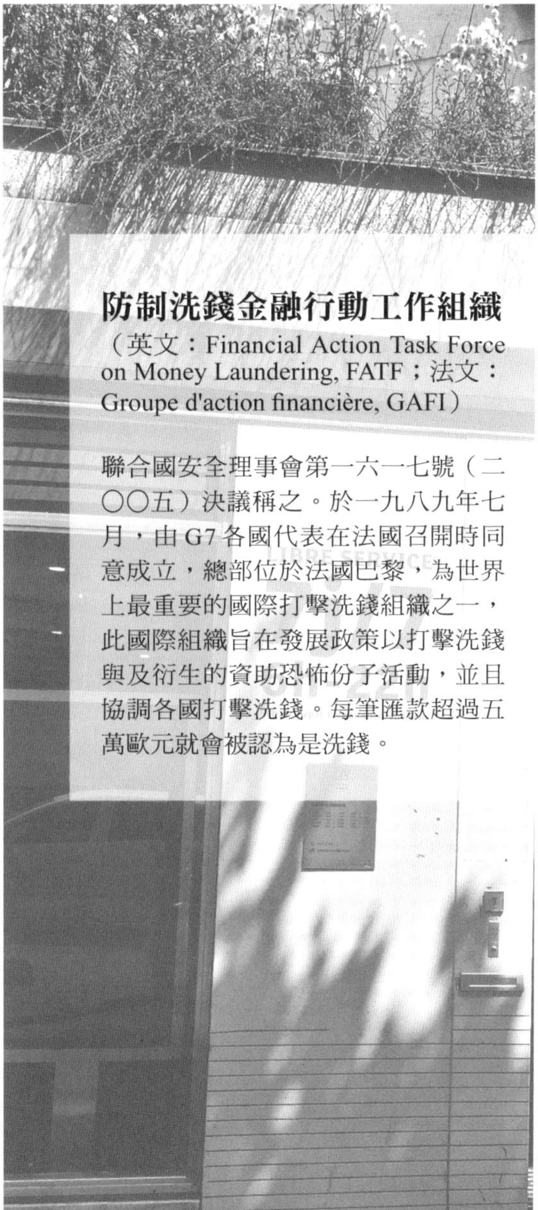

防制洗錢金融行動工作組織
（英文：Financial Action Task Force on Money Laundering, FATF；法文：Groupe d'action financière, GAFI）

聯合國安全理事會第一六一七號（二○○五）決議稱之。於一九八九年七月，由G7各國代表在法國召開時同意成立，總部位於法國巴黎，為世界上最重要的國際打擊洗錢組織之一，此國際組織旨在發展政策以打擊洗錢與及衍生的資助恐怖份子活動，並且協調各國打擊洗錢。每筆匯款超過五萬歐元就會被認為是洗錢。

很注重防制洗錢辦法，玉山銀行也是，針對不同的匯入款或是匯出款，如覺得疑似洗錢，本行都會請顧客提出相關的佐證文件。經審查過後，如無疑慮，都會幫顧客承作的。另外，若有問題，本行國外部也會收到中轉行或匯入銀行發來的電報提問。如國人遇到法國銀行款項暫時無法入帳，應該是要針對顧客進行KYC（Know Your Customer，認識顧客），如對方要您提供相關佐證文件，就提供給對方，表達這筆款項並非是洗錢所得。顧客提出相關證明文件供受款行審核以後，受款行即進行入帳或是退匯。」

台灣銀行匯款部莊小姐則表示：「根據多年的專業經驗，收款方外國銀行如有疑慮，都會發電報來匯款銀行詢問。疑慮金額不分大小，例如曾遇到匯款三萬元台幣即被懷疑的，但是無論如何，受款行都會發電報來匯款銀行詢問。電報上都會載明一至五個問題。通常是詢問金錢來源與其合法性，並要求匯款銀行提供說明。也就是說，屬銀行對銀行的問與答。一般而言，台灣銀行匯款的承作客戶一定是與台灣銀行有長期往來的客戶。如果有任何外國銀行認為這筆錢有問題，都應該發電文。從未遇過受款銀行覺得有問題就扣住錢，也不發電文詢問的。」

那麼，不發電報詢問發款銀行便逕行扣押匯款的法國銀行又有何說詞呢？互助信貸的資深行員史帝夫・博爾紀耶先生表示：「法國銀行近年來是瘋了。一堆規定與繁文縟節。因為不當的投資，導致一連串的事情發生。」[5]

伊莎貝拉・艾珍妮也牽涉其中

史帝夫・博爾紀耶先生的欲言又止，其實想說明的正是——美國主導的國際逃漏稅追捕、處以鉅額罰款等作為，致使法國銀行必須就資金流動進行審查，此一因應舉措，反而賜予行員一把尚方寶劍，以洗錢為藉口，對顧客進行無休無止的折磨。就算真正抓到什麼，也是小蝦米，而真正的大罪犯卻根本不在法國境內。

二〇一四年七月一日，得過五次凱薩獎的國際知名女演員伊莎貝拉・艾珍妮（Isabelle

Adjani）在英屬維京群島創建了一家空殼公司 Deckert Investments Limited，並考慮在紐約增設銀行帳戶。公司由莫薩克・馮賽卡（Mossack Fonseca）掛名管理，她則隱身暗處。然而，國際調查記者聯盟（le Consortium international des journalistes d'investigation, ICIJ）的「巴拿馬文件」上線一個月後，該公司的營運數據被攤在陽光下，幕後藏鏡人的身分因而曝光，這個天衣無縫的計畫可說宣告失敗。

國家金融檢察院（Parquet national financier, PNF）的檢察官決定在二〇一六年底展開調查。根據法國媒體《快週刊》（*L'Express*）提供的信息，這位女演員將以逃稅洗錢罪被起訴。法國稅務人員並利用國際調查記者聯盟發表的巴拿馬文件，對數十名法國納稅人展開逃稅洗錢的調查。

一灘死水的法國金融體系

在國際外匯洗錢防制機構即將來台，對台灣各個銀行做出評鑑的當下，身在台灣的我們

5 根據法國財金媒體《挑戰》（*Challenges*）於二〇一四年七月一日的報導中批露：「美國當局對法國巴黎銀行徵收八十九億美元罰款，這是自二〇一一年以來，美國對銀行施加的最嚴厲的經濟處罰之一。該銀行因涉及房地產濫用行為（次級抵押貸款、取消抵押品贖回權）、操縱銀行利率、違反禁運或洗錢而招致罰款。」自二〇一四年以來，美國已經成為這場全世界的逃稅大戰中的主導國，歐盟國家的國際銀行首當其衝，成為重罰的對象。

很難想像：在法國開個戶、買個房、提個錢、匯個款竟是如此麻煩。然而，近年來，歐洲民粹主義甚囂塵上，加上法國飽受恐怖份子攻擊，原為防制洗錢犯罪的初衷，卻逐漸演變成苛政擾民。

馬克宏「讓法國再次偉大」的豪情壯志猶在耳畔，而他所標榜的「開放」、「多元」以及「科技化」、「現代化的法國」的國家政策，透過金融體系的龍頭——銀行業所顯現出來的，卻是反其道而行，竭盡一切所能地拒絕資金流動。如此因噎廢食，哪來的經濟活力？哪來的中小企業發展？中小企業沒辦法發展，又如何有未來的大企業及跨國企業產生？連原本已經承諾撥款的個人貸款，也可以瞬間反悔。雪上加霜的是，銀行員的流動性大，往往是一個人一個調，作法與標準說變就變。尚瑪莉女士更指出：「銀行現在每三個月出一個新規定，並且要求行員對客戶進行面對面的資訊更新，就算是法國客戶也一樣。」由於法國金融體系的制度僵化，除非是軍公教人員或者大企業的員工，一般人想跟銀行取得融資貸款十分困難。難怪生活在法國的人民，尤其是勞工階級中的低收入戶，毫無創業的可能。一旦失去工作，就只能仰賴微薄的失業救濟金度日，情況更糟的就流落街頭。身為中小企業主，若遇到營運困難，資金又被銀行凍結，以法國銀行冷酷無情的官僚作風，是否也難不淪落街頭？如此令人沒有安全感的法國金融體系，可能讓法國有光明的未來嗎？

我向里昂信貸銀行的行員尚瑪莉女士提出這些疑問，她的回答很有意思：「妳知道，不是銀行造就銀行，是人造就銀行。所以，人要對。若外籍人士遇到不對的人，最好的辦法就是換分行，[7]找到對的人，人對，一切就都對了！」我點點頭，步出銀行以後，我仍舊納悶，法國銀行員最常掛在嘴邊的語句就是「這是規定」，然而，真的有規定嗎？

歐威爾一九八四重現

一旦踏入法國銀行的大門，開始與這個體系打交道，顧客就得無條件接受銀行多如牛毛的規定。顧客沒有不配合的權利，只有服從的義務。

台灣的銀行同樣必須執行KYC的規定，卻是抱持著友善親切的服務態度，高效率地執行此一規定；但在法國銀行，顧客得竭盡所能地滿足行員的要求，提出一切文件以證明自己的清白。同樣是KYC程序，法國銀行員與客戶之間的關係有如警察與潛在罪犯。行員唯一想做的，竟是從顧客提供的法文版文件中，找出足以證明其有罪的證據。一個口口聲聲人權至上的國家，人權在此處卻被剝奪、箝制。無論是案牘勞形的銀行行員，或者是四處籌備文件以證明自己清白的顧客，皆在密不透風、求救無門、投訴石沉大海的金融官僚體制裡，逐漸被摧殘到窒息。

7 有居留權的外籍人士，如留學生與納稅的外籍人士，必須在一般銀行開戶，遇到狀況，只能換分行。若是無居留權且未納稅的外籍人士，便只能在針對外籍人士而設的少數銀行申請開戶。

在歐威爾的《一九八四》一書中，負責宣傳國家形象的「真理部」，透過控制新聞與傳媒、藝術和教育、娛樂事業等，將這個國家包裝成人人活在其中、快樂無比的人間天堂。實則，在這種醜惡的體制下，人性被剝奪扭曲、箝制摧殘。為了反恐，政府透過銀行限制人民使用現金、逼使民眾盡量使用簽帳金融卡消費，個人資料也因防制洗錢的規定而成為銀行檔案。拿到這些資料以後，銀行及政府到底如何使用？關於這點，人民永遠無法知曉，又該如何保護自己？聽聞法國銀行就搖頭嘆息、臉色瞬變的法國人民，不也反應出，這個由少數幾家銀行結合政府所掌控的當代法國社會，不知不覺間，已經變成歐威爾筆下世界的真實版？

Ch 4
全球化下的
法國社會與政治

只要呼口號就能獨立嗎？
法國工會擁有地表最強工會的封號，連總統也得向其低頭，為什麼？
法國報業與台灣報業究竟有何不同？
法國媒體人物與政治人物之間的關聯為何？
在歐盟各國飽受難民及移民問題困擾的當下，法國政府如何面對移民問題？
人道主義與國家安全互相衝突時，法國移民法如何拿捏政治現實與道德標準的平衡點？
全球化帶來貧富差距擴大與日趨嚴重的貧窮問題，使得街友不再是特例——當今的法國社會如何面對街友與貧窮問題？
法國也有食安問題？為什麼米其林美食王國淪為冷凍食品的國度？它所引爆的危機為何？

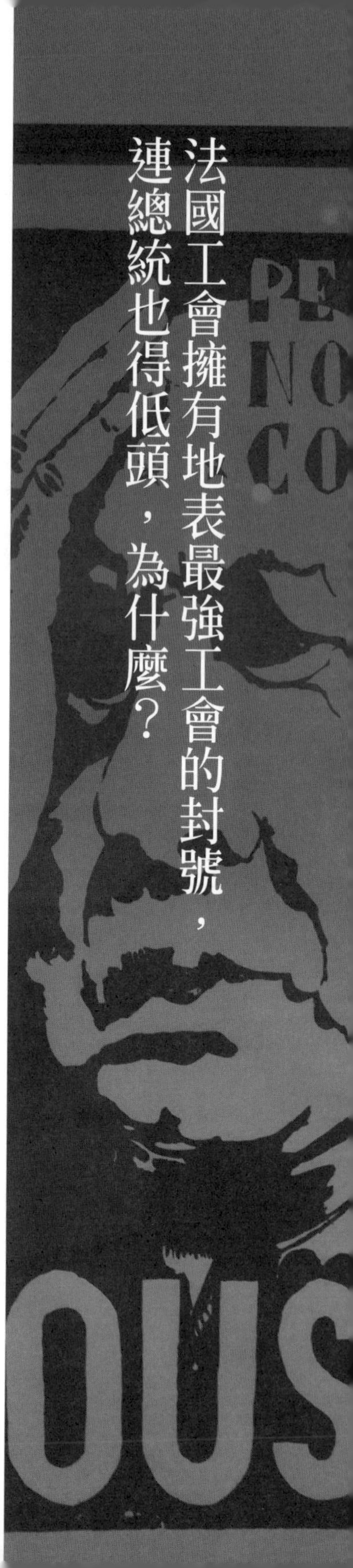

法國工會擁有地表最強工會的封號，連總統也得低頭，為什麼？

二〇一八年的五一勞動節，台灣有近萬名勞工上街頭，抗議蔡英文執政以後的勞基法二修。台灣勞工提出六大訴求——廢除勞基惡法、基本工資漲足兩萬八千元、勞保年金維持現制、保障公共服務受僱者權益、擴大工會組織效率及勞工董事法制化。每年的五月一日，變成台灣勞工集體走上街頭表達訴求的日子。這些卑微且基本的訴求，並未因二〇一八年參與者達一萬人而促成任何改變，為什麼？

眾志成城的法國工會

相較於法國工會[1]的罷工，少則數十萬，多則高達數百萬人，法台兩者之間的差距實在是天壤之別；[2]此外，由法國工會所發起的罷工，影響所及，不僅限於該職業別的勞資雙方，更是遍及各行各業；且法國工會特別重視交通、能源及垃圾轉運等民生需求面，務求在發動罷工時，藉由癱瘓社會的正常運作，逼使政府或資方讓步。由此看來，參與法國工會的勞工遠比台灣工會人數眾多囉？

剛開始，我也以為法國工會的強大來自於參與人數眾多，後來卻發現：在法國，僅只一一％的勞工加入工會，遠遠低於歐盟平均的二三％；縱然如此，卻因為當地工會歷史悠久、從過往的抗爭經驗中學得如何與資方及政府抗爭以爭取身為勞工的權益，[3]加上工會領袖深諳

1 在法國，載入《勞動法典》的工會有五個，分別為：法國總工會（CGT）、法國工人民主聯盟（CFDT）、法國工人力量總工會（FO）、天主教工會聯盟（CFTC）、法國職員工會－管理人員聯合會和執行人員總工會（CFE-CGC）。

2 根據法新社援引政府部門統計，為抗議馬克宏政府預計於二〇二二年削減十二萬個公務員職位以節省公共開支，二〇一八年三月二十二日由法國總工會所發動的全國性罷工，約三十四萬一千五百人參加，包括三十二萬五千名公務員及一萬六千五百名鐵路工人。後者反對開放鐵路部分民營化、取消終生聘用制、提前退休以及每年自動加薪的保障。而全法各地的罷工達一百七十至一百八十場。除了公務員、鐵路工人，教師、醫護人員、空服員、機師、地勤、空管人員也加入罷工行列，要求改善薪資待遇。

3 一九三六年，多達六百萬名工人罷工並占領工廠，成功爭取到有薪年假以及提高工資。法國並於一九四六年，於憲法明列「保障人民罷工權利，容許勞工透過罷工，爭取業界或社會利益」。一九六八年，學生運動期間，工會趁機發動罷工，不但逼使政府調高最低工資，更修改勞工法例，要求僱用五十人或以上的企業設有工會代表，與僱主就各項大小事務磋商，使工會在企業內部勢力大增。一九九五年，法國各工會聯合發動全國罷工，反對退休金改革，罷工維持二十四天後，當局宣布撤回方案。

謀略，往往運用「以時間換取空間」、「堅壁清野」、「合縱連橫」等策略，兩軍交戰的結果，多是政府或資方讓步。這也是為什麼每當歷屆法國政府力圖振興經濟，無分左翼右翼，總想藉由剝削勞工利益以換取資方更大利潤，犧牲勞工權益以推動政府的經濟政策時，無一不遇上法國工會猛烈抵抗，最終並以失去政權作為代價。[4]

左右政權的實力

不同於台灣，法國工會領袖從不入主中央——他們一直堅守自己的崗位，這也是他們得以贏得勞工信賴的最重要基礎。而且，工會在法國，一直具有左右總統選舉結果、撼動法國政權的實力，尤以五大工會之一的「法國總工會」，或稱「法國勞工總聯盟」（Confédération Générale du Travail, CGT）[5]，實力最為堅強。

二〇一六年為反對前總統歐蘭德強行通過勞工法改革，CGT為首的多個工會號召罷工及示威，即使最後未能阻止法案付諸表決，卻重創歐蘭德政府聲望，也是埋下社會黨二〇一七年失勢的最主要原因。正因如此，歷屆法國總統每發動勞工改革，就得面對來自工會的誓死抵抗。CGT高層塞林・菲賽勒提（Celine Verseletti）坦言，在其他國家，「罷工」往往是抗爭底線，不得不使用的最後手段，但在法國，卻是「入門款」。

自馬克宏上台前，他已矢志改革法國三十載以來居高不下的失業率問題[6]，尤其是點名要為法國勞工法動一次大手術——他稱此改革為「哥白尼革命」[7]。二〇一七年八月下旬訪問羅馬尼亞時，他更意有所指：「法國是一個不改革的國家。很多人試過，很多人失敗。因為，法國人討厭改革。」為強化法國的經濟體質，降低法國年度財政赤字至歐盟訂定的標準：GDP三%以下，馬克宏一上台便緊鑼密鼓地推動各項改革計畫，旨在復甦與改善法國長久以來積弱不振的體質。其中，尤以國營鐵路勞工法的修改所受的衝擊最劇烈：[8]因而引發法國鐵路工會

4 自一九九〇年代起，法國歷屆總統如席哈克、薩科奇、歐蘭德等，無一不嘗試修改勞工法，但至今無一人真正成功。二〇一六年，歐蘭德的勞工法案更引發學生與勞工的示威和暴動。當年矢志改革卻也因此付出慘痛代價的歐蘭德，於二〇一七年八月二十二日接受卸任後第一次訪問時，特別針對馬克宏的勞工政策改革說：「法國人不應該做無謂的犧牲。勞工市場已經夠彈性，不能再甚，否則可能帶來破壞。」

5 CGT於一八九五年九月二十三日在「利摩各」（Limoges）創立，在二〇〇八年十二月勞資調解委員會的選舉中，擁有最多的投票權（三四%）。現任祕書長為菲利普・馬丁尼茲（Philippe Martinez）。法國總工會是國際工會聯盟（CSI）和歐洲工會聯盟（CES）成員。

6 馬克宏贏得德國總理梅克爾的支持，於二〇一七年八月下旬走訪了東歐多國，除將大刀闊斧改革歐盟的經濟政策，包括設立一個統一的財政部長，並矢言在任期內（五年），將國家失業率從九・五%降至七%。

7 文藝復興時期的天文學家哥白尼提出「日心說」，主張太陽為宇宙的核心，顛覆了傳統以地球為中心的概念：不但開啟科學革命，更被視為一次劃時代的革命——被科學史學家孔恩（Thomas Kuhn）稱作「典範轉移」（Paradigm shift）——描述在科學範疇裡，基本理論從根本假設的改變。

8 自馬克宏提出配合歐盟，於二〇一九年年底，開放部分鐵路市場自由化，結束超過八十年的鐵路國營獨占事業；關閉營運不佳的偏鄉支線鐵路站，刪減近十六萬名鐵路員工的福利，包括終身僱用制、年假與病假的天數較一般公務員更長、交通及醫療補助、退休年限更短（相較於一般法國人六十二歲方可退休，鐵路工人可於五十二歲退休），用以挽救負債已高達一兆台幣（四百四十六億歐元）的法國國家鐵路局（SNCF）。此外，法國航空虧損也高達四千萬歐元。

發動長達三個月，每三天罷兩天的全國鐵路罷工潮。

為法國及歐盟經濟動大手術的哥白尼革命

二〇一七年九月一日，法國百姓引頸企盼了三個月的改革方案終於出爐。馬克宏政府公布了他上任以來的第一項改革計畫，共計三十六項措施。法國勞動部長穆里爾・佩尼柯德（Muriel Pénicaud）認為，這次修改勞動法旨在支持小型企業。法國總理愛德華・菲利普則表示，這次推出的改革措施既富野心，又很公平。但無論如何，本來就不可能讓每個人都滿意。

馬克宏形容這是一次「哥白尼革命」。他並於八月初即取得國會同意，將以總統令的形式推行改革——換言之，國會不再逐條審議，只在最後一次討論並表決「通過與否」。這樣一來，馬克宏的法案只要取得勞、資雙方的共識即可。

馬克宏的經濟改革方案主要從五方面著手：

一、**寬減稅務，鼓勵企業加聘人手**。

二、**設不當解僱的遣散費上限。裁員更為容易，跨國公司遇到的障礙更少**。但最低遣散費用從原來的五分之一調漲為每年薪資總額的四分之一。

三、**開除員工的部分規則不再受國家級法律限制，勞資雙方可就個案個別討論合約期限、待遇等**。

四、小型企業更彈性。公司員工人數少於五十人的僱主可以直接與勞工協商，不必再取得工會授權。

五、節省溝通成本，統一協商。將每家公司內負責薪水到員工健康的三大勞工委員會統整為單一窗口。

很明顯的，馬克宏的經改政策，表面上在給予勞資雙方更多的協商空間以增加就業機會，

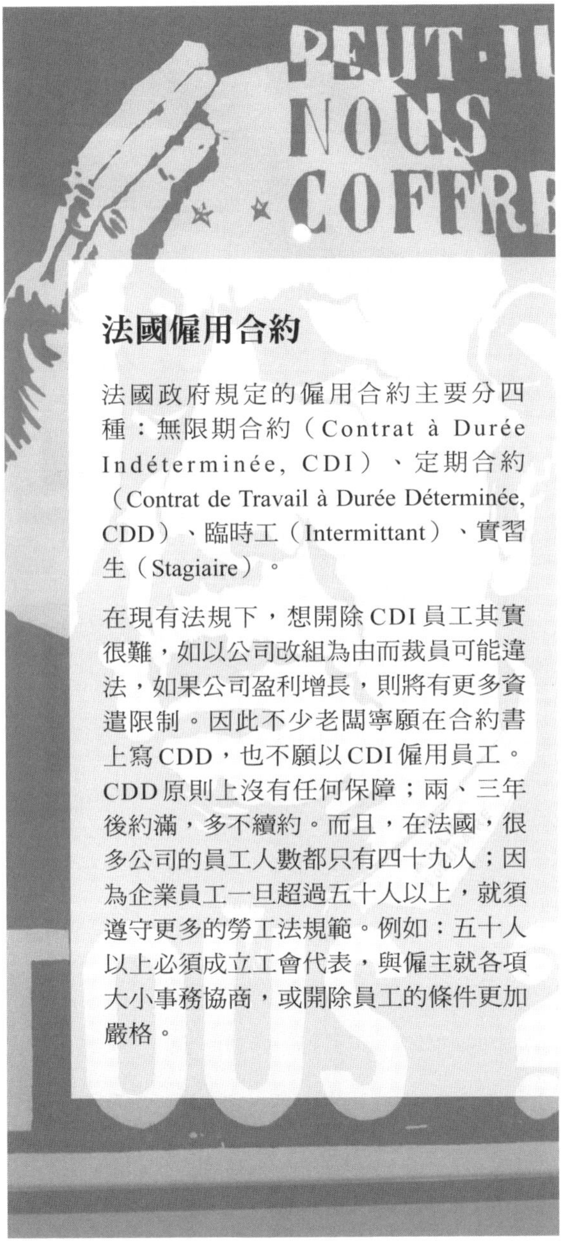

法國僱用合約

法國政府規定的僱用合約主要分四種：無限期合約（Contrat à Durée Indéterminée, CDI）、定期合約（Contrat de Travail à Durée Déterminée, CDD）、臨時工（Intermittant）、實習生（Stagiaire）。

在現有法規下，想開除CDI員工其實很難，如以公司改組為由而裁員可能違法，如果公司盈利增長，則將有更多資遣限制。因此不少老闆寧願在合約書上寫CDD，也不願以CDI僱用員工。CDD原則上沒有任何保障；兩、三年後約滿，多不續約。而且，在法國，很多公司的員工人數都只有四十九人；因為企業員工一旦超過五十人以上，就須遵守更多的勞工法規範。例如：五十人以上必須成立工會代表，與僱主就各項大小事務協商，或開除員工的條件更加嚴格。

實際上，社會天平明顯向資本家傾斜，這當然引來一向以捍衛勞工權益為政黨基本立場的左翼各黨反彈。他們理所當然地認為：一旦勞方失去法令給予的保障，將淪為資方剝削的對象。法國左翼報紙《解放報》（*Libération*）於二〇一七年八月二十八日的頭版甚至以「馬克宏，是富人總統嗎？」（Macron Président des Riches?）為標題，指責他的稅制根本是「最富有的，最被寵愛」。此報導一出，馬克宏以反對改革者是「懶鬼」與「極端人士」的說法加以還擊，招致法國總工會隨即表示：將號召群眾於九月十二日上街示威。原先於二〇一七年五月第二輪總統大選中，表態支持馬克宏的尚呂克・梅蘭雄（Jean-Luc Mélenchon）也表示將率領他的極左翼政黨「不屈服的法蘭西」於九月二十三日集會，向馬克宏的改革說：「不！」

支持與反對立場各半

但馬克宏的經改政策也並非遭工會全盤否決。在推動此經改政策以前，馬克宏用了三個月時間傾聽各工會組織代表的意見，與其磋商，使得立場溫和的最大工會「法國工人民主聯盟」表示：「雖然馬克宏無法改善與工人的關係，但也不會發起示威。」另一個主要工會「法國工人力量總工會」亦表明不會響應示威，甚至形容：「馬克宏總統乃是發自內心地『真諮詢』」。

另一方面，面對一波接一波的法國罷工潮，縱使法國人民因交通癱瘓而有嚴重困擾，卻有高達四六％的法國人寧願以走路、騎單車、滑板、享受開車族提供的免費互助共乘等各式各樣的方式來通勤，堅定地支持鐵路工人罷工。然而，仍有七六％的法國人認為鐵路自由化乃必要之改革。並且馬克宏的經改即便是在最後驚險過關，贏得歷史性的勝利，法國積弱不振的經濟赤字問題，卻未必可以迎刃而解。

歐盟的緊縮、東歐勞動人員不斷地大量湧入法國市場等問題，都將衝擊馬克宏的經改，並且挑戰史上最強的工會所能忍受的極限。這場政治哥白尼對抗地表最強工會的戰爭，不知未來將會如何收場，可知的是，結果必然影響整個歐盟的未來。且讓我們拭目以待。

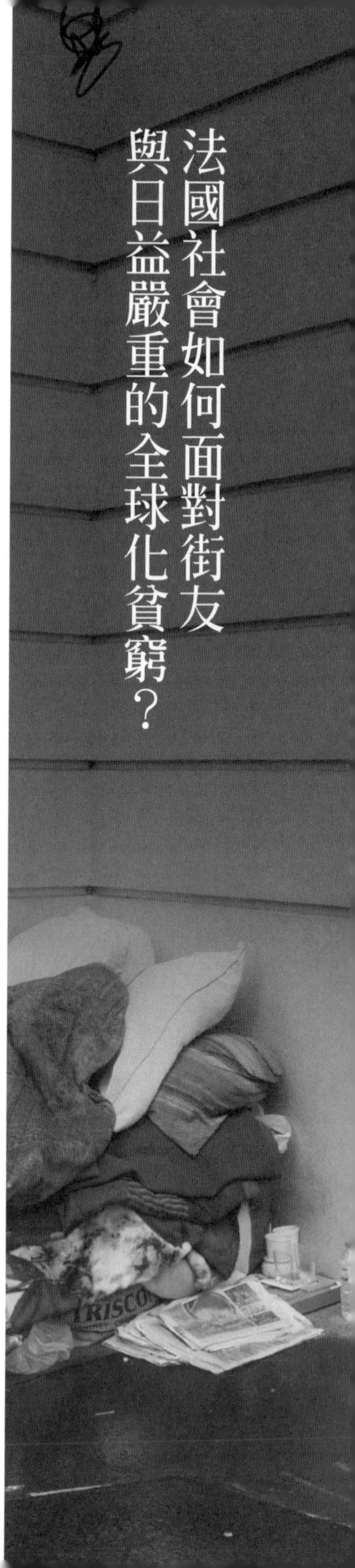

法國社會如何面對街友與日益嚴重的全球化貧窮？

社會面對弱勢族群的態度，以及執政者如何動用各種政治資源以有效幫助弱勢族群，並且回應、解決弱勢族群的各種問題，被視為一個城市乃至國家社會進步與否、是否民主的重要指標。審視台灣社會近年來愈來愈受重視的街友問題，雖然有社福團體、民間組織、宗教團體持續地給予街友關懷及照顧，但是社會大眾普遍對街友抱持的歧視眼光與偏見，卻導致我們在面對街友的處理方式，多數仍停留在強制驅離[1]，或者治標不治本的眼不見為淨[2]。究其原委，我們的社會仍停留於只追求個人的成功以及社會表象的成功，卻無法建立起一個真正成功的社會。什麼是真正成功的社會？那就是如《禮記・禮運大同篇》中所言：「……故人不獨親其親，不獨子其子，使老有所終，壯有所用，幼有所長，鰥、寡、孤、獨、廢疾者皆有所養……」。台灣社會一日無法正視，並傾社會的眾人之智與政策、各種資源解決街友問題，台灣就無法說自己是一個注重人權的社會，更不能自詡為人權進步的國家。尤其當世界各先進國家都相繼提出辦法來解決日益增長的遊民人數時，台灣更應該正視與面對這個問題，並視為國家社會未來進步與否的基本指標。

對街友的三大偏見

一看到或者提起街友，我們先入為主的觀念便是：這些都是上了年紀、酗酒，且長期在街頭流浪的無業遊民。不過事實往往與我們所認定的相反。長期以來關懷街友的法國非政府組織「巴黎社會薩姆」，現任主席艾力克・佩里耶茲指出社會大眾對街友最常抱持的三種偏見：

一、只在寒冬才難以存活

事實上，二〇一四年死於街頭的四百八十位的街友中，高達一百一十八位歿於七月至九月間。

1 應曉薇於二〇一一年十二月在議會質詢時表示：「誰往遊民身上灑水就發獎金。」引發網友與人權團體怒批「冷血」；應曉薇事後為自己的失言公開道歉。

2 二〇一六年，台北市市長柯文哲出席萬華「二〇一六老台北　新亮點」西區古蹟文化巡禮健走活動，談及萬華文化時，竟語出驚人地說：「最得意的是把艋舺公園的遊民相當程度處理掉，因為遊民洗乾淨就變遊客。」

二、街友都不想工作

根據巴黎社會薩姆的統計，曾被緊急庇護所收留者，有高達二五%的街友擁有工作，然而，他們大多數的薪資都屬於最低收入[3]，也缺少可以棲身的社會住宅。

巴黎社會薩姆
（SAMU Social de Paris）

由艾薩菲耶・愛瑪努埃利（Xavier Emmanuelli）博士於一九九三年創立的非政府組織，旨在幫助需要幫助的人。該組織原設於巴黎，後擴展為法國組織，甚至國際組織。該組織並於一九九五年十一月二十二日為街友設置免付費電話，後於一九九七年九月更改為簡單好記的二十四小時免付費服務專線一一五。一九九八年推動「緊急庇護所」。但根據另一個為弱勢群體提供住房的非政府組織，亞伯皮耶基金會（Fondation Abbé-Pierre）二〇一三年十二月份的調查報告指出：緊急求助電話一一五早已飽和。在巴黎，四三%無家可歸的人撥打這支電話，卻無法獲得住所。而在外省，這個比例高達六一%。

緊急庇護所
（Centre d'Hébergement d'Urgence, CHU）

社福機構，針對無家可歸者，進行接待、提供住房、重新融入社會、提供工作援助的功能。此一機構提供「無條件」的歡迎，也就是說，沒有選擇公眾的條件，特別是沒有居住規律的條件。

而關於住宿時間，根據住房權法（Droit au Logement, DALO）第四條規定，只要個人或家庭，沒有找到可以長期居住的居所，就可持續居住在庇護所，除非自己不願繼續住，或者違反住宿中心的規則。被安置在緊急庇護所的人，都享有繼續居住的權利，沒有期限限制，直到該名受援助者被提供適當的、穩定的住宿，或者照料的可能。

至於居住者的基本權利則和其他社福機構、社會服務及醫療社會機構相同（ESSMS）。

三、街友都是酗酒與吸毒者

根據法國國家統計與經濟研究所於二〇一三年七月發表的最新統計報告：「二〇一二年法國街友人數已經高達十四萬一千五百人次。」但僅有一小部分街友是藥物或酒癮患者。而餐風露宿的生活，也易使一部分街友轉而依賴酒精或毒品以尋求心靈安慰。尤其寒冬，酒精會讓街友心生「可以讓身體溫暖起來」的錯覺。

街友不是道德問題，是不義的制度使然

因綿延不斷的戰亂而起的國際難民潮，以及全球自由市場化使本土製造業不斷外移、工廠關門，工人一夕之間失去生活依靠。而在全世界居高不下的失業人口中，尤以四十多歲中年失業的人數比例最高。這些中年失業者除了既有的專業，多半無其他一技之長；加上就業市場偏愛年輕勞工，造成他們二度就業困難，很容易就淪為遊民階級。

除此之外，每當景氣亮起紅燈，銀行多半停止融資中小企業——這對中小企業主更是雪上

3 保證最低工資（Le Salaire Minimum Interprofessionnel Garanti, SMIG）。二〇一八年扣稅後淨額為每月一一四八・九六歐元、二〇一九年扣稅後淨額為每月一一七一・三四歐元。該法律於一九五〇年二月通過，於同年八月二十三日起實施，卻反而成了最低薪資凍漲的依據，直到十二年後，才允許集體談判薪資的自由。

加霜，造成倒閉的情況不可勝數。在筆者調查街友主題的數年期間，無分巴黎、紐約還是台北，企業主因經濟不景氣而破產，或因罹患惡疾而淪落街頭者所在多有。更何況，政策連帶影響產業興衰；如停塑環保政策的倉促實施，致使台灣塑膠袋工廠一夕之間破產。而不良的政策更有如毒藥，凶狠之極，可能造成企業倒閉。此類案例比比皆是。比如當今台海兩岸政策急轉彎，直接影響台灣各地的觀光產業，飯店、夜市小吃攤、伴手禮品業、百貨業、觀光景點業者，撐不下去而拉下鐵門停止營業者，所在多有。

再加上各地不斷攀升的物價、房屋租金以及房地產價格，導致全世界的街友人數暴增。二〇〇八年至二〇一八年間，光是法國，街友人數的成長率便增長了五〇％；其中，女性街友的人數更激增七〇％，[4]這意謂著：露宿街頭的女性遭受暴力侵襲的事件也隨之增加。

愈來愈多女性街友及汽車避難所

美國女性紀實攝影家瑪麗艾倫・瑪克（Mary Ellen Mark）曾在加州的北好萊塢拍攝一系列照片，主題是因流離失所而住在汽車裡的人們。她於一九八七年拍攝的照片「車裡的達姆家庭」（The Damm Family in Their Car, Los Angeles, California, USA 1987）[5]曾震驚全世界。而今，達姆汽車家族的生活景況在美國已不再罕見，愈來愈多工人因為租不起房子而被迫睡在車上，美國社會稱他們為「新類別」。這種例子在加州屢見不鮮。一些城市甚至決定為其提供夜間免費停車，以暫時紓解這個日益嚴重的社會問題。

住在那裡的人沒有地址，也沒有住所。唯一的避難所就是他們擁有的最後財產——汽車。其中，近四〇%的人有工作，例如四十六歲的丹妮爾，她原本在會計事務所上班，收入穩定，但自從二〇一二年失業以後，她便失去了一切。目前是兼職的上班族，與女兒住在車內。一個月僅有兩千美金的微薄收入，根本無法負擔房租。儘管她坦承「討厭這種生活」，卻無能為力。對住在車裡的人來說，每天要解決的問題不少，像是淋浴、在停車場裡找到一個安全的地方等等。而他們每日果腹的食物可能只有麥當勞這類速食，丹妮爾的健康與身材便因此每況愈下。

根據華盛頓州西雅圖郡二〇一八年六月無家可歸人口普查揭示，過去一年，居住在露營車和其他車輛上的人數激增了四六%。根據《治理》（*Governing*）雜誌的報導：「在住房市場昂貴的城市，如洛杉磯、波特蘭和舊金山等地，這個問題正『爆炸』開來！」

4 二〇一八年，光巴黎一地便有五千多名女性流落街頭。她們為了保護自己免受暴力，竭盡所能地隱藏自己。而巴黎社會薩姆專為女性而設的緊急庇護所數量更是少之又少。

5 該圖請參見波士頓美術館網頁：https://www.mfa.org/collections/object/the-damm-family-in-their-car-los-angeles-california-653797

《生活》（*Life*）雜誌請瑪麗艾倫・瑪克前往拍攝達姆家庭。這是一幅無家可歸的家庭肖像，由於貧困，他們被迫住在車裡。這輛車是這個家庭最重要的一員。為了探尋車中這位小女孩的現況，一九九四年，瑪麗艾倫・瑪克再次拜訪達姆一家，卻發現他們仍受暴力及毒品所困。

美國住房和城市發展部（U.S. Department of Housing and Urban Development）的數據顯示，自二〇一〇年以來，美國境內無家可歸的人數便不斷增加。並且，約有三分之一無家可歸者被描述為「無遮蔽的人」（Unsheltered），包括居住在街頭、車輛上的人。西雅圖大學助理教授兼無家可歸者權利宣傳項目主任莎拉・雷金（Sara Rankin）表示：「汽車避難所的問題在全國各地皆然，而且看起來，在空間相對有限的城市地區，這問題更為顯著。」

無家可歸和貧困的國家法律中心（National Law Center on Homelessness and Poverty, NLCHP）對美國境內一百八十七個城市的政策進行一項調查，發現在過去十年中，禁止車輛居住的禁令數量增加了一倍多。該單位於最近的一份報告中說：「就像戶外露營和睡覺禁令一樣，全市皆限制車輛居住，可能會使無家可歸者無法居住在社區中。倘若強制執行此類禁令，將使無家可歸者面臨用水問題，也可能一下子失去安全的住所、交通工具，或個人物品被竊。」

正如美聯社二〇一七年指出：「矽谷中也有相當數量的『無家可歸而居住在車輛者』。他們被僱用，但無法找到經濟適用房。蘋果、谷歌和惠普等科技巨頭的總部附近，都可以見到這些車房者。」根據全國低收入住房聯盟（National Low Income Housing Coalition）的數據，全國極低收入的租房者面臨七百二十萬套出租房短缺的問題。

全國無家可歸者聯盟（National Coalition for the Homeless）主任梅根・胡斯廷斯（Megan Hustings）說：「很多時候，許多社區都沒有正式的住所服務。一旦你失去你的家，人生就會從那時開始向下墜落。我們可見到人們因此在車上居住了幾週、數個月，甚至於幾年的時間。」

因為尊嚴寧睡街頭

法國國家統計與經濟研究所於二〇一二年初時，針對兩萬人口以上的行政區進行調查統計，有十萬三千位成年人，曾至少使用過一次「緊急庇護所」或者「食物救濟站」。而這十萬三千人中，八萬一千位成人無家可歸。這些人身邊有將近三萬名孩童，並且，超過一半是外國籍。

但是，當我詢問多位巴黎街友以後，得到的答案皆如此：「我寧願睡在街頭，也絕對不去緊急庇護所。」為什麼？「你去那裡，看你能不能待上超過一個小時？馬克宏總統應該去那裡親眼看看，什麼叫作『人權』？」

筆者前往十八區的緊急庇護所。該中心有個很好聽的名字「麵包店」。但是當我詢問曾經入住此地的街友以後，他們告訴我：「一進去，裡頭的尿味屎味撲鼻而來，老鼠四處流竄，食物不吃還好，吃了會讓你生病！身邊都充斥著酒鬼、毒癮者及病患，打架、偷竊的事件頻傳。怎麼敢待？如果待下去，我可能不是病了，就是沒命！」

或許因為緊急庇護所給予街友的印象是既不安全又不衛生，絕大部分的法國街友一提起它就猛搖頭。他們表示：「要撥打緊急電話，首先，你得有一支電話呀！」因為撥打一一五這個緊急求救號碼所需要的時間不是一兩分鐘，而往往是長達一到兩小時的等待——撥號、掛斷、再撥、好不容易總算撥通以後，又被切斷、再撥，直到撥通以後告知今晚沒有位置，或好不容易有床位以後，到了現場，可怕的景象卻讓人根本無法成眠。這也難怪受訪街友們會發出如此令我心驚的話語：「為了尊嚴，我寧願在寒冬的夜晚不停來回踱步，也絕對不要踏進收容中心。」

為街友爭取居住權的社會暨公民運動

二〇〇六年十月底，巴黎寒冬將至，奧古斯丁・羅格朗（Augustin Legrand）、帕斯卡・烏瑪格洛夫（Pascal Oumakhlouf）及羅楠・戴內塞（Ronan Dénécé）三位年輕人策畫了一場前所未有的活動——和遊民一起露宿街頭，希望能喚起公民社會對遊民基本權利的重視。他們在巴黎南邊的聖馬丁運河旁搭起兩百多個帳篷，得到許多巴黎市民的積極響應以及媒體關注，激起公民運動的新氣象，並直接衝擊二〇〇七年度的法國總統大選的選情。[6]

這些年輕的社工要求政府：將法國中途之家的數量從既有的三千所增加四倍；停止緊急制度，延長收容時間[7]；將居住權放在和醫療權以及教育權一樣的重視高度；提供陪伴、心理輔導及酒癮毒癮戒除扶助。

雖然政府原先承諾三萬個床位，但八個月過後，政府僅增加了一萬四千個床位，七千位街友依然露宿街頭。他們決議再次發動抗爭。這次是在聖母院搭起兩百五十座帳篷。但此次行動

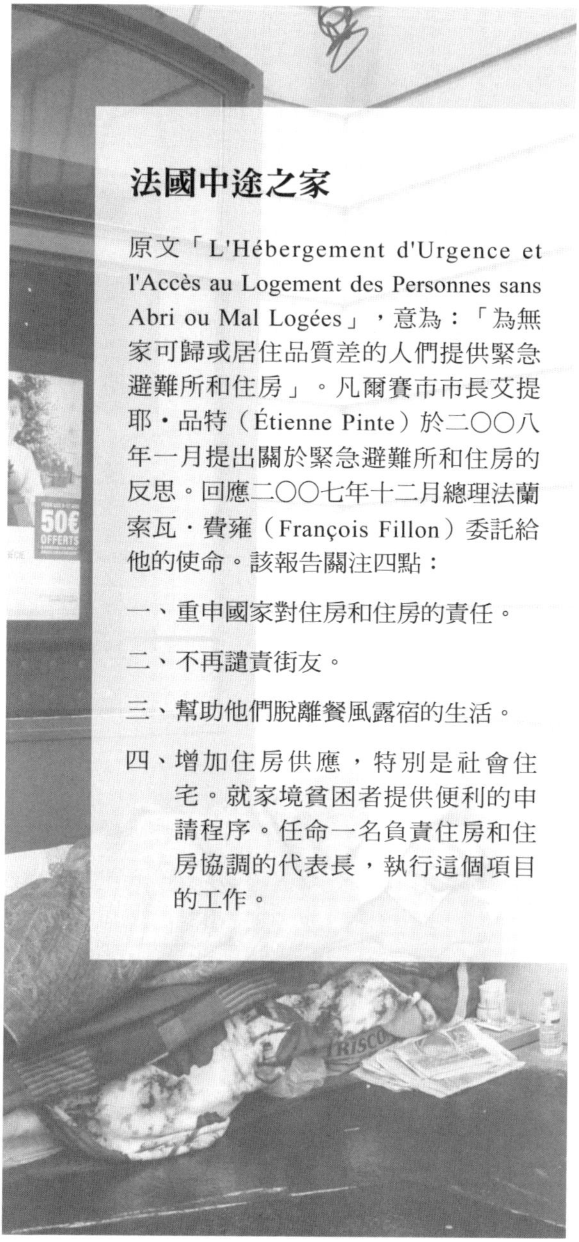

法國中途之家

原文「L'Hébergement d'Urgence et l'Accès au Logement des Personnes sans Abri ou Mal Logées」，意為：「為無家可歸或居住品質差的人們提供緊急避難所和住房」。凡爾賽市市長艾提耶・品特（Étienne Pinte）於二〇〇八年一月提出關於緊急避難所和住房的反思。回應二〇〇七年十二月總理法蘭索瓦・費雍（François Fillon）委託給他的使命。該報告關注四點：

一、重申國家對住房和住房的責任。

二、不再譴責街友。

三、幫助他們脫離餐風露宿的生活。

四、增加住房供應，特別是社會住宅。就家境貧困者提供便利的申請程序。任命一名負責住房和住房協調的代表長，執行這個項目的工作。

---

6 由社工發起的抗爭運動及公民意識的覺醒，乃至影響政策的擬定與行政資源的投入，這段過程，皆以影像記錄下來，稱為「唐吉軻德的孩子」（Les Enfants de Don Quichotte）。

7 依規定，當天晚上十一點前必須進入接待中心（Centre d'accueil），隔天上午十一點前必須離開。對身障人士以及活動地點離收容中心有相當距離的街友而言，舟車勞頓以及重新撥打一一五以換得再住一晚的權利，都令他們望之卻步。

卻沒有獲得席哈克時代的人性對待。尼古拉・薩科奇於二〇〇七年當選總統後，他們與街友被警察強制驅離現場，帳篷被拆除，這場未竟的社會運動因而宣告失敗。

試想，如果這場運動是成功的，二〇一八年的今日，露宿巴黎街頭的遊民數量或許不會不斷激增。

了解社會變遷從精確的統計開始

不過，二〇一七年走馬上任的領土凝聚力部長朱力安・戴諾蒙帝（Julien Denormandie）卻表示：「巴黎的街友人數僅五十多人。」這句話一出口，引發政治風暴。後來他雖然改口：「所指的是打電話到緊急庇護所的人數。」但已經突顯一項事實——自二〇一二年起，法國國家統計與經濟研究所便再也沒有任何更新的統計，顯見法國政府並不重視當今法國社會的遊民問題。這與馬克宏所公開承諾「二〇一七年底，不想再看到任何人露宿街頭」的理想是南轅北轍的。

任何一位巴黎人於上班、上學、回家或者購物途中，在地鐵車廂內、候車月台或公車站，都可能見到數量驚人的街頭遊民，往往一天下來，每位巴黎市民所遇到的遊民數量，都不只是朱力安・戴諾蒙帝口中的五十人。遊民，已經變成巴黎街景的一部分。

為此，巴黎女市長安妮・希達爾戈（Anne Hidalgo）決定於二〇一八年二月中組織巴黎第一場「團結之夜」（Nuit de la Solidarité），並公開召募至少一千名志工；參考紐約前市長彭博精準統計遊民數量的方式[8]——將巴黎依地理位置畫分為三百五十個區域，每個區域派出三至五人組成的調查小組，每個小組的負責人都是一名受過專業訓練的社會工作者，並且接受過人口普查的特定培訓；再由二到四名也同樣接受基本培訓的志工，於晚上十點到次日凌晨一點間進行街頭巷尾的地毯式搜索，並對每一位未入睡的街友做匿名的問卷調查，務求極大化程度的精準。最後，巴黎市政府做出來的調查報告是，在巴黎境內的遊民人數不少於五千名。而這個數字，有極大可能是被嚴重低估。

光看這個數字報告結論，便可知針對街友的統計，法國仍無法達到如英國一般的精密準確。根據英國《衛報》（*Guardian*）公布的最新數據：四千七百五十一人。這是二〇一八年三月，英國針對秋季露宿街頭者所做出的調查。他們並做出一年內增加一五%的估量。英國住房部長（Le Ministère du Logement Britannique）對此提供解釋：「自一九九八年以來，在已知或懷疑有此類問題的地區，如果他們估計該地區有十名以上無家可歸者，地方當局就會被要求進行年度統計。二〇一〇年六月，除了已進行統計的地方當局以外，沒有進行街頭統計的地方當

8 彭博先生於二〇〇二年至二〇一三年間擔任紐約三屆市長。任期內，他將數據作為診斷和理解社會問題的工具，然後據此指導公共行動。市政府並針對諸如街頭安全或無家可歸者等主題，發起了一系列非常精準的研究。

局，也被要求在特定的夜晚估算出街友的人數。二〇一七年，所有的英國地方當局都提交了無家可歸者的數據，其中一七％的地方當局實際進行統計，八三％則以估算方式提供數值。」

務實的芬蘭治本不治標

十年來，赫爾辛基制定「住房優先」政策，也就是無條件地為所有無家可歸者提供公寓。二〇一七年，芬蘭住房部部長發表了一份報告，其中描述：「芬蘭境內無家可歸的人數從一九八七年至二〇一六年間，已從原來的一萬八千人下降到六千七百人。」芬蘭人口僅有五百五十萬，每年有將近一半的時間，氣溫都低至零下二十度，若無親人相助，要在寒冬的街頭求存，無疑送死。

芬蘭政府於二〇〇八年啟動「住房優先」政策，旨在徹底改變無家可歸的現象。八〇年代時，芬蘭採取「階梯模型」的獎勵政策，旨在以房屋獎勵那些積極重返就業市場的無家可歸者。但長遠來看，這樣的制度仍不足以根除遊民問題。所以，芬蘭當局決定扭轉潮流。其立基便是老生常談的原則——幫助無家可歸者，從讓他們頭上有瓦，腳下有地開始。同時，沒有附加任何條件。

國際金融危機期間，芬蘭政府甚至採取雙重措施以貫徹執行憲法規定的這項權利。十年來，芬蘭建造三千七百所房屋，收購數千戶的老宅改造為避難所，以回應住房需求的緊迫。另外，無家可歸者可在沒有收入的情況下得到幫助、重拾尊嚴、建立自信。每天，他們都由社福人員陪同尋找工作，並且逐步恢復身心健康，重新融入社會，找到工作以後支付房租。這一原則並不排除患有精神疾病或者成癮的人：透過說服，他們也能夠住在公寓裡。這一計畫更獲得芬蘭最大的社會住宅總裁朱漢・卡克依恩的全面支持。

圖拉・蒂安娜從一九八〇年代起，便身為這個計畫的首要顧問，根據她的說法：「八年內挹注二・四億歐元，最初的投資可能看起來很高。然而，卻有大利益可圖！相較於建立緊急求助系統的花費，它的成本是一半。因為緊急護理和醫療保健的減少，允許我們每年從每位居民身上節省一萬四千歐元的開支。」對比於台灣或法國處理街友的態度，芬蘭人處理街友的方式，讓我們看到的是更多的信任與尊重。因為芬蘭對於人的信任與其自由的尊重，使得「人權」二字不再是空談，不再僅就冗長的、永無休止的統計數字進行纏鬥、爭論其真假與否，而是解決問題。

對抗貧窮是一場永無休止的戰爭

二十一世紀的今日，街友所暴露的貧窮問題，觸碰到社會每一個階層。我們除了應該認真思考並真正面對、尋求解決貧窮問題的根本之道，更應理解：解決街友問題，是台灣社會走向真正的民主人權必經之路。就如亞伯皮耶基金會創始者阿貝・皮埃爾[9]這位終其一生為窮人的權利奔走疾呼者所言：「貧窮無法控制，它只能不間歇地重複抗爭。」從雨果的《悲慘世界》，到見證二十世紀下半葉至二十一世紀初貧窮的阿貝・皮埃爾神父，以他們的思想與行動，為貧窮注入最深刻的悲憫，使得人道主義以及《禮記・禮運大同篇》的理想不再是空談，而是人類社會為了美好世界的可能而付諸實踐的良善。

9　阿貝・皮埃爾（Abbé Pierre, 1912-2007），法國天主教神父、國會議員及社會運動家，是席哈克總統口中的現代「法國傳奇」。一九五四年創「Emmaus 運動」，在三十九個國家推動「非宗教組織團體致力於反社會排斥」。一九五四年在收音機裡為無家可歸者發出憤怒的呼喊以來，他的生活信條就只有一個：「喚醒社會良知，為窮人、流浪漢、為被剝奪和被損害者尋求福利和救濟。」一九九二年二月十一日創立亞伯皮耶基金會。在最受愛戴的法國人評選中，阿貝・皮埃爾連續十七年被授予這一項殊榮，直至他主動退出評選。二〇〇五年，全法電視觀眾把他評為法國有史以來最偉大的三個人之一，另外兩人是法蘭西第五共和國締造者戴高樂將軍，和「巴氏殺菌法」的發明者路易・巴斯德。

當人道主義與國家安全互相衝突時，法國如何面對移民難題？

行政院國發會於二〇一八年五月十五日公布《新經濟移民法》草案，修法的初始目的，其一：考量現行移民相關法規，台灣僅針對外國專業人才及基層勞工有相關規範，但針對中階技術人力之引進及留用並無相關機制。其二：旨在因應國內日益嚴重的少子化、高齡化所引發的產業發展所需的人力短缺、人才需求。雖然國發會強調這次《新經濟移民法》的規畫重點為引進中階外籍技術人力，如工業及生產技術員、機械設備操作等職業類別，但就事實面來看，台灣移民已經呈現高出低進現象。根據勞動部資料，近年來的外籍移工已破六十二萬人數，以產業勞工及社福外勞為主。外籍專業人才聘僱雖有增加，但僅約三萬一千餘人。[1]此外，新法規

1 見國家發展委員會於民國一〇六年十二月二十八日公告新聞稿。

定囊括四大面向：分別是外國專業人才、中階外籍技術人力、投資移民、海外國人及其後代。但特別指出原受聘於產業或社福的外籍勞工，累積工作年資達六年以上者，僱主可分別以平均薪資第七十分位[2]的月薪留用。符合條件者也可申請永久居留或歸化為國民。

若仔細研究這份新法規定，不難發現，台灣所謂的移民中階人才的規格，是以薪資作為主要參考標準，而且門檻標準相當低，如月薪資標準達到三萬兩千元的社福人力，即達台灣移民法規所謂的「中階人力」標準。但以這樣的薪資來評量是否構成入籍的標準，無疑是變相地合法引進低端人力，勢必造成與台灣本地勞工競爭。另一方面，中階外籍技術人力若之後連續居留七年、平均每年只需在台一百八十三天，即可申請永久居留或依國籍法申請歸化為我國國民，享有國民待遇，日後恐對台灣社會福利資源造成愈來愈大的衝擊與負擔。

從勞工短缺到勞工過剩

如今，各國都在搶人才。歐盟從二戰結束以後的三十餘年間，大力引進低端人力以彌補本地勞工市場人手的不足，轉而走向如今嚴格控制移民數量，並且拉高入門門檻。其背後的理由，有其歷史根源。

二戰後的三十餘年間，政黨政治多為左右翼分享權力，在法國及義大利，即便是共產黨，也只是擔任次要角色。有鑑於一九二〇年代的世界經濟大蕭條從而導致的世界經濟崩潰，與接踵而至的二次世界大戰爆發，因此戰後由政黨和企業、勞工和中產階級攜手合作，建立全民健保、慷慨的失業救濟、家庭津貼、住房津貼以及免費念大學等社會福利計畫。當時的西歐受益於經濟富裕繁榮，失業率極低：一九七〇年西德失業率僅〇・六％，英國二・二％，法國二・三％——法國稱此三十年為輝煌歲月。然而，自一九七〇年代起，全球逐漸產能過剩，激進的勞工運動伴隨而至，企業利潤下滑，經濟年成長率不斷衰退乃至腰斬，失業率上揚至少四倍：如一九六〇年代西歐年均失業率為一・六％，至一九七〇年代晚期，飆升至七％以上，義大利更是飆升到一七・二％。隨著經濟下滑，政府稅收減少，社會福利支出快速增加，赤字不斷攀升，乃至無力支付國際支出，財政入不敷出，英國與義大利甚至向國際貨幣基金求助貸款以紓困。

在經濟富裕的年代，西歐各國為解決本地勞工短缺的問題，不斷引進外國人民，法國引進北非前屬地人民，德國大量引進土耳其移民，英國引進來自巴基斯坦和印度的勞工，丹麥及瑞士也不遑多讓，對各種想要工作的移民開放邊界。此一時期，因為經濟繁榮，反移民聲浪皆被掩蓋，移民也被視為是協助地主國發展經濟，而非與本地勞工爭飯碗的競爭者。同時，他們也被視為最終仍會返回故鄉的「暫時性居民」。但事實證明並非如此。

---

2 平均薪資第七十分位是指，將薪資由高至低排列後，薪資級距排名超過前七〇％者。依此水準，並採產業、社福薪資水準分流原則，產業人力月薪四萬一千三百九十三元，社福人力三萬二千元的中階技術人力適用。

從一九五〇年代初期的勞工數量短絀，到一九七〇年代出現勞工過剩，西歐停止正式召募外國勞工，甚至對外勞提供財務誘因，幫助他們順利返鄉。然而，最後卻造成來自西歐富裕國家以外的歐洲勞工，如葡萄牙、希臘等地勞工傾向返鄉，來自非洲及中東地區的勞工卻選擇留下來。[3]更甚者，透過移民法規，將一家大小連同親屬全都接到歐洲。西歐與北歐等富裕國家的社會福利制度十分健全，自然吸引多數的外籍勞工寧願留下來也不願返鄉。其中，以來自北非中東地區的穆斯林移民人口比例占最大宗。

信奉一夫多妻制的穆斯林男性移民的家眷，往往動輒高達數十，甚至於百人。對於因優渥的各項社會福利政策支出，導致財政捉襟見肘的歐盟各國來說，一人成功，百人得以受惠的穆斯林移民，自然成為頭號不受歡迎的外國移民；此外，幾世紀以來的宗教戰爭及殖民恩怨所埋下的舊恨尚未撫平，而近年來方興未艾的伊斯蘭國散播的恐怖主義思想，在西歐及北歐各國的穆斯林二代移民心裡催化生根，有如在這些國家內部埋下一顆隨時都可能引爆的不定時炸彈。[4]這種種因素，都導致反移民聲浪日益升高。

拒絕低端及中階，只要最高端人才與富翁

自從馬克宏政府執政以來，已經扭轉法國對於低端及中端人才的引進及需求，轉而以具備財力、高端技術能力、創新創業實力的國際人才為吸納對象。

法國推出「人才護照」，目的在於吸引願意為法國經濟做出貢獻的受薪或非受薪外籍專業

人士定居法國。

不過，法國的「人才護照」表面上看起來容易申請，實務上卻是困難重重。[5]當台灣還在思索如何因應低端及中端人才荒時，法國政府已主張：「一國的未來奠基於其所擁有的一流人才數量的多寡」。二〇一七年六月中旬，法國總統馬克宏在公布這項政策時，一反其道，特別以英語發表：「在這個世界上，有些人以為『築牆』才是解決問題的方法時，我則認為『開放』才是正途。」馬克宏這番刻意用英語發表的談話，被認為是針對採取圍牆關稅保護

3 非洲及中東兵連禍結，導致國內民不聊生，比起經濟衰退的歐洲各國，其經濟狀況及社會安全更糟糕。

4 來自非洲與中東的移民人數呈倍數增長。一九八〇年至二〇〇五年間，光丹麥一國的非洲移民人數增長率就高達五二〇％，占該時期移民人數的九成。第一代移民通常在製造業工作，而如今的移民，不是失業，就是在旅館、餐廳或建築工地從事當地人民不願意做的卑微工作。近年來，來自東歐羅馬尼亞的移民潮湧入，與北非移民相互競爭，取代其工作，特別是在建築與水電、室內裝修領域。因語言、生活習慣、文化風俗、宗教信仰與當地社會有較大差異，北非移民多群居在法國的巴黎、馬賽，比利時的安特衛普、布魯塞爾，荷蘭的鹿特丹，丹麥的哥本哈根市區或者郊區的貧民窟，形成與當地文化與在地社區全然分離且自成一格的穆斯林區——不但是當地治安的死角，也是犯罪的溫床。平日連警察、公車都不敢進入，形同國中之國。

5 根據法國在台協會提供的資料顯示，赴法申請居留證者，必須提供生活無虞證明，包括經濟來源、定期利息或租金收入、退休金帳戶等等，至少須符合法國二〇一七年最低生活所需，即法國最低工資（SMIC）每月最低一千四百八十・二七歐元的標準，即每月約五萬三千二百九十元台幣收入，並且出示總金額至少一年，即六十四萬元台幣的財力證明。

人才護照
（Passeport Talent）

核定標準如下：

- 必須為一家法國知名企業或機構所僱傭的資深僱員或高資深僱員。
- 知名的「年輕創新型企業」企業主與其團隊。
- 與僱主同屬一家國際公司。
- 在法國企業內擔任公司代表。
- 公立或私立高等教育或研究機構高資質僱員[6]。
- 在法國創建企業或控股法國企業。
- 直接參與經濟投資。
- 帶來公共機構認可的經濟創新計畫。
- 具國內或國際聲望的文學或藝術作品的作者。

申請者需要超過三個月的工作合約或定居期限。通過該「人才護照」申請，可以在到達法國之日起，最多連續停留四年。此外，此簽證也允許申請人的家庭成員陪伴其來法居留，配偶及年滿十八歲的小孩也可以在法國從事職業工作。

（資料參見法國簽證官方網站）

主義的美國總統川普。馬克宏總統明示將盡速啟動「科技簽證」，讓各國頂尖的高科技人才、創新者與創投家盡快拿到法國居留許可，並以多項優惠，吸引各國頂尖人才來法國，讓法國成為「科技創新創業國家」，[7]一同致力於開發綠色科技、食品科技、人工智慧，追求一切可能的創新。

值得留意的是，自從法國積極引進外國科技人才以來，原本想去英國的印度高端科技人才紛紛轉而投入法國的懷抱。每當入夜，巴黎街道上就充斥著早出晚歸、不會說一句法文的印度移民。然而，他們並非世人早年所認知的印度移工，在餐廳端盤子、洗碗，或在成衣廠沒日沒夜地操作縫紉機，甚或在車站搬運貨物以賺取微薄收入的低階移民，而是擁有科技頭腦、受過高等教育的數學與ＩＴ界一流人才。

恩威並濟的哥倫布新移民法

然而，就在馬克宏持續推動法國成為對高端移民友善國家的同時，根據二〇一七年夏天所進行的一項關於移民調查的結果卻顯示，六三％的法國受訪者認為法國移民人數已超過自身所能承受的負荷，大多數法國民眾也支持緊縮移民政策。有了民意的加持，為了控管移民數量並做有效的庇護，馬克宏和內政部長傑哈・哥倫布（Gérard Collomb）著手推動新移民法《移民庇護法案》（la Loi de l'Asile et l'Immigration）。不過，自傑哈・哥倫布於二月十四日在部長會議提案以來，這個法案就因缺乏人性而飽受各方抨擊。《世界報》（*Le Monde*）更於報導中直

6 所謂「高資質僱員」，係指：（1）工作合約有效期等於或超過一年；（2）具有的文憑能夠證明其在國家承認的高等教育機構中，至少學習三年，或能提供五年同等職業學習經歷；（3）薪資至少為移民部所確定的年均參考工資的一・五倍（從二〇一六年六月開始為三萬五千八百九十一歐元）。

7 馬克宏在參加一項科技展的開幕典禮時公開表示，他將取消種種有礙優秀人才居留法國的限制，並且要求立即研擬「科技簽證」計畫：高科技人才、工程師及創業投資者及其家人，只要符合審核標準，就能以最快速度，拿到被稱為「人才護照」的法國四年居留許可。

陳：「儘管談話中展現對難民的歡迎，但不管從哪個角度來看，都可見企圖嚇阻難民前來。」

該法案將拘押非法移民的時間從原本的四十五天延長至九十天，此點遭左翼議員批評不人道，右翼議員卻希望增至一百八十天。該法案並計畫縮減處理庇護申請案的時間，從原本的九個月縮短為六個月，而申請庇護者遞件申請期限由一百二十天縮減為九十天。對於被駁回者，仍可上訴，但上訴期限從一個月縮短至十五天。非政府組織認為：「兩週時間根本不足以讓未通過者有足夠時間進行證據蒐集。」此外，關押在滯留中心等待被遣返的非法移民，法官介入並做出決定的時間也由原來的五天縮短至四十八小時。允許警察對庇護所的移民檢驗身分，若發現違法情事，將處以長達五年監禁與七萬五千歐元罰款。諸如此類的修法措施，遭致多個人權團體批評此法乃屬對移民的暴力行為，並已涉及侵犯人權。

傑哈・哥倫布為法案辯護時表示：「在移民管控和有效施行庇護權間獲取平衡。」菲利普總理則表示：「法案是建立在人道和效率兩項原則基礎上。」無論如何，對於前往法國工作的國際人才以及留學生的行政管道，法國新移民法是更為便利與簡化；但對於非法移民及難民的庇護申請程序，卻變得困難重重，例如讓警方得以針對未在庇護申請機制之列的移民者，進行拆毀其營地帳篷，強制驅離[8]的舉措，並以法律限制個人或組織等對其提供援助。[9]

辭彙類比引爆爭議

儘管這個法案無法令左右翼政黨以及人道救援組織任一方滿意，傑哈・哥倫布卻仍於二〇一八年四月三日晚上起，將之提交國會審查。他辯稱：「有些地區正在被瓦解，因為他們被大量尋求庇護者『淹沒』。」他同時又警告：「光二〇一七年，便提交了近十萬份庇護申請。如果我們仍然沒有反應，那麼，法國每年將迎接數十萬人，我們能想像每年建造一座中等規模的城市以容納這些難民？」

共產黨代表譴責傑哈・哥倫布以領土被「淹沒」，整座「城市」接納難民等詞彙；這些詞彙似乎更著力於激化想像，而非理性和平地討論解決問題的辦法，並以「恐懼政治」達成溝通目的。部分共和前進黨黨員對此一危言聳聽的言論也表示遺憾，史黛拉・杜朋（Stella Dupont）便如是說：「某些地區正面臨尋求庇護者的大量湧入。但與法國人[10]相比，十萬人的

8 巴黎市長安妮・希達爾戈與內政部長傑哈・哥倫布原屬同一政黨，但兩人卻為了巴黎的難民營問題而爭辯不休。位於第八區玻佛廣場上的難民營已於二〇一八年五月二十四日拆撤。五月三十日，安全部隊啟動巴黎最大規模的難民營撤離行動。小城市廣場上的難民營被媒體稱為「千年營」（Camp du Millénaire），安置了一千七百多名來自阿富汗、伊拉克及敘利亞的戰爭難民，全數被遷往位於巴黎十六區的旅客接待中心。

9 依據法國刑法 L622-1 條：「任何人透過直接或間接的幫助，便利或試圖便利外籍人士入境法國、在法國境內流通或非定期停留於法國」係屬違法行為，為此將判處高達五年徒刑以及三萬歐元罰款。「連帶責任罪」（Délit de Solidarité），此一不存在於法律文本中的概念，也因此出現在新聞報導及社群媒體評論。

10 根據法國國家統計與經濟研究所（INSEE）的統計，法國二〇一七年人口數量增加了二十三萬三千人，達到六千七百二十萬人，增長率為〇・三%。INSEE 宣稱，儘管法國新增人口數量已連續三年下降，但仍是歐洲生育率最高的國家。INSEE 還稱，法國目前六十五歲以上的老年人口比例達到一九・六%，較二〇一七年初時的一九・二%有所增長。

數量非常少，我們可以做一個簡單的計算，但領土配置則與此分析毫無關聯。」國會議員德爾菲・巴卡麗（Delphine Bagarry）也說：「這個言論有點令我震驚，透過這些詞彙，已冒著玩民粹主義遊戲的風險。」[11]

與此同時，法國出現另一起在道德上完全背道而馳的作法：曾參與總統選舉的候選人、埃松省國會議員、市長、「法國站起來」（Debout la France）黨黨主席尼古拉斯・杜朋艾紐（Nicolas Dupont-Aignan），於二〇一六年一月十七日，在推特發送「遷徙的入侵」（Invasion migratoire）此一言論：「二〇一六年，社會主義者透過移民入侵，彌補了出生率的下降。現在，法國人口的結構變化了！」被法院判決試圖煽動仇恨、民族歧視。並必須賠償五千歐元。

唯一反對票

儘管內部反對聲浪不斷，經過長達六十一個小時的辯論，國民議會以二百二十八票贊成、一百三十九票反對、二十四票棄權通過該提案，該案通過主要歸功於馬克宏所屬的共和前進黨的支持。橫跨右翼、左翼，甚至極右翼政黨「民族陣線」都有議員投下反對票！但會議間，共和前進黨唯一一位投下反對票的議員尚米謝爾・克雷蒙（Jean-Michel Clément）在投下反對票以後，旋即宣布退出該黨。

在議會的三百一十二名共和前進黨的代表中，尚米謝爾・克雷蒙成為唯一一位敢對「控制移民和有效庇護權」法案投下「反對」票者。他如此說：「在這個問題上，一如其他的法案，像是生命倫理學與生命終結的法律。我認為，我只是遵循我的良心來投票。終其一生，作為個人、律師以及政治人物，我的價值觀，都圍繞著簡單的信仰，也就是自由、正義和謙遜所建立。我始終將『人』放在我關注的中心。顯然，在我們投票的法案條文中，『人』都是最微不足道的考量。男人、女人或孩童，總是迂迴地出現在法律每一條文的末端，[12]並且，每一項修正都是以另一種考慮的形式出現的。[13]」在非關預算案的審查中，政黨通常不會用開除黨籍的方式來威脅黨員；尚米謝爾·克雷蒙選擇從多數群體中「休假」，那意謂著：退黨！

法國的新移民法讓我學習與了解何謂政黨政治運作。就算在同一個政黨中，也能容許有不同的聲音，且媒體樂於將不同的聲音放在一起並陳，讓民眾可以了解各式各樣的意見，從中取得自己的參考準則。此外，從新移民法的提出與推動，可見身為執政黨考慮的是大多數民意，

11 法國一向注重詞彙的定義，要求精確且恰當地使用。能夠精準地運用一個語言，代表其政治與外交人物思想的高度與包容性。「淹沒」此一詞彙之所以引發眾怒，乃是因為傑哈·哥倫布是前社會主義者，此語出自他的口中，實在令人出乎意料。遷移性「淹沒」的概念，指的是數字超過的概念，迄今為止，侷限於極右派和最激進的右派言論。民族陣線黨黨主席瑪琳·勒朋也樂意使用與城市規模相似的比喻，多次激動地以「偉大的替代」此一偏執理論回應移民問題。她如是宣稱：「二〇一一年，法國再也不能允許每年進入一個等同雷恩的人口。」

12 此原文乃為法語中諷刺的表述。暗喻「人」都是最微不足道的考量。

13 此原文乃諷喻政府考量總以「經費預算」為主要考量。

而非堅持總統一人己見。[14] 考量到國內現實情況，卻也對優質移民放寬窄門。這一體兩面的法國新移民法[15]，奠基於政治現實考量，卻也因此犧牲西方一直以來標榜的人道主義精神。但是，相較於義大利以及歐盟各國甚囂塵上的民粹主義，或許不能贏得所有人的認同，卻不失為遏止民粹主義繼續在國內滋長的一則有效藥方。

---

14 二〇一七年總統競選時，馬克宏就民族陣線針對穆斯林以及移民的攻擊表示堅決反對，但當二〇一七年在法國申請庇護者達到十萬人次時，他卻一改初衷，加強控管法國移民，以回應日益升高的民粹種族主義。

15 來自馬利的二十二歲青年馬穆杜・加薩馬（Mamoudou Gassama）因赤手空拳於三十秒內攀登四樓陽台拯救小孩，而被馬克宏總統接見，並且獲得法國十年居留證，因為他彰顯了法國價值。後來他因為身手矯捷而被法國消防隊邀請加入團隊。事後，不少沒有辦理移民手續的非法移民走上街頭，宣稱要攀爬艾麗榭宮以換取合法居留權。

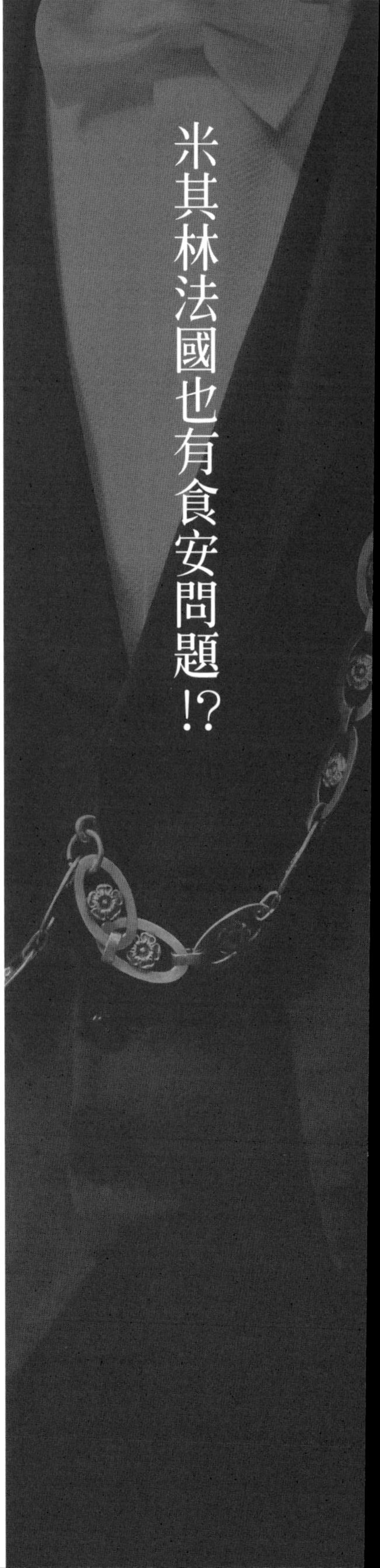

米其林法國也有食安問題!?

法國必比登及米其林指南於二〇一八年三月六日及三月十四日分別公布台灣餐廳入圍及獲獎名單；一時間，台灣餐飲界籠罩於幾家歡樂幾家愁的情緒裡。台北人更是藉由對這兩份得獎名單的品頭論足，表達自己獨步天下的美食觀點。與此同時，法國社會卻開始關注「加工食品」（AUT）[1]的組成成分、包裝及烹飪方式可能引發的疾病，尤其是癌症。

為什麼是加工食品？

1 食品研究專家安東尼・法德（Anthony Fardet）說：「『加工食品』分成兩種。一種叫『偽食品』，偽食品的本質乃完全重組，幾乎不含真正的食物，如汽水、優酪乳、巧克力棒等。另一種是『經過處理的即食餐』，它含有真正的食物，但塞滿了添加劑和其他成分。」

飲食習慣改變

自一九八〇年代起，加工食品大量充斥市場，營收占市場五〇%左右，這都肇因於法國人在料理上的時間愈來愈少，以及飲食習慣的改變，舉法國人日常生活的主食麵包為例，過往，法國人會前往傳統麵包店購買剛出爐的新鮮手作麵包，現在，他們更傾向在超市、大賣場內購買大量生產的工業麵包。

法國人也開始食用工業製造的甜食、含糖飲料、加工肉製品（肉丸、雞塊、加了添加劑的火腿等等）、即沖即食的速食麵以及調味湯包、冷凍食品等。

今日，每個法國人花在食物上的金額已經大幅下降，從一九六〇年代占收入的三五%，下降為二〇一四年只占收入的二〇%。然而，根據法國全國統計及經濟研究所的統計報告，同一時期，每位法國人卻增加約一・一%的食物消耗量，也就是說，食物變得愈來愈便宜。這聽起來似乎是天方夜譚，但其結論背後，卻揭露出這個事實——大量生產與激烈的市場競爭，導致加工食品的價格不斷被壓低。經銷商對供應商、製造商及工廠，拚命壓低價格以獲取更大的利潤，而供應商為維持利潤，購買的原料也是力求最低成本。

媒體關注

根據二〇〇九至二〇一七年間，食品健康網（NutriNet-Santé）的問卷調查，研究者發現：

法國人對加工食品情有獨鍾。法國人飲食習慣的大幅改變，促使這些研究員進一步深入研究所謂的加工食品。

研究過程中，食品健康網也發現：一般而言，加工食品並未有清楚的定義及明確的規範。但相較於一般傳統食品，它含有更高的油脂，尤其是飽和油脂，糖分及鹽的含量也往往偏高；而相較於傳統飲食，加工食品的纖維質及維他命含量明顯不足。

歷經八年的長期研究中，食品健康網針對癌症患者所做的二千二百二十八份有效問卷得出以下結論：「飲食中，如果提高一○%的加工食品攝取量，會增加一○%罹患癌症的風險，尤其是乳癌。」一般癌症的罹患率增加六%至一八%；乳癌的機率則增加二%至二二%。這份調查報告顯示：生活方式、飲食的質量，與個體健康息息相關。此報告一出，法國人愈來愈擔心，食用加工食品達一定比例以後，對身體健康所造成的危害。

專業機構介入

法國專業機構，像是全國保健和醫學研究所（Institut National de la Santé et de la Recherche Médicale, INSERM）、國家農業研究所（Institut National de la Recherche Agronomique, INRA），以及巴黎第八大學附設的索爾邦巴黎城市流行病學和統計研究中心（Centre de Recherche Épidémiologie et Statistique Sorbonne-Paris Cité），也對「加工食物的營養與健康之

間的關聯」展開研究，他們分別對法國境內十萬五千位民眾展開飲食習慣的調查。此外，一篇關於法國加工食品與癌症的研究報告，發表在極其嚴肅的《英國醫學期刊》（*British Medical Journal*），該份調查研究指稱：「消費加工食物與癌症風險的發展之間是有關聯的。」

全國保健和醫學研究所指出：「我們並不能假設加工食品較低的品質是造成疾病的主因。但，加工食品中的添加物[2]，以及最終與食物接觸的容器，如塑膠容器中的雙酚A[3]，也會產生一定程度的影響。除此以外，較差的食物品質首先會導致發胖，肥胖本就會提高罹癌的風險；與此相反的是，如果飲食中攝取大量的纖維質，會降低罹患結腸癌的比率。」

為了讓研究報告能夠更精確，從事此調查的機構著手另一個研究：食品添加物。評估這些添加物的使用情況，並研究其對健康與慢性病的潛在影響。研究者將於報告中公布這些工業食品的商標和商品名稱，並考慮不同品牌的添加物多寡所造成的差異性。

正反辨證

綜合以上的調查成果，全國保健和醫學研究所指出：「加工食品引發癌症的問題雖不能立刻做出結論，然而，這次的調查結果，卻可以作為將來對更大的人口基數進行調查時的重要依據。」

在《英國醫學期刊》的一篇社論裡，作者強調，所有的調查研究一開始都只能作為觀察的參考，不能當成立即的結論，還需要更深入以及更專業的研究。也有雜誌指稱：「抽菸與不愛運動者，他們是加工食品的最主要消費客群。」此外，「加工食品」此一名詞錯綜複雜，鮮少被營養科學家們使用，倫敦國王學院（King's College London）的湯姆・桑德斯（Tom Sanders）認為：「這種分類似乎是任意的，並且基於這樣的假設，即工業加工食品的營養和化學成分與家庭或工作坊產生的不同。事實並非如此。」

法國對於「加工食品」的研究爭議，卻也暴露出一個不爭的事實——那就是，想要維持健康，就得盡量採用新鮮食材，並且避免摻入人工添加劑，最後就是盛裝食物的器皿，以耐熱玻璃、陶器、瓷器或者不鏽鋼來代替一次性的塑膠，避免讓身體接觸、吸收環境荷爾蒙，以降低罹患癌症的機率。

反觀台灣，自從一九七九年相繼爆發米糠油中毒、假酒事件以來，食品安全問題已是每況愈下。及至二〇〇三年，更從每年一起食安事件，發展成每年爆發好幾件食安危機，牽連的人數以及範圍已經愈來愈多、愈來愈廣。

---

2 食品添加劑指的是，為了保持味道或增強口感、改善外觀，添加到食物中的物質。某些添加劑已經使用了幾個世紀，例如，用醋醃製，或用鹽醃來保存食物，以及用二氧化硫來保存葡萄酒。隨著二十世紀下半葉加工食品的出現，引入了愈來愈多的天然和人工合成的添加劑。

3 雙酚A（Bisphenol A, BPA）又稱為酚甲烷，為一種化工原料。由於雙酚A的結構類似雌性激素，被視為一種荷爾蒙干擾物或內分泌干擾物。

隨著當代社會的進展，當冷凍食品與加工食品日益頻繁地出現在我們的日常生活裡，似乎愈發不可或缺時，可有人嚴正檢視其食品添加成分可能導致對人體的傷害？以人口密度而言，台灣洗腎人口已是世界第一。[4]因食物毒素累積而得到肝癌的人口比例也居高不下。跟老人失智直接相關的阿茲海默症密切相關的防腐劑，在台灣從未被予以正視及專文探討兩者之間的關聯。大量的人工甘味、化學調味包、食品添加劑、毒麵粉、假酒、以工業原料製作食品、基改食物、造假的食用油、核災地區食品安全的控管、過期食品、有毒飼料以及回收雞蛋等等，都因為台灣檢測食品安全的人力非常有限、檢驗設備也因經費不足而無法與歐美日的食安水準相提並論；再加上台灣食品安全法律的不健全，一旦東窗事發，罰責也是極輕，商業利益卻又過於龐大，每每使得心存僥倖者，不斷地鋌而走險。

看到法國社會如此重視加工食品與冷凍食品對人體健康的危害，並且透過立法、食安觀念的宣導，以及嚴格的食品安全檢驗把關機制，有效地遏阻與防制不良食品流竄市面。以美食王國自居的台灣，從政府到民間，卻似乎都不以黑心食品以及高濃度的含糖飲料四處氾濫為意。老百姓怎麼能夠在享受美食的同時，毫不在意能否吃出健康、吃得安心？

4　根據二〇一八年七月十八日《商業周刊》新聞指出，台灣洗腎人口已達八萬五千人，密度高居全球之冠。

法國報業不仰賴廣告收入也能存活，靠的是？

台灣媒體自從報業解禁以來，百家爭鳴。但不論是網路媒體、平面媒體，或者電視媒體，似乎都很難跳脫強烈的意識型態主導。法國的報紙當然也有意識型態，也不諱言自己的政治主張，像是走中間路線的《世界報》（*Le Monde*）與《巴黎人報》（*Le Parisien*）、偏左的社會主義路線的《解放報》（*Libération*），以及極左的共產主義路線的《人道報》（*L'Humanité*）、被法國民眾描述為「法國吃魚子醬的左派人士的半官方機構」的《新觀察家》（*Le Nouvel Observateur*）、標榜戴高樂主義與自由保守主義的法國第一大報《費加洛報》（*Le Figaro*）、由法國的羅馬天主教會創辦，採羅馬教會的立場，報紙內容也以宗教訊息為主的《十字架報》（*La Croix*）、法國政壇商界宣稱唯一會懼怕的週報《鴨鳴報》（*Le Canard enchaîné*）逢星期三出版，以諷刺聞名、《查理週刊》[1]是另一本法國政治諷刺雜誌。不過，無論是哪個報紙媒體，均以傳統紙媒及數位電子報兩種方式並存，消費者均需付費，才能夠取得全文閱讀的權利。本質上，法國政府以法律來保障並支持知識有價的觀念。

《世界報》與《解放報》

先就法國知識份子與勞工最愛閱讀的兩大報紙，《世界報》與《解放報》，一窺法國傳媒如何透過報紙來傳遞知識、建立系統知識的管道。

不同於台灣報紙的花花綠綠，法國報紙的編排普遍都樸素。內頁雖然圖文並茂，但均以長篇大論的文字論述為主。報紙廣告則以文化、教育類為核心，金融與精品廣告最多不超過一則。甚至多年以來，《世界報》除了廣告頁為全彩以外，內頁均以藍黑兩色印刷，直到年前改版才稍做調整，允許新聞照片也以彩色呈現。有趣的是，《世界報》用以搭配內文的圖片往往極其低調，刻意淡化色彩，避免圖片喧賓奪主，著重讓讀者的焦點仍停留於文字本身。

走左翼路線的《解放報》則完全與中間路線的《世界報》相反，極其重視圖片，還會為新聞圖片舉辦年度精選回顧。儘管如此，《解放報》仍是相當具有實力的傳媒，文章以深度的專題報導見長，專為弱勢群體及社會的不公不義發聲。

一九七四年四月十八日，在尚保羅·沙特的保護下，《解放報》得以成立。一九七四年，沙特辭職以後，路線由極左轉向民主社會左翼路線。一九七八年，該報不再提起任何毛澤東思想。《解放報》的共同創辦人之一塞吉・居雷（Serge July）甚至宣稱該報為「自由主義、自由主義者」。今日，它的編輯線堅守中間偏左及民主社會左翼路線，讀者以左翼知識份子與勞工階級為主。

走專題報導為主的路線，週一至週五共有三十二頁，週六、週日併刊，頁數約四十多頁至五十多頁，依內容多寡而定。常設欄目有：

「大事件」（Évènement），以三至九頁的篇幅來報導國內事件。比如黃背心運動就曾占據九頁篇幅，連續數天刊載，極盡深入地報導；法國24小時新聞台（France 24）拍下芒特拉若利（Mantes-la-jolie）區的青少年學生揹著書包跪在地上，面對牆壁、排成一排、雙手抱頭蹲低的畫面，此張影像引起全國譁然，《解放報》也以三頁篇幅加以介紹。

「世界新聞」占四頁，法國國內新聞占九至十頁。

「想法」（Idées）有四頁，內容在邀請海內外各界菁英，針對不同事情提出看法，或以人

1 原名為《切腹週刊》的《查理週刊》創刊於一九七〇年十一月，時值法國前總統戴高樂過世，在該月內容中，它因嘲諷戴高樂而遭禁，發行團隊決定更名為《查理週刊》（*Charlie Hebdo*），重新發行。這個名字來自查理布朗（Charlie Brown）的《花生漫畫》裡的主角人物，因為《查理月刊》長期刊載《花生漫畫》，因此用查理・布朗作為週刊的名字。《查理週刊》發行團隊選擇這個名字，也暗藏了嘲諷夏爾・戴高樂的意思。

物採訪的方式來表述。

每天都有不同的主題，比如週一是音樂（五頁），週二是藝術以及《紐約時報》精選（四頁），週三是電影（七頁），週四介紹書（五頁），週五是戲劇（五頁），週末是影像（十頁）、音樂（六頁）、書（八頁）、食物（兩頁），以及關於《解放報》出版品的編輯室報導（三頁）。

《世界報》創刊於一九四四年十月，前身為《時報》（*Le Temps*）；二次世界大戰前，曾是最著名的上流社會報紙之一。該報創始人為法國抵抗運動記者余白・伯夫梅利（Hubert Beuve-Méry），一九四四年，他在戴高樂將軍的促成下，接收《時報》，將之更名為《世界報》，並於同年十二月十八日重新問世。創刊號發行日期為一九四四年十二月十九日，當時僅只一頁。一九九五年十二月十九日開始發行網路版。

不同於《解放報》偏重國內大事件，四十二頁左右篇幅的《世界報》更側重國際新聞以及經濟、企業相關議題。排版上首先以四頁的篇幅來報導世界要事，隨後才是長達八頁的國內新聞。但是兩者的頁面也會因事件的重大性而調整篇幅。比如台灣發生九二一大地震時，《世界報》就以多達八頁的篇幅來分析台灣與法國本地的地質結構，並且介紹地震發生時的應變措施，頗具教育意義。此外，為因應氣候變遷與暖化問題，特闢一至二頁的地球（Planète）專題，培養國人關於地球暖化及氣候變遷的共識。接下來是一頁的訊息刊登，如國際藝術家過世消息、某某出生、紀念某人、簽售會等。或者一頁的「國際視野」（Horizons）、四頁的文化、一頁的電視、一頁的人物專訪或者一頁的時尚、兩頁半的辯論與分析（Débats & Analyses）、一頁半的專欄。每天都有多達六至八頁不等的經濟與企業（Économie & Entreprise），偶爾也穿插針對經濟主題所做的剪報整理（Dossier）。前述的這些多為常態性主題，接下來，還有每日主題報。

週一為八頁的「時代」（Époque），探討當代社會的各個層面與各種不同的現象及問題。週二無特定專題，週三共四頁的「文化」，以電影為主題，並有八頁的「科學及醫學」（Science & Médecine），偶爾還會不定期地出版四頁的「市長建設者」（Maires Bâtisseurs），專刊討論市政建設。週四有一頁的「公告」（Communiqué）以及多達六頁的「教育」主題，以探討大學與學院的教育為主。週五有十頁有關「書籍」的特刊以及一本M世界報雜誌。週末有四頁篇幅報導「體育」（Sports），多達七頁篇幅的「想法」以及一頁關於「影像」的探討。偶爾還會不定期地出版「額外專題」（Supplément Spécial），以與時事互動。比如，當黃背心運動發生三週後，出版四頁的「社會關係及不平等」（Inégalité et Lien Social）。

透過這兩份意識型態立場左右不同的紙媒，我們不難理解法國菁英、知識份子及勞工所側重、關懷的主題大不相同，故也創造了法國內部截然不同的兩個世界觀與人生觀。而這兩種相異的意識形態也創造了法國不得不彼此妥協的左右共治的政治經濟生態。

資本與傳媒自主性

二十世紀九〇年代以來，隨著數位出版以及二〇〇二年免費報紙[2]的問世，法國報業的銷售量普遍下滑。各家媒體都因讀報人數的下滑而面臨經營困境，就連被法國人民譽為知識份子的報紙——最重要的紙媒《世界報》，也遭逢一場空前危機。

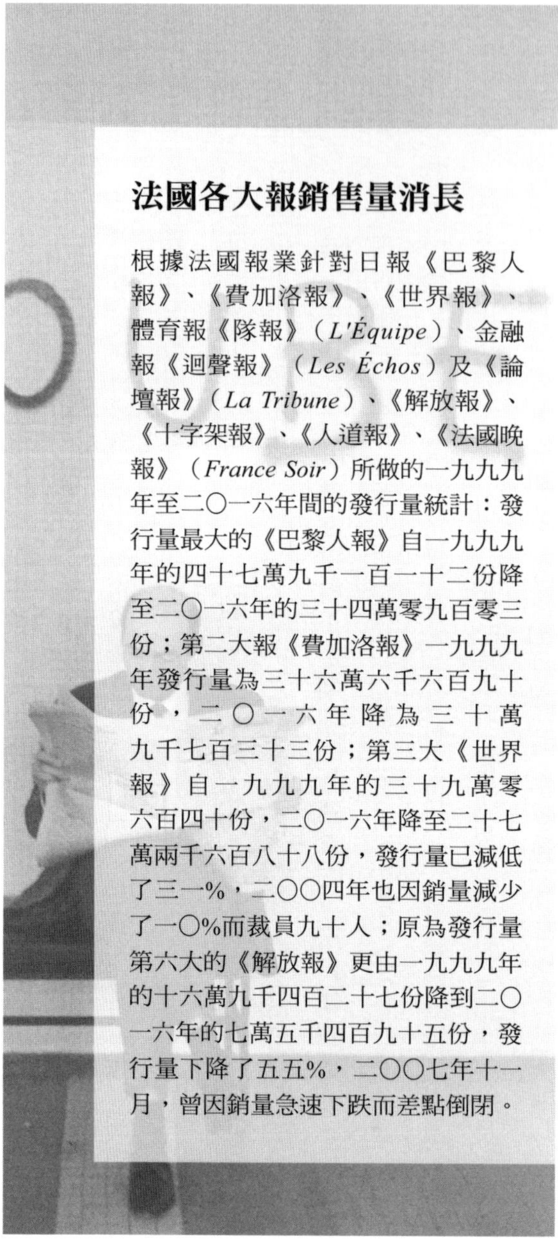

法國各大報銷售量消長

根據法國報業針對日報《巴黎人報》、《費加洛報》、《世界報》、體育報《隊報》（*L'Équipe*）、金融報《迴聲報》（*Les Échos*）及《論壇報》（*La Tribune*）、《解放報》、《十字架報》、《人道報》、《法國晚報》（*France Soir*）所做的一九九九年至二〇一六年間的發行量統計：發行量最大的《巴黎人報》自一九九九年的四十七萬九千一百一十二份降至二〇一六年的三十四萬零九百零三份；第二大報《費加洛報》一九九九年發行量為三十六萬六千六百九十份，二〇一六年降為三十萬九千七百三十三份；第三大《世界報》自一九九九年的三十九萬零六百四十份，二〇一六年降至二十七萬兩千六百八十八份，發行量已減低了三一%，二〇〇四年也因銷量減少了一〇%而裁員九十人；原為發行量第六大的《解放報》更由一九九九年的十六萬九千四百二十七份降到二〇一六年的七萬五千四百九十五份，發行量下降了五五%，二〇〇七年十一月，曾因銷量急速下跌而差點倒閉。

危機源自這家備受世界注目的法國傳媒，面臨最大的股東易主，連帶影響了人事布局以及編輯群最重視的自主性問題：包括報紙的編輯，以及選題的獨立性，皆受到嚴重的質疑。《世界報》與《解放報》一樣，有內部規則以確保其記者的自主權，通過無記名投票批准任命總編，並有一份章程，明文規定訊息處理的原則。然而，這些牢不可破的規則似乎隨著幕後股東的易主而開始鬆動。

二〇一八年十月二十五日，《世界報》的兩大股東，Free電信業者的創始人艾扎菲耶・尼爾及馬提甌・彼卡斯（Matthieu Pigasse）透露，已將《世界報》控股公司四九％的持有股份出售給捷克商人丹尼爾・克雷丁斯基（Daniel Křetínský）[3]。

然而，這個接納新大股東投資法國媒體《世界報》的重要決定，自始至終，《世界報》編

2 創刊於二〇〇二年的《法蘭西地鐵報》（*Metro*）是一份在地鐵裡免費取閱的日報，目前已在巴黎、馬賽、里昂等多個城市的地鐵裡設置免費取閱點。此外，同樣創立於二〇〇二年三月十五日的《20分鐘報》（*20 Minutes*）是法國免費報紙的領軍者，主要向上下班的地鐵乘客免費發放，提供政治、經濟、房產、電影、文化、體育、科技等方面的新聞，每天擁有的讀者量達到四百三十萬。二〇一四年第一季度擁有五〇％的市場份額，目前在法國、西班牙、瑞士等地的地鐵站供免費索取，已經超越第一大報《巴黎人報》，成為發行量最大的報紙。

3 捷克律師和商人。他是Energetický和Průmyslový控股公司的董事長兼董事之一，也是足球俱樂部AC斯巴達布拉格的共同擁有者。二〇一四年開始，他成為捷克媒體公司捷克新聞中心的所有者之一，旗下媒體包括捷克共和國最受歡迎的日報Blesk。

輯部都被蒙在鼓裡——沒有採訪記者，因此沒有問題，更沒有回答，也沒有保證。既然沒有公開說明股東會議間到底決定了哪些事，編輯部當然也不可能知情。一般慣例，如果媒體需要更多的投資以利發展，前提得確保所有股東——無分新、舊，均接受在報社機構內，以透明的方式進行勞資雙方的對話，並且努力讓媒體高層了解與評估新投資者的意圖。

為什麼法國主要平面傳媒《世界報》與《解放報》如此關注大股東易主一事？可以從之前丹尼爾・克雷丁斯基積極購買其他法國的重要傳媒，如《瑪麗安娜》（*Marianne*）後的作為窺見原因。丹尼爾・克雷丁斯基也買下了該報的絕大部分股權，但這位新股東完全沒有依上述程序來進行溝通，甚至報紙在資金易主以後，意識形態突然轉變。這正是《世界報》編輯群關注的焦點所在。

在法國，往往媒體的股權結構改變，也會影響該媒體的意識形態。同樣的，作為「第四權」的法國媒體，也始終難以與政治保持距離，更難有效地肩負起監督政府、批判不當政策的作用。我們可以論定，法國媒體與政治的關係，一直是密不可分，甚至是相互依存。

最新的一個例子便是法國馬克宏政府於二〇一七年八月任命電視記者布魯諾・羅傑博迪（Bruno Roger-Petit）出任艾麗榭宮的新聞發言人。此消息一出，法國輿論群情嘩然。當媒體界與學術界都一致要求政媒分離的同時，卻忽略了法國媒體自創立之初，就在政府與社會大眾之間扮演著不可或缺的關鍵角色。此外，法國政府對於國內傳媒的監管及控制，始終不曾有片刻停止。法國國有媒體，如法國國際廣播電台（ＲＦＩ）、法國24小時新聞台等，也承擔著對外宣傳法國的重責大任。

受皇室資助而誕生的第一份法國報紙

法國報業[4]開始於十五世紀。由於印刷機日漸普及、紙張價格下降，第一批印刷刊物問世，以小冊子或廣告張貼的方式來傳播社會重大事件、演講。十七世紀，隨著工業革命以及教育水準的提高，法國媒體的數量與印量都倍增。

不過，法國報業史第一份被公認為報紙的《公報》（*La Gazette*），發行於一六三一年，創辦人泰奧弗拉斯・勒諾多（Théophraste Renaudot, 1586-1653）獲得路易十三的首相黎胥留（Armand Jean du Plessis de Richelieu,1585-1642）刻意扶植，不但有政府的資金挹注，更獲取宮廷的第一手消息，加上編排簡潔、明確，使得《公報》成為發行量大、普及面廣、讀者眾多、品質最高的法國報紙。一六三四年，該報甚至還出版詳細描述重要事件的「號外」。一六三五年，法國報業幾乎被該報所壟斷。

一六四二年黎胥留首相過世，一六四三年國王路易十三駕崩，勒諾多自此失去靠山，旗下

4 法國研究者認為，必須符合以下兩點的新聞和訊息傳播，才可以稱其為報紙：一、德國人約翰內斯・古騰堡於一四五〇年發明了活字印刷術，故以印刷機器印出的文字為準。二、週期性。

的事業也相繼沒落，唯獨報紙依然存活下來。投石黨動亂[5]期間，為保護年幼的路易十四，勒諾多將報紙委託給兒子，自己跟隨王室逃出凡爾賽宮。對王室的忠誠，使他有生之年贏得「國王史官」一職。直到六十七歲，他方以高齡辭世。

法國報業的多元及多樣性與文化政策密不可分

由此可見，法國政府在報業、媒體發展的軌跡上，扮演著遠比英、美政府更為積極的角色。也正因為如此，相比英、美，法國媒體顯少受商業化影響，換言之，法國報業對於商業廣告的依存度，遠沒有台灣、英、美媒體那麼高。就報業來說，在法國，絕大多數的報紙主要依賴的收益來自發行量，而非廣告。攤開法國的報紙，以平日三十二頁，售價二歐元，週末五十六頁，售價二・七歐元的《解放報》為例，三十二頁的報紙內文中，竟僅有三個小幅廣告。共有四十二頁，平日售價二・六歐元，週末加一本雜誌，售價四・三歐元的《世界報》，在三十六頁報紙內文中，僅有一頁全版廣告，以及七個小尺寸廣告，這七個廣告中，還有兩個是電影廣告。

為什麼法國報業得以不仰賴商業體系而存活，並且報紙內容的質與量都遠比台灣報紙優秀？很大一部分原因是來自於法國政府的資助。

法國政府對所有的報紙均提供一般性補助。比如電話費、傳真費、郵寄費等津貼。而更多的法國報紙，即便發行量遠低於十五萬份，依然能夠如常出刊，並且保有一定程度以上的新聞專業及水準。比如羅馬天主教的《十字架報》、共產黨的《人道報》、極右的《法國今日報》（*Aujourd'hui en France*），以及左派的《解放報》等，在經營困難時期均獲得政府的直接資助，為的是保障法國報業的多元及多樣性。

獲得政府資金的法國報業，以及營運仰賴市場廣告收益的台灣報業，兩者生態自然大不相同。就某種程度來說，政府透過補助形式，或多或少會對媒體施加無形的影響，就算這影響似乎不太明顯。除了報業經營方獲得政府資金的挹注，從事報業的記者，也因政府針對法國媒體人在個人所得稅所給予的優惠政策而獲益匪淺。

政治立場堅定的法國媒體

每逢總統大選期間，平日隱而不顯的法國媒體的意識形態就表露無遺。為了支持自己擁護的黨派候選人，這些報紙無不卯足了勁，積極投入大選的輿論戰。

5 投石黨動亂，或稱福隆德運動（Fronde），發生於一六四八至一六五三年間，是一場緊隨著法西戰爭（一六三五年至一六五九年）而爆發的法國內戰。當時的攝政王為馬薩林樞機主教，其支持者遭巴黎民眾以投石器發射石塊破壞窗戶，種下此次動亂的種子。投石黨動亂共有兩次：議會投石黨（the Fronde of the Parlements）和貴族投石黨（the Fronde of the Nobles）。在五年的動亂中，將近一百萬法國人死於暴亂。（參見維基百科資料）

法國媒體本身的政治意識形態和立場鮮明，無論是全國性或地方性的法國主流報紙，各自都擁有強烈的政治立場。法國著名的《世界報》被認為是中間路線偏左的知識份子報，主要讀者多是金融業主管、大學老師、高學歷公務員等；《解放報》是左派的報紙，支持社會黨，主要讀者為年輕的知識份子及勞工階級。儘管立場不同，《世界報》和《解放報》同樣都被大企業的財團控制。只是，這些財團並未在實質上妨礙或者主導他們既有的政治傾向。

同樣持左派立場的紙媒還有法國共產黨的機關報《人道報》，以馬克思主義視角觀察時事。另外，影響較大的全國性雜誌《新觀察家》以及《快週刊》也都是左派傳媒。

立場相左的則有一八二六年倖存至今的《費加洛報》，這是法國現存歷史最悠久的報紙，政治立場偏右，支持自由經濟及企業主的利益，堪稱右派代言人；而《觀點》（*Le Point*）週刊在政治和經濟層面上，更是傳統的自由派主張；《現實價值》（*Valeurs actuelles*）週刊比《觀點》擁有更強烈的右派傾向，力主自由經濟、捍衛傳統家庭觀念、國家利益至上、反對移民等。

而地方報紙皆由歷史悠久的地方媒體集團所控制。舉例而言，法國發行量極大的《西法蘭西日報》（*Ouest-France*）、西南部的《南方快報》（*La Dépêche du Midi*），兩家都是傳統左派報紙。無論社會黨在中央或者當地執政，兩家報紙都相當維護執政黨，在宣傳方面給予社會黨大力的輿論支持，並大肆批判右派政黨，是政治立場高於真實的媒體。

角色互換的媒體人與政客

此外，法國媒體人與政客之間頻繁且親密的互動，使得媒體人轉行成為政客，或者政客失勢以後投身媒體界的現象所在多有，例如之前提起的布魯諾・羅傑博迪，以電視記者身分投身政壇。馬克宏任內第一位環境與能源部長、已辭職的尼可拉・玉羅也曾是法國一台電視Ushuaia節目主持人。

羅伯・梅納（Robert Ménard）是無國界記者協會的創始人，也擔任該協會創立之初（一九八五年）至二〇〇八年間的祕書長，他原是贏得多座新聞獎的世界著名記者，起初政治立場偏左，卻於晚年有了一百八十度大轉變，二〇一四年，他在極右翼國民陣線的支持下，當選為法國南部小城貝茲（Béziers）的市長。

多米尼克・博迪（Dominique Baudis）曾為法國一台電視的中東特派員，結束短暫的媒體記者生涯後轉入政界，在一九八三年至二〇〇一年間，擔任法國第四大城圖盧茲的市長。而且，「不屈服的法蘭西」左翼政黨的創辦人尚呂克・梅蘭雄與其同黨、新當選索姆省國會議員的法蘭斯瓦・魯芬等，也曾有過出色的記者生涯。

與此相同的是，有為數不少的政客在離開政府的權力機構以後，為延續自己的影響力，選擇進駐媒體。比如前總理尚皮耶・拉法蘭（Jean-Pierre Raffarin）、前總統尼古拉・薩科奇嫡系的前議員亨利・奎諾（Henri Guaino）、前衛生部長若羅絲琳・巴舍羅（Roselyne Bachelot）、前文化部長奧雷麗・菲里佩提（Aurélie Filippetti）等，均在卸下政務後，分別在廣播界或電視上主持專欄節目。

早在這些人之前，著有《當中國覺醒時……世界將為之顫抖》（*Quand la Chine s'éveillera...le monde tremblera*）與《中國已經覺醒》（*La Chine s'est éveillée*）兩本著作的亞蘭・佩雷菲特（Alain Peyrefitte），他曾是戴高樂將軍的左右手，任職新聞部（Ministère de l'Information），負責監管媒體，也是政府發言人。先後歷經戴高樂、龐畢度與季斯卡三位總統，多次擔任政府要職，是法蘭西第五共和國歷史上任期最長的部長，直至一九八〇年代初才淡出政壇，可算是箇中佼佼者。一九七七年他獲選進入法蘭西學院。一九八三年起，他任職《費加洛報》編委會主席，直至一九九九年去世。在一九六五至一九九七年間，他還多次獲選為民意代表，甚至兼任巴黎附近一個小城普羅萬（Provins）市的市長，堪稱橫跨政媒兩界。

說到橫跨政媒兩界，還有另一位代表人物，尚米榭爾・巴雷（Jean-Michel Baylet）。這位地方媒體界的大佬掌控著家族企業《南方快報》集團。他創立「左派激進黨」（Parti Radical de Gauche, PRG），透過與社會黨的結盟而長期活躍於中央或地方政壇，並曾多次任職中央政府。

從上述的例子可見「法國政治和媒體不但相互依存，政媒不分家的現況」將會一直繼續下去。

法國報業的黃金文化

回顧法國報業的發展歷程，還是存在著一段輝煌時期。七月王朝[6]至一九一四年被稱為「報紙的黃金文化」，閱聽大眾不再侷限於某一個社會階級，而是遍及各個階級。一八八五年的法國報業，受到盎格魯撒克遜人編輯模式的啟發、訊息傳輸的專業化的影響——記者人數提升、專題報導興起、採訪記者出現，這些都帶動了報業的欣欣向榮。在那個年代裡，寧靜的巴黎林蔭大道，一大清早就因為沿街叫賣號外的小販而喧鬧起來；啤酒屋內不時有著名的專欄作者阿爾佛斯・卡爾（Alphonse Karr）或奧雷里安・舒勒（Aurélien Scholl）主持關於時事的辯論；報紙內並提供遊戲、連載小說以及社會新聞報導。新聞界已經成為具有公信力與影響力的「第四權」。

約一九〇〇年，報紙在法國發展成大眾獲取訊息的主要管道。工業與經濟型態的蓬勃與創新，像是輪轉印刷機日益普及，以及用整行排鑄機排字，使得報紙成為有利可圖、製作精良的產品。與此同時，前所未有的編輯形式也為報業帶來新的活力。報紙文化處於鼎盛時期，直到第一次世界大戰爆發，新聞界的影響力才衰退。戰後的法國報業，再也無法恢復戰前的傳播力道及影響力。

6 七月王朝（Monarchie de Juillet）是法蘭西王國於一八三〇年至一八四八年間的政體。一八三〇年七月二十七日，法國爆發七月革命，為期三十三天，波旁復辟結束，八月九日，七月王朝宣布成立。

世界第一部針對新聞業頒布的法令與書報亭的誕生

然而，真正對法國報紙產生關鍵影響力的，卻是一八八一年七月二十九日頒布的《新聞自由法》（Loi sur la Liberté de la Presse）[7]：各報刊在不擾亂公共秩序的保證下都可自辦發行。不過，自法國報業創立以來，直至一八五二年，郵局是報刊的唯一發行管道。

一八五三年，樺榭（Hachette）創始人路易・阿歇特（Louis Hachette）構思了一套有別於傳統郵局發送[8]以外的直接銷售管道，那便是在巴黎里昂火車站建立書報亭。報刊可繞開郵局發行體系，直接上市零售。「傳達」（Relay）書報亭現已變成品牌，在法國的地鐵站、火車站、機場都可見到。《新聞自由法》的頒布以及書報亭的創立，促使報紙在一八八一年至一九一四年間，在各個城市的發展與市民生活裡，占據愈來愈顯著的位置。樺榭發行公司也成為法國和歐洲最大的出版社[9]，其巴黎總部占地一萬平方公尺。

二戰期間，因特殊的政治社會環境，法國出現「報刊發行同業合作社」，一九四七年四月二日由法國政治家羅伯・比歐（Robert Bichet, 1903-2000）頒布《比歐法》（Loi Bichet）。規定：無論規模大小，法國報刊出版商都享有自由、平等、公正的發行權。

主管運輸、零售、諮詢和監督的兩大發行公司

法國有兩大私營的報刊發行公司，分別是巴黎報刊新發行公司（Nouvelles Messageries

de la Presse Parisienne, NMPP）以及里昂報刊發行公司（Les Messageries Lyonnaises de Presse, MLP）。前者主管全國性報紙、刊物以及週刊的發行，占零售市場的八五%；後者只發行雜誌、地方刊物和月刊、季刊等，在零售市場僅占一五%。發行公司的發行對象包括書報亭和書報店零售點；此外，銀行、超市、麵包店、咖啡館及藥房等特定場所，也陳設報刊架或雜誌陳列點。

發行公司的零售業務，隨著報紙該期的編輯內容，以及時局的變化，呈現發行量時而出現

7 全世界第一部針對報刊出版物而頒布的法案，由共和國總統朱爾•葛萊菲（Jules Grévy）、委員會主席暨教育及美術部長朱爾•菲利（Jules Ferry）、內政及信仰部長康士坦（Constans）共同頒布。該法共涵蓋五大章。第一章：印刷和圖書館；第二章：週期性新聞；第三章：貼布告；第四章：藉由新聞或任何其他出版物形式的犯罪和違法行為；第五章：起訴和懲處。共七十條條文，並經過數次修訂，最近一次修訂日期為二〇一七年一月二十七日。

8 在法國，訂閱的報紙全都透過郵局發行或投遞。然而，郵局的弱點是業務缺少彈性，發行的速度比零售慢。舉例而言，《世界報》每天上午印刷，當天下午一點半送往報亭銷售，約下午在報亭就可購得。如果選擇郵局的投遞方式，雖然價格較直接在報亭購買，一年要便宜六七%，卻要等到第二天上午才能看到報紙，早已失去新聞的即時性價值。

9 樺榭發行公司隸屬樺榭圖書集團，是法國最著名的圖書和雜誌發行機構之一。一九一三年起，樺榭出版社的發行部門開始進軍法國以外的發行市場。此後近一個世紀的發展中，樺榭出版社和它的發行部門不斷壯大，成立了樺榭圖書集團和阿歇特跨國發行公司。目前，樺榭發行公司已在二十個國家成立分公司，全球僱傭員工超過一萬兩千名，自稱世界上第一大出版物發行商，占有六五%的法國出版物出口市場。

某期報紙被搶購一空，時而卻低迷不振的不穩定狀況。為鼓勵銷售，發行公司向零售點提供商業安全的保證，包括按供需給予履約的補貼、參與零售點的設施更新、廣告宣傳、每天定時回收賣不出去的報刊。過期的報紙則由發行公司運回報社，做回爐再生紙處理。這樣既減少零售商的損失，也同時降低報社的成本，發行公司也從中贏得信譽，可謂一舉三得。

巴黎報刊新發行公司是法國報刊發行的龍頭老大，包攬了全國三五%的發行市場，管理兩百個報刊批發商，以及三萬兩千個零售點。其承擔業務除了有一千多種進口的外國報刊、約兩千五百種本國期刊、多媒體產品、二十六份全國性大報的國內零售，還向一百一十五個國家出口三千兩百四十種報刊。公司年銷售額達二十八・七億歐元，每年運輸發行報刊二十五億份，其中日報就占了三二%。相較於雜誌，報紙的發行成本較高，未售出率也略高幾個百分點，為減少不必要的耗損與浪費，針對日報的發行，巴黎報刊新發行公司採取直送和分站運送兩種。在巴黎，報紙直接從印刷廠運到報紙中心或大批發商手裡，再由他們轉送到各個零售點。而巴黎市以外的地區，多是打包運到各報社的分部處理以後，再分送出去。為了提高發行量，巴黎報刊新發行公司計畫從二〇〇八年到二〇一〇年，增加五千個零售點，同時為了減少退報的比例，該公司還與經銷商協調，藉由掌握經銷商所提供的需求數量，同步滿足讀者與賣報人的需求。

巴黎報刊新發行公司除了負責組織報刊的運輸和零售發行網外，也兼具諮詢和監督功能。它定期調查並研究報刊市場，評估銷量與發行前景，就發行戰略向報刊提供意見，對報紙售價以及報亭進行規範。報紙可根據巴黎報刊新發行公司的評估來適當調整印刷量。比如說，根據調查結果顯示，售報的高峰日為週一，其次是週末；為順應此現象，《世界報》除了在每週五推出報紙外，還加售一本M世界報雜誌，其日常的印刷量是二十七萬份左右，但週一可高達三十四萬份，週末則接近三十萬份。

報社訂閱部推廣閱讀，並以文化藝術活動鞏固讀者群

法國的人均期刊閱讀量很大，每位人民平均每週閱讀至少一份報紙與三至四份不同的期刊。但近年來受到網際網路興起及法國經濟持續衰退、購買力下降的影響，訂報人數持續下降。為平衡收支、凝聚讀者的向心力，法國報業紛紛針對長期訂戶推出各式各樣的優惠贈品活動，並且增加報紙以外的額外附加價值，像是推出不同的影音及書籍出版品。

為吸引年輕一代，法國報紙紛紛推出E化版電子報，並與傳統紙媒相互搭配、設計不同的促銷案型，以滿足喜愛閱讀紙媒的中、老年讀者以及E世代的閱讀習慣。

在法國各報的行政機構中，發行部多是委外，但一定有訂閱部。訂戶的增減與各報客服部的努力密不可分。大多數報社設有免費或便宜的客服專線電話。無論是集體和個人訂報，都是直接與報紙的訂閱辦公室聯繫。該部門每年每季都使出渾身解數，推出諸如訂報一年便可享有零售價格六七折的各式優惠活動。

此外，為增加報紙的附加價值，也會針對讀者推出特刊，諸如知識份子最愛的《世界報》就會不定期地發表主題特刊，例如：「歷史上最關鍵的五十張影像」、「機器人的腦袋瓜在想什麼？」、「一百位改變世界的女性」、「一九六八，那段震驚法國的日子」、「對筆的愛」、「歷史的論戰」、「一九一七年的俄羅斯革命」、「二〇一七年的伊朗」、「拉斯科洞窟奇觀」、「非洲藝術的春天」、「拉丁美洲A到Z」等等。

書籍部分則以套書的方式出版，諸如：《科學的挑戰》十冊、《數學天才》三十冊、《考古》三十冊、《藝術家》三十冊、《宇宙之旅》七十冊、《神話》六十冊、《法語指南》二十五冊、《雙語》三十冊、《世界博物館巨匠經典巡禮》四十冊、《漫畫》套書、《環宇地圖》套書、《小小柏拉圖》四個套冊、十二本西方經典著作等等。

影音部分則有：電影十二部經典、有聲經典文學讀物、鋼琴音樂會CD全集、奧林匹亞演唱會、爵士經典CD等等。

而針對長期訂戶，報社訂閱部會推出每週免費參加文化藝術活動，或以極其優惠的折扣出售藝文表演活動與展覽門票，力求推銷報紙和保證最大利潤的同時，還能夠透過各式各樣的文化活動來吸引、擴大、鞏固讀者群。

兼顧專業品質與文化傳播的法國報業

自從數位時代來臨以後，不少台灣紙媒放棄某種程度的專業堅持，走向日益庸俗的商業化。加上網路內容多為免費，造成消費者對於知識的生產者既無尊重，也養成不付費的習慣。報社收不到知識產出的回饋，自然也不願意加碼投資，更無法反饋利潤給新聞記者或專欄作家，以提升新聞從業人員與專欄的水準。為了謀取最大的商業利益，甚至轉而以特定的意識形態來取悅特定族群的讀者。

與台灣的報業相較，法國報紙就算在免費報紙以及網路媒體的夾殺之下，依然能夠以不犧牲新聞從業人員的專業為前提，透過各式各樣的內部改革，以及國家政策的輔導來強化體質、因應時代的改變；不但守護了法國報業界一直以來追求的新聞自由及多元意識型態的精神，也推動社會改革，讓不同階級間得以對話，興起一定程度的關鍵影響。

與其說法國報業僅是傳媒，不如說它們是負責教育社會大眾、有效監督不同政治立場執政者的第四權。尤其是經營毋須仰賴商業廣告的法國報紙，更能專心於提升新聞內容品質，並且透過異業結合，將優質的文化藝術活動引薦給讀者——這點對於法國整體公民文化素質的提升與培養，影響甚鉅。

為什麼環保運動及農業問題也能演變成政治事件？

二〇一八年二月六日，年輕的法國總統馬克宏抵達科西嘉島，做第一次官方參訪。在此前三日，科西嘉島行政長官吉勒斯・西莫尼（Gilles Simeoni）[1]、領土議會主席尚吉・塔拉莫尼（Jean- Guy Talamoni）以「科西嘉全體社會」為名，共同呼籲：「邀請獨派人士，於科西嘉島首府阿雅克肖（Ajaccio）舉行一場和平的集會，希望促成該省與法國進行對話。」

這次的集會也是自一九七〇年代，科西嘉民族從事分離運動以來，最為溫和的一次抗爭。除了希望以居高不下的遊行人數，向法國政府顯現科西嘉島人民追求自治權力的決心之外，還有一個目的，那就是向新任總統馬克宏施壓。不過吉勒斯・西莫尼與尚吉・塔拉莫尼的願望從一開始就落空了！甚至連天公也不作美。原本預計有兩萬五千人會走上街頭，最後，僅有相當於五分之一的人數，即五千六百至六千人出席。科西嘉島有三十三萬居民，參與遊行的人數約有一・七%。更糟的是，參與者多意興闌珊。[2]

環保及農業引爆獨立運動

遊行隊伍從阿雅克肖市中心的拿破崙大道出發，氣氛最高點是群眾開始高唱科西嘉經典歌曲，並由年輕的民族主義者領軍呼喊「法國政府是凶手」（Statu francese assassinu）、「獨立抗爭萬歲」（Evviva a lotta d'indipendenza）等口號。而人群中有兩位民族主義者：艾德蒙・西米諾伊（Edmond Simeoni）是科西嘉島獨立運動的先驅者之一；查爾斯・皮耶里（Charles Pieri）則是「科西嘉民族解放陣線」[3]的昔日領袖。

---

1 吉勒斯・西莫尼是追求科西嘉自治的政黨——「共同為科西嘉」（Inseme per a Corsica）黨的成員，於二〇一四年四月五日至二〇一六年一月七日間擔任巴斯蒂亞市長，並於二〇一五年十二月十七日起成為科西嘉島行政長官。此外，他曾任伊凡・科隆納的辯護律師。

2 一七六八年起，科西嘉歸屬法國，自此以後，科西嘉島內就分裂為激進分離派及溫和自治派。但因為島內欠缺天然資源，工業化程度極低，居高不下的財政赤字及失業率，再再造成人口大量外移，財政上也只能高度仰賴法國中央政府的補助。觀光產業及工作機會更是掌握在財團手中，民生物資也多半仰賴法國進口。除此之外，島內紛爭不斷，流血事件層出不窮，使得科西嘉島人民愈來愈厭倦以武力爭取自由，轉而擁抱議會政治。

3 科西嘉民族解放陣線（Fronte di Liberazione Naziunale Corsu, FLNC）是科西嘉島上一個恐怖激進的民族主義運動組織，創建於一九七六年，融合了三個團體的精神：包括一九六八年五月成立的「科西嘉農民就在遊行的前幾日，查爾斯・皮耶里剛於《科西嘉早報》頭版上表示，當年的他，可是在民族主義運動中扮演舉足輕重的角色。此一聲明令吉勒斯・西莫尼尷尬不已，因為他曾向法國政府表示，這次的遊行不會勾起科西嘉島與法國政府間不愉快的過往回憶，尤其是科西嘉民族解放陣線以獨立為名，於一九七九年至一九九八年間策畫過九百二十四起殺人事件。而這一切，竟源自環保問題以及農業紛爭——一九七二年五月的環境汙染「紅汙泥事件」、一九七五年八月二十一及二十二日發生的「阿列里亞」事件，被視為是科西嘉島上一連串恐怖主義分離運動的引爆點。

紅汙泥事件
（Affaire des "Boues Rouges"）

義大利政府同意摩特迪森（Montedison）公司每日將兩千至三千噸的紅泥廢料倒入離科西嘉島約二十英里處的熱那亞灣，造成四個月內有五條巨鯨中毒而死。科西嘉島人民認為法國政府未就此事出面積極處理，引發強烈不滿。

◆

阿列里亞事件
（Évènements d'Aléria）

一九五〇至一九六〇年代，法國失去北非突尼西亞、阿爾及利亞及摩洛哥三個法屬殖民地後，生活或出生於該地的法國公民想要回歸祖國，卻無法得到法國政府的信任。法國以「黑腳」（Pied Noir）貶稱他們，卻礙於他們也是法國公民，只得安排他們遷往第三地，即科西嘉島上定居，此舉重創社經長期處於落後的科西嘉島。科西嘉島原住民不但未因這批外來移民所帶來的經濟效應而成為受益者，傳統農業反而因此崩解。舉例而言，新住民「黑腳」為縮短釀酒時間而使用糖，導致科西嘉島的葡萄酒農業一蹶不振，連帶影響以觀光收入為主的其他科西嘉島人的收益。科西嘉地區積極行動份子憤而持槍占領阿列里亞城鎮某位黑腳葡萄農的酒窖，這批人也被視為是包括巴斯蒂亞在內的多起科西嘉暴力動亂的起源。他們的行動引來法國政府派軍干涉，雙方死傷慘重，內戰一觸即發。這個葡萄酒事件被認為是科西嘉現代民族主義暨分離運動的濫觴。

恐怖主義的濫觴——藍夜

甫於一九七六年創建的科西嘉民族解放陣線，於當年五月四日及五日夜間，以二十二起爆炸震撼了科西嘉島的大部分地區、尼斯和馬賽。更令人難以置信的是，該組織在巴黎地區印製了兩萬份傳單，還神不知鬼不覺地運到島上，傳單的背後留下「FLNC」組織簽名。因這次爆炸規模與力度前所未有，而且是在極短的時間內接連發生，故以「藍夜」[4]命名。

在阿列里亞事件中，有十名科西嘉地區積極行動份子造成兩名法國憲兵死亡，並為此接受

解放陣線」（Frontu Paesanu Corsu di Liberazione, FPCL）；一九七四年二月，自馬克思主義汲取靈感而成立的「科西嘉社會主義黨」（U Partitu Corsu pà u Sucialismu, PCS）；一九七四年三月創立，意識形態極左，主張科西嘉島獨立的「保利正義黨」（Ghjustizia Paolina, GP）。目前，科西嘉民族解放陣線仍保持活躍，致力於科西嘉島的獨立。

4 「藍夜」（Nuit Bleue）一詞意指同時或在短時間內（如一夜）發生的一系列爆炸事件。最早被使用在阿爾及利亞獨立戰爭期間所發生的一系列襲擊。媒體分別稱這一系列的襲擊事件為藍夜、不眠之夜（Nuit Blanche）及紅夜（Nuit Rouge）。藍夜指的是一九六一年八月十六日晚上，阿爾及爾發生的二十五起襲擊事件；爾後的不眠之夜則是指，針對九位共產主義者所放置的九顆塑料炸彈，分別於巴黎一九六二年一月二十四日晚上十點至二十五日上午兩點三十五分間引爆，造成九人受傷；一九六二年三月五日，為阻止兩日後於艾維雍（Évian）舉行的關於阿爾及利亞前途的談判，阿爾及利亞祕密軍隊組織（Organisation armée secrète, OAS）分別於巴伯艾爾魁（Bab-el-Oued）、古堡（la Casbah）及貝爾克特（Belcourt），在不到兩小時內，由五十組人員引爆一百二十五顆塑料炸彈，此一事件則稱為紅夜。（參見維基百科資料）

審判。一九七六年五月二十日，科西嘉民族解放陣線在島上發起一連串攻擊，以表示對審判的抗議。同年夏季，科西嘉民族解放陣線因收受愛爾蘭共和軍（ＩＲＡ）及利比亞的武器軍火支援，而以M79榴彈發射器、火箭砲及迫擊砲對法國憲兵隊發動新一波攻擊。自此以後，科西嘉民族解放陣線開始以法國軍隊高官為目標，將軍也不能倖免於難，他的司機甚至在恐攻中失去一隻耳朵，另一位高官的居所被炸。科西嘉島的人民噤若寒蟬、人人自危，但科西嘉民族解放陣線繼續執行其暴力恐攻的意志。

隔年四月，反獨立與自治的新行動陣線（Front d'Action Nouvelle Contre l'Indépendance et l'Autonomie, FRANCIA）對科西嘉民族主義者及科西嘉民族解放陣線成員的處所展開襲擊；五月十四日，該組織在一次炸彈襲擊中摧毀了《科西嘉島民族主義報刊》（*Arritti*）。自此以後，反獨立與自治的新行動陣線成為對抗科西嘉民族解放陣線最有力的團體。科西嘉民族解放陣線以更猛烈的砲火反擊——不但攻擊北部上科西嘉省首府巴斯蒂亞的拉克魯瓦堡，還於五月二十四日及六月初，以炸彈襲擊摧毀巴斯蒂亞多個車站，並於接下來的一個月，對德國法蘭克福一地二十七個目標發起「藍夜」，並在塞拉迪皮格奴（Serra di Pignu）的電視轉播站引爆一枚炸彈。一九七八年一月十三日，科西嘉民族解放陣線發起「扎拉行動」（Opération Zara），並對北約空軍基地索倫札拉（Solenzara）發動塑膠炸彈攻擊，此舉引來法國警方的圍剿。五月，科西嘉民族解放陣線遭受重大挫折：警察逮捕該組織二十七名成員，並在卡度市搜獲一批武器，三百多人被警方偵訊，六十幾人被當局拘留。逃逸的嫌犯也分別在巴黎、尼斯及里昂被捕。同年十二月，科西嘉民族解放陣線展開對警察宿舍的襲擊，憲兵隊也被重機槍掃擊，科西嘉民族解放陣線開始要求將囚犯視為政治犯對待。

從暴力激進路線走向議會民主政治

據統計，一九七九年一月至三月間，光科西嘉島就有超過一百一十五起爆炸事件。二十世紀七〇年代末和八〇年代初，科西嘉民族解放陣線決定透過對大陸的炸彈襲擊，將科西嘉問題延燒到法國人身上，一九七九年四月十日，巴黎有三家銀行也因爆炸而受損，隨後，巴黎法院被一枚定時炸彈毀壞，損失超過三百萬法郎。五月六日，科西嘉民族解放陣線挑選巴黎二十家銀行進行襲擊。一九八〇年五月十四日，科西嘉民族解放陣線再次對巴黎法院展開襲擊，並對守衛伊朗大使館的四名憲兵發動機關槍攻擊。

這樣的攻擊行動持續了整整三十八年。期間，科西嘉民族解放陣線也因路線之爭而數次分裂。雖然採取暴力攻擊以達成目標的手段一直並未停歇，但是，自二〇〇〇年起，科西嘉民族解放陣線發動恐攻的次數、攻擊的規模，都顯得大不如前。這或許與一九九八年暗殺科西嘉最高行政首長克勞德・埃里尼亞克（Claude Érignac）所招致的廣大反感有關。[5]

---

5 FLNC Canal Historique 是受媒體廣泛報導與高度批判的匿名組織，其成員伊凡・科隆納（Yvan Colonna），綽號「卡傑斯的牧羊人」（le Berger de Cargèse），於一九九八年二月六日謀殺科西嘉最高行政首長克勞德・埃里尼亞克而被判謀殺罪監禁。埃里尼亞克之死使得各民族主義組織一九九九年在米格里阿西魯（Migliacciaru）簽署了一項歷史性的和平協議，正式結束民族主義者之間的殺戮。這項協議簽訂後也促使主戰的科西嘉民族解放陣線聯盟中分裂的祕密派系再次合作。

二〇一四年六月，科西嘉民族解放陣線宣布單方面停火，但並未解除武裝，與主張溫和路線的「自治主義者」合流，改以議會政治來爭取自治。[6]之所以會產生如此重大的改變，乃因吉勒斯・西莫尼當選北部上科西嘉省首府巴斯蒂亞市長；二〇一五年的地方議會選舉，「讓我們來做科西嘉島」（Femu a Corsica）[7]成為最大黨。

馬克宏時代的科西嘉島政策

當科西嘉島引頸企盼馬克宏政權終於可以賦予科西嘉人等待已久的公民待遇，以及憲法保障的自治權時，馬克宏卻選擇在二〇一八年二月六日，抵達該島的第一天，向已故的克勞德・埃里尼亞克致敬。馬克宏在悲劇事故現場如是說：「克勞德・埃里尼亞克為消除混亂和不確定的氣氛而來到此處。二十年後，共和國必須保有這一雄心壯志，為科西嘉的未來做出貢獻，既不辜負他的期望，也不妥協！一九九八年二月六日，這裡發生的事情是不合理，不用抱怨，勿多解釋。這是一場謀殺！一次襲擊！身為共和國的僕人，沒有比『為國捐軀』這個死亡更高尚的了。但他卻被奪去身為丈夫與兩個孩子父親的權利。這塊驕傲和尊嚴的土地，被此罪行玷汙。」

可想而知，馬克宏這番嚴厲而冰冷的發言，使得滿心期待的科西嘉島民有如被潑了一盆冷水，心情瞬間沉落谷底。對於民族主義者提出的幾點訴求，馬克宏表示：「雙語不是官方政策，我在此非常清楚地拒絕。雙語既不是共和國的新邊界，也不是國家主權、法國人民及共和國的擴散，就算在共和國以前，也不是！只有一個官方語言，那就是法語，我們由此而建。」[8]然而，面對科西嘉人二十多年以來等待的科西嘉島自治權，馬克宏卻釋出善意，表示支持將科西嘉自治權載入憲法，以保障他們的權利。他也承諾將在提升經濟、消弭失業等問題上，給予更多的協助。

6 有趣的是，雖然科西嘉民族解決陣線承諾不再使用武力抗爭，卻因信仰問題而槓上穆斯林，並於二〇一六年十月二十二日發表三點宣言：一、對穆斯林：我們得堅定地表達我們反伊斯蘭基本教義派的立場，因它極具煽惑力，尤其對那些無所事事的青少年更是。二、對被稱為「死亡傳教士」的激進伊斯蘭教徒：你的中世紀哲學並不會讓我們害怕，你可得搞清楚，任何對我們人民的襲擊，我們都會毫不保留地堅定反擊。三、對法國政府：如果法國想要避免因伊斯蘭基本教義派在全球播種的衝突而自食惡果，那麼法國就有必要停止軍事干預，並向全世界輸出民主經驗。

7 二〇一〇年三月地方選舉時，首次組建科西嘉政治聯盟。二〇一五年的選舉過後，它成為科西嘉議會的第一大政治團體，由十七名資政組成。二〇一七年十月十五日的科爾特大會上，「讓我們來做科西嘉島」成為一個政黨。

8 自一七六八年，科西嘉隸屬法國以後，初期並未強制說法語。拿破崙時期，科西嘉島的官方語言基本上仍舊是義大利文。第二帝國時期（一八四八年至一八七〇年）改採義大利語、法語及科西嘉語並行政策，但到了一八五四年，拿破崙三世要求所有法令必須以法語撰寫。第三共和（一八七〇年至一九四〇年）時期，不分學校、法院、行政機構，都強制使用法語，義大利語徹底消失，科西嘉語成為地方方言。馬克宏此段談話的用意：採用雙語，無疑在共和國內埋下認同分裂的種子。該區域也無形中自外於共和國。

對法國而言，科西嘉島這個老問題集歷史[9]、政治、文化及社會象徵於一身。馬克宏立場清楚、軟硬兼具的政策，一方面告知熱血的科西嘉分離主義者，恐怖主義與暗殺主義必須徹底從這個島上消失；另一方面，他也讓科西嘉人看見一線曙光，沒有完全斷絕他們對自治與和平的期盼。不同於西班牙政府處理加泰隆尼亞獨立運動的強硬立場，這外軟內硬的態度，將作為未來歐盟面對各國分離主義運動的重要參考。

9 島上的兩大貴族——支持科西嘉獨立運動領袖保利的保利派，以及被法國選為科西嘉代表的波拿巴家族，兩者因立場不同而勢同水火；這也使得早年原本支持科西嘉島獨立的拿破崙轉而投向法國大陸懷抱，並成為法國皇帝。

西班牙政府與追求獨立的加泰隆尼亞

二〇一七年十月一日，加泰隆尼亞自治政府主導舉行加泰隆尼亞獨立公投，在四三%的投票率中，有九二・七%的選票支持「加泰獨立」。但是，此投票結果最終卻被西班牙政府以「違反西班牙憲法」為由而否決，不受西班牙政府或任何國家所承認。

儘管自治政府於二〇一七年十月二十七日通過議會投票，公開宣布「加泰隆尼亞已正式獨立建國」，但時任西班牙總理的馬里安諾・拉霍義（Mariano Rajoy）卻動用西班牙憲法一五五條，緊急解散加泰隆尼亞議會、並凍結加泰隆尼亞的自治權力，改由中央指派官員，直接託管加泰政府；自此以後，被強行解任的加泰主席卡爾・普吉德蒙（Carles Puigdemont）流亡比利時，副主席歐里爾・姜格拉斯（Oriol Junqueras）則因「違憲公投、非法使用西班牙公款」而被捕入獄。雖然西班牙中央政府以強勢手段暫時壓制了「加獨」運動，但二〇一七年年底的加泰臨時改選中，獨派依舊贏得自治政府的執政權，並選出了同為激進獨派的昆・托拉（Quim Torra）擔任新一屆的加泰主席。

昆・托拉上台後，昔日鎮壓加泰獨立運動的總理馬里安諾・拉霍義，因其執政的人民黨政府涉入長年貪腐醜聞，遭國會投票通過不信任案，退出政壇。此後，西班牙中央政府改由反對黨社會工人黨的黨魁佩德羅・桑切茲（Pedro Sanchez）組成少數派內閣。桑切茲雖不贊成馬里安諾・拉霍義政府的強力鎮壓，但社會工人黨當時仍與人民黨站在同一陣線，並同意以憲法一五五條接管加泰政權。不過，在他成為總理以後，佩德羅・桑切茲不斷向加泰獨派提出「自治權擴張」的折衷方案，希望藉此平復西班牙與加泰間的政治裂痕。然而，佩德羅・桑切茲的相關提案卻一再遭到昆・托拉政府拒絕。昆・托拉政府並宣稱已無法回頭，西班牙政府不能繼續漠視加泰人民自決的願望。

根據加泰自治政府二〇一八年七月民調顯示，加泰隆尼亞民意仍有四六・七%支持獨立建國，但反對脫離者也高達四四・九%，統獨勢均力敵。而二〇一八年十月一日，加泰隆尼亞獨立公投的一週年紀念日，上千名加泰獨立運動支持者們重返街頭，部分激進民眾試圖衝進加泰議會，與自治警隊爆發激烈衝突。十月二日，昆・托拉向西班牙中央政府發出最後通牒，要求佩德羅・桑切茲必須在十一月前與加泰隆尼亞達成獨立公投協議，否則國會裡的加泰獨派政黨將撤回對佩德羅・桑切茲少數派內閣的支持，迫使當前的西班牙政府垮台。十二月二十日，在巴塞隆納舉行的部長會議前，佩德羅・桑切茲不顧右翼政府的反對，承諾昆・托拉「尋求彼此充分和相互支持的政治建議」，他並表示：加泰隆尼亞分離主義者可以保有自己的軍隊，但自治政府必須暫停分裂國家的行動。

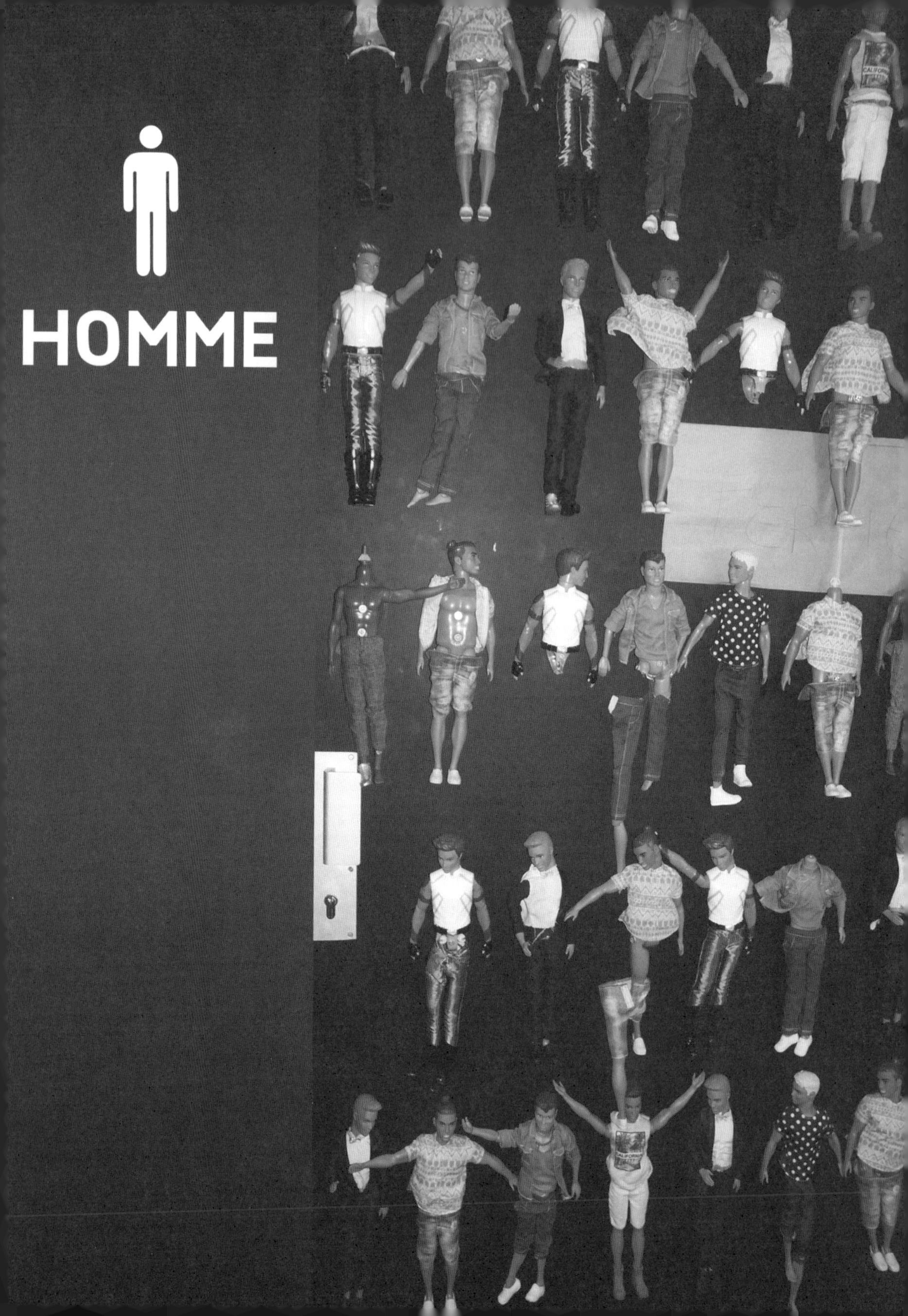
HOMME

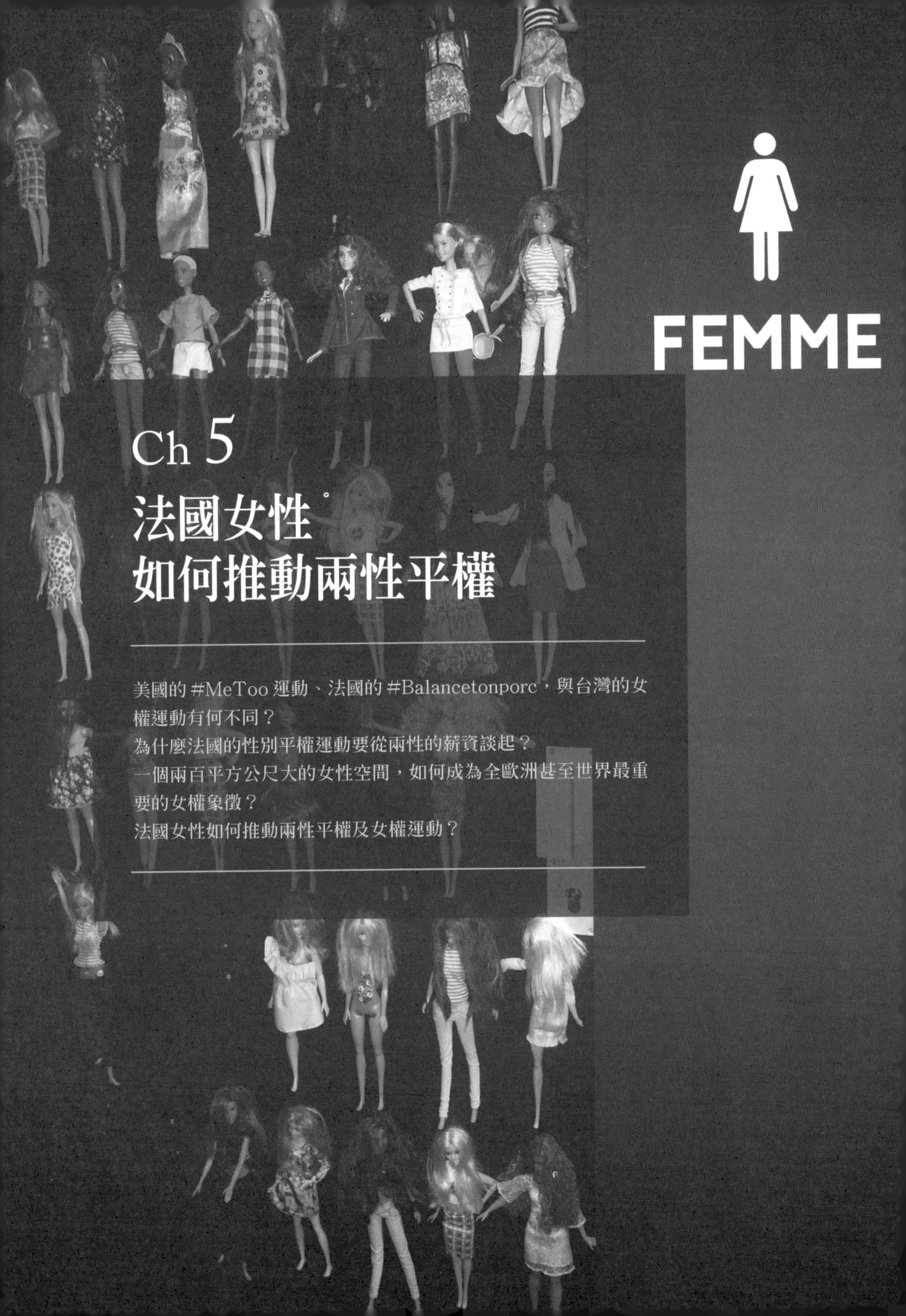

Ch 5

法國女性，如何推動兩性平權

美國的#MeToo運動、法國的#Balancetonporc，與台灣的女權運動有何不同？

為什麼法國的性別平權運動要從兩性的薪資談起？

一個兩百平方公尺大的女性空間，如何成為全歐洲甚至世界最重要的女權象徵？

法國女性如何推動兩性平權及女權運動？

為什麼法國的性別平權運動要從兩性的薪資談起？

自從國際貨幣基金組織（International Monetary Fund, IMF）前任總裁多米尼克・史特勞斯—卡恩（Dominique Strauss-Kahn）涉入二〇一一年性醜聞風波，舉世譁然。國際貨幣基金組織為了多米尼克・史特勞斯—卡恩無法管好他的褲襠，更為男性政壇裡不可見光的事被搞得眾所周知而羞恥，破格選擇女性擔任此職，自此打破了玻璃天花板的潛規則。克里斯蒂娜・瑪德琳・奧德特・拉加德（Christine Madeleine Odette Lagarde）在某次電視訪談中說及：「每次開會時，我都發現我是全場唯一一位女性。這也提醒我，我必須好好努力以作為女性能力足以擔任此職的榜樣。」克里斯蒂娜・瑪德琳・奧德特・拉加德不但是國際貨幣基金組織第一位女總裁，也是G8國家第一位掌管經濟事務的女部長。由此可見，雖然男女平權的概念已經逐漸成為先進國家的共識，但落實男女平權的事實卻仍遙遙無期。當今社會文化依舊篤信「男主外，女主內」、「由男性掌握決策權更為妥當」等先入為主的性別成見，致使男女在家庭及社會裡的角色扮演，以及職業別選擇、考績、升遷等事物上，均受到影響。

台灣女性需多工作五十二天

勞動部於二〇一八年三月一日公布二〇一七年男女同酬日[1]。二〇一七年，我國女性平均時薪為二百七十一元，相較男性平均所得的三百一十五元，女性平均薪資為男性的八六%。換言之，兩性間薪資差距為一四%。如以此為基數來計算，女性必須比男性多工作至少五十二天[2]，男女一年薪資的總合才會相同，故而將二〇一八年同酬日訂為二月二十一日。而根據行政院主計總處的統計，二〇一七年與二〇一六年的男女同酬日相同。但是縱觀台灣這十年兩性平均薪資差距，自二〇〇七年的一八・二%以來，至今僅下降了四・二%，亦即，女性必須增加的工作天數由六十七天只減少了十五天。然而，根據勞動部發布的新聞，卻顯示出：我們並不憂心這十年兩性平均薪資差距僅減少十五天，反而舉出美、日、韓各國的兩性平均薪資的差

1 依據行政院主計總處「受僱員工薪資調查」，以當年兩性平均時薪差距計算，自隔年一月一日起，女性需增加之工作日數作為男女同酬日，藉以喚起兩性同酬之公共意識。

2 計算方式乃將兩性薪資差距的一四%乘以三百六十五日曆天數，得出結果為五十二天。

距，相較於我國，更為嚴重。[3]

但是，當美國與歐洲各國都著重於降低，甚至要求做到男女薪資差距歸零，並且成立專責部會[4]，致力於解決社會上兩性薪資差距的問題時，台灣卻仍以二〇〇二年一月十六日所制定公布，並於三月八日國際婦女節施行的《兩性工作平等法》為基礎而進行修法。但是，制定法律條文不等同社會民間自此落實兩性薪資平等。十六年過去了，這個法案實施的成效究竟如何？

性別工作平等法

原名為《兩性工作平等法》，後於二〇〇七年十二月十九日三讀通過，更名為《性別工作平等法》，將原本法條中禁止職場性別歧視之規範，擴大涵蓋禁止歧視不同之性傾向。二〇一四年又通過修法，要求政府應公布違法僱主名單，以強化僱主守法意願，並加重罰則；且將派遣勞工、技術生及實習生，均納入本法保障之範圍。二〇一五年五月十四日修正，針對員工人數達三十人以上之事業單位訂定《性騷擾防治措施、申訴及懲戒辦法》，並在工作場所顯著之處公告及印發予各受僱者。

二〇一八年五月二十五日，黃昭順等二十位立委提出《性別工作平等法》第十五、二十二條修正草案，除要求將第二十二條刪除以外，並主張比照國際勞工組織規定——產假不得少於十四週（即九十八日），甚至可向先進國家看齊，調整為十八週的產假。另外，將產檢假延長至十日。

本法總則第一條說明立法目的為：「為保障兩性工作權之平等，貫徹憲法消除性別歧視、促進兩性地位實質平等之精神，爰制定本法。」其下分列六章節：性別歧視之禁止、性騷擾之防治、促進工作平等措施、救濟及申訴程序、罰則、附則。

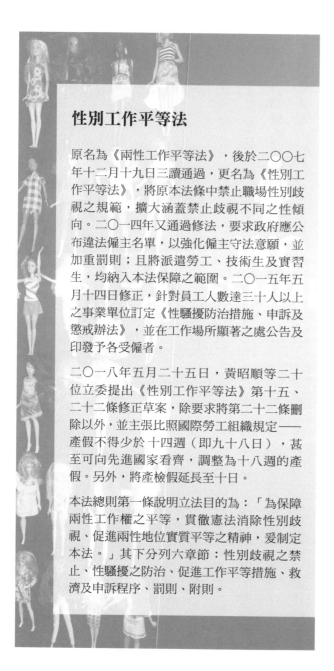

初入職場，女性即面臨性別工作不平等考驗

根據勞動部二〇一八年三月八日公布的最新資料：員工規模一百人以上之事業單位，設立托兒服務機構或提供托兒措施的比例為六三%，設置哺（集）乳室達七九%。事業單位有性別考量者，最高的是「工作分配」，占二一%；其次為「薪資給付標準」，占六・六%。有跨性別／性傾向考量者，以「工作分配」占最多，為九・九%。遭受就業歧視情形，以「年齡」因素最常見，男性占三・八%，女性占五・二%。但是自從《性別工作平等法》上路十一年以來，全台職場性別歧視的受理案件總數居然不到兩千件。在所有縣市中，高居前兩名的是雙北市，大約五百件上下；宜蘭縣、基隆市、嘉義縣市、台東縣、花蓮縣則只有個位數；澎湖縣、金門縣掛零。數字掛零或者投訴案件較少，並不意謂這些縣市的職場已經不再存有或者罕見性別歧視的企業；相反的，台灣社會至今仍抱持著已婚或懷孕婦女不適合擔當重責大任的偏見。

3 二〇一六年，各國的兩性平均薪資差距分別是：韓國三五・四%、日本三一・九%、美國一八・二%。若依增減幅度觀察，近十年來，日本減幅最大，縮小幅度為四・七%，其次為台灣四・二%、韓國三・七%、美國一・六%。從數據上觀察，相較於其他國家，台灣表面上有較大幅度的進步，但這是因為台灣的薪資相對較低，舉例來說，法國的收入是台灣的二・五倍。

4 二〇一二年五月十五日，前法國總統佛朗斯瓦・歐蘭德（François Hollande）和尚馬克・艾侯（Jean-Marc Ayrault）決定重建一個已經消失超過二十年的部會——婦女權利部（Ministère des Droits des Femmes）。目的是向整個社會發出「平等將成為國家五年計畫的優先事項之一」的訊息。

在面試工作時，若表明已有身孕，或打算懷孕、結婚，業主通常不太樂意僱用。

人力銀行更進一步表示：以台北市為例，新鮮人初入職場，遭受面試官性騷擾，像是開黃腔、問及個人隱私，如身高、體重、三圍，甚或發生碰觸手與摟肩等不當肢體接觸的比例竟然高達七八％，違法情況相當普遍。面試時被問及私人感情狀況的比例也高達五成，而興趣、嗜好、結婚為詢問度排名第二，生子計畫則名列第三。裁定「性別歧視」成立的投訴，二〇一五年和二〇一六年分別有二十一件及九件，其中又以懷孕歧視為最大宗。

遇到以上狀況應如何因應？根據《性別工作平等法》的精神，因其性別及性別傾向而影響招募、考績或升遷，都屬《性別工作平等法》的保障範圍。但如果勞工不具有充分的法律常識，在職場上遇到不平等的對待時，如何援引法律進行自我權益的維護與救濟？勞動部是否應主動將《性別工作平等法》納入必要之全國公民教育，並於公私營企業積極宣導？但除了宣導法律常識以外，更重要的是防患於未然。

英國透明化薪資所得

英國身為婦權運動最先進的國家之一，曾於一九一八年二月六日同意，讓所有婦女獲得議會投票權。然而，針對男女同工不同酬的問題，英國卻一直裹足不前。二〇一七年四月六日，英國政府公布一個法案：員工人數超過兩百五十人的公司，必須於二〇一八年四月四日午夜以前，公布男女平均工資以及按薪資水準的性別分布情況。[5]一直以來為維護女性權益而發聲的女權運動協會——費塞特協會（Fawcett），[6]該組織負責人山姆・史穆德（Sam Smethers）表示：「婦女們終於明白，她們有權談論報酬，而我們不能讓她們保持沉默。透過發現同事的

英國婦女參政的重要推手

為紀念米利琴特・費塞特女爵士（Millicent Fawcett, 1847-1929），費塞特協會以其名命名。她終其一生致力於婦女參政權以及兩性平權。一八九七年，她成立英國「全國婦女選舉權聯盟」（NUWSS），以發送傳單、組織會議、遞交請願信等溫和手段，要求修改憲法賦予女性平等的參政權，是二十世紀初英國婦女參政的重要推手之一。

5 至今已有超過一千家公私營英國企業將薪資數字公告刊登於「性別薪酬差距服務」網站 http://gender-pay-gap.service.gov.uk。

6 在此網頁中，費塞特協會號召所有人一起參與結束性別歧視和厭女症 https://www.fawcettsociety.org.uk/news/gender-pay-gap-reporting-game-change-in- break-the-taboo-on-pay。

收入，她們現在可以質疑任何不平等。」不過，至今仍有約一千五百家英國企業並未公告他們的平均所得資料。對此，英國廣播公司「平等及人權委員會」（Equality and Human Rights Commission, EHRC）的執行長雷貝嘉・希爾森拉斯（Rebecca Hilsenrath）表示：「這件事並不會就此了結。但是，這些尚未公告的公司享有一個月的寬限期。」如果讓所有人都能獲得此類資訊是展開「男女同工同酬、同值同酬」這個主題辯論的第一步。那麼，男女薪酬差距特別嚴重的公司，如果並未因此落差而受到司法制裁，或者針對兩性薪資差距予以事後補償差額的實施辦法，對於英國，乃至於任何國家的男女同工同酬、同值同酬的薪資平等的落實，將不會有任何實質的影響力。

性別薪酬差距服務網站接獲資料以後進行分析，發現七八％的企業，男性的薪資都高於女性，僅有一四％的英國公司給付女性較高的薪資。一般而言，男性每小時平均工資較女性高出一〇％。將訊息透明化的目的就是要喚起企業正視男女薪資不平等的事實。例如瑞安航空（RYANAIR），這家全世界最賺錢的廉價航空公司，其男女平均薪資的差距竟然高達六七％，而該公司的回應竟是，因公司男性成員大部分是飛行員。

嘉莉・格雷西的反抗所帶來的改變

早於一九七〇年，英國即通過《一九七〇平等支付法》（Equal Pay Act 1970），以法律保障男女同工同酬，並且禁止在工資和就業條件方面，採男女差別待遇。可是，說了一口流利的中文，在英國廣播公司（British Broadcasting Corporation, BBC）新聞台擔任中國部首席記者的嘉莉・格雷西（Carrie Gracie）卻發現，這間已有九十五年悠久歷史、擁有兩萬一千名員工的公司卻未如對外所宣稱的實施兩性薪資平等，而在她長達三十年的ＢＢＣ記者生涯中，薪水僅有男性同僚的一半。[7]

這個發現使得她於二〇一八年一月七日在她的個人部落格寫下一封名為「給ＢＢＣ觀眾的信」（Letter to BBC Audience）[8]。她說，四年前，ＢＢＣ敦促她接受新成立的中國編輯職位。她知道：倘若接下這份工作，她將不得不離開她十幾歲的孩子，在五千英里外的異鄉工作。同時，她必須有很強的適應力，在一個嚴格審查言論的一黨制國家裡，面臨監視、警察騷擾和官方恐嚇。

根據二〇一〇年的《平等法》規定：「從事同等工作的男女必須獲得同等報酬。」縱然如此，就像許多其他ＢＢＣ女性員工一樣，長期以來，嘉莉・格雷西一直懷疑她的薪水較男性同事低。但這一次，她決心不讓同樣的事情發生。她接受新工作的同時，向老闆們強調：「必須

---

7 二〇一七年七月，ＢＢＣ首次發布年薪超過十五萬英磅的九十六位員工姓名。這份名單揭示了從事同樣工作的男女工資明顯失衡。

8 原文出處：https://carriegracie.com/news.htm

得到與男性同仁一樣的平等支付薪資。」抱著她終將獲得同等職位的男性薪酬以後，嘉莉・格雷西便出發前往北京就任。

四年過去了，BBC共有四位駐外記者，分別是兩男兩女。二〇一七年七月，BBC首度公布上一年度的財政報告，這才使她發現，兩位男同事的收入比起她們這兩位女性，多了至少一倍。她決定辭去中國報導總編輯的職務，重回BBC新聞部任職。在這封措辭嚴厲的信中，她公開談論她對BBC的信任危機，之所以決定離開這個工作了三十年的崗位，不是為了讓自己成為風雲人物，她也從未公開批評她所愛的團隊，更不是為了要求更多的錢。而是她希望BBC遵守法律，平等地重視男女價值，支付同工同酬。遺憾的是，BBC僅同意給她大幅加薪，所得薪資與平等卻仍有很遠的距離。為此，BBC僅表示：「男女角色有所不同，這合理化薪資的差異。」卻拒絕解釋究竟是什麼樣的「角色有所不同」。由於嘉莉・格雷西不接受BBC此一仍屬不平等待遇的解決方式，便改採申訴程序，結果卻是必須承受令她沮喪的體制不公、司法無能的雙重對待。

事實上，在薪酬方面，BBC沒有落實一直以來所聲明的「信任、誠實和責任」的價值觀——其於六個月前（二〇一七年七月）被迫公告的薪資揭示了兩個事實：首先是給予主持人和管理者高薪；其次，男女同工，薪酬卻有著不可忽視的差距。這些數據損害了員工對BBC的信任。女性第一次證實自己長期以來的懷疑，證明她們並沒有被平等地評價。此後，許多在BBC工作的女性透過內部談判，尋求薪資平等，但，管理階層一概否認此問題的存在。這種碉堡心態，最後很可能因BBC災難性的法律敗訴，以及流失各級女性人才，方得以被擊潰。

嘉莉・格雷西的公開聲明暨質疑信一發布，旋即獲得來自四面八方的支持。在推特上，標籤#IStandWithCarrie留下令人印象深刻的鼓勵訊息。嘉莉・格雷西表示：「這些標籤與其證言表達了女性對於工資制度透明、平等和公正的強烈渴求。」

在她給BBC觀眾的這封信中，嘉莉・格雷西以這句話作為結語：「在英國，自從婦女被授予投票權以來，已經過了一個世紀。今年，且讓我們實現同工同酬以紀念這勇敢的一代。」

經過半年的努力、透過司法訴訟尋求解決之道，二〇一八年六月二十九日，BBC和嘉莉・格雷西終於達成協議。

BBC承認，嘉莉・格雷西事先曾被告知，當她擔任中國編輯時，將獲得與北美男性編輯一樣的報酬。BBC宣稱：「BBC公司致力於同工同酬的原則，並按照此價值觀行事。BBC承認與嘉莉的任命有關的具體情況，為支付不足而向嘉莉・格雷西道歉。」並同意支付二十八萬英鎊作為賠償。嘉莉・格雷西表示：「很高興能夠與BBC總經理湯尼・霍爾（Tony Hall）共同解決這個問題。這表明我們在同工同酬上可以取得進展。我也很高興我身為中國編輯的工作現已得到BBC的充分肯定，並對終於結束此一困難時期感到寬慰。對我來說，這始終是關於原則，而不是錢。我樂於捐出在BBC的所有後期工資，以幫助婦女在工作中爭取平等。」

湯尼・霍爾則說：「很高興我們能夠克服分歧、共同努力。現在，我們可以展望未來。我也很高興嘉莉・格雷西將投入朵拿達・馬克金諾（Donalda MacKinnon）計畫[9]，讓BBC成為女性工作的好地方。這對我來說真的很重要，我希望我們一路領先。」

嘉莉・格雷西預計將花費長達六個月的無薪假來寫作、演講，主題為「中國和性別平等」。

歷二一七年抗爭才得將男女平等參政權列入法國憲法

法國第一部憲法於一七九一年制定，定義了一七八九年《人權和公民權利宣言》（Déclaration des Droits de l'Homme et du Citoyen）中闡明的基本權利，並建構出國家的雛型。但當時法國社會的結構乃由男性主導一切，女性的職責為家務。家庭以外，幾乎完全看不到女性的身影。故而，起草這部憲法的時候，起草者並未邀請任何女性參與。只有少數開明人士，如奧蘭普・德古熱（Olympe de Gouges）反對這部奠基於父權制的憲法，她隨後發表她的版本，即《婦女和女性公民權利宣言》（Déclaration des Droits de la Femme et de la Citoyenne, 1791）。這一篇宣言是針對《人權和公民權利宣言》的缺失而書寫，目的在批判並補足法國大革命中，對於女性權利以及「性別平等」這兩項主張的漠視。最後，在法國大革命的恐怖統治中，德古熱因攻擊羅伯斯比政權、與吉倫特派關係密切而被送上斷頭台。

在十九世紀，男女平權的抗爭，無論在法國或者歐陸，仍主要由女權運動者發起。她們以各種可能的方式獲得新權利：義務教育、離婚權、工資、投票等等。儘管如此，法國憲法卻沒有進一步支持婦權的發展。縱然到了一八七五年，第三共和國成立，憲法卻仍忽視女性的基本權利。

近兩百年間，雖然婦女解放和男女平權的觀念，在法國受到愈來愈多人的認同。但是，法國憲法在回應自身社會的變革卻是進展緩慢；而憲法修正案的推遲，也等同於阻礙婦女權利的改善。例如一九一九年，各個政黨一致贊同婦女應擁有選舉權，但這卻只是一張空頭支票。一九二五年，眾議院批准關於婦女在市及州的選舉中投票的法案，卻面臨參議院一再拒絕將辯論列入議程。維琪政權[10]時期，立意維護傳統的家庭價值，並鼓勵婦女以家庭主婦及模範母親的傳統角色為榮。

這個盼望必須等到一九四六年，第五共和國憲法序言第三條宣布：「法律保障婦女，在所有領域都享有與男子同等的權利。」直到二十世紀即將結束時，法國憲改委員會才重新審查文本，由瑪麗—喬・紀摩瑪（Marie-Jo Zimmermann）提出修憲案，明確要求：「法律支持男女平

9　二〇一八年二月，BBC總經理湯尼・霍爾委任蘇格蘭地區負責人朵拿達・馬克金諾提供經費，以提升女性職業發展和改善職場文化。經過廣泛的諮詢和研究，包括對其他組織的最佳實踐進行審查，這份報告，使BBC成為對女性而言的一個優良的工作場所。該報告並於二〇一八年七月出版，共三十多項建議得到了BBC理事會的認可，朵拿達・馬克金諾並將與BBC的同事一起努力，確保有效執行這些建議。

10　一九四〇年六月，德國占領巴黎後，以貝當為首的法國政府向德國投降，一九四〇年七月，政府所在地遷至法國中部的維琪，故名。維琪政府是第二次世界大戰期間，納粹德國控制下的法國政府，正式國名為法蘭西國，也被稱作維琪政權，簡稱「維琪」。維琪政府於一九四四年六月，盟軍於諾曼第登陸以後覆滅。

等參與選舉任務與選舉職能」。為此，國會議員、政府和共和國總統在一九九九年審查憲法，以促使這項條文規定通過。此法律僅改善女性的政治權利，但並未涵蓋到社會層面；這必須等到二〇〇八年，憲法另一次修憲提案，要求「男女平等參與：選舉任務（投票權）、選舉職能（參選公職）、職業的平等權以及參與公眾事務的責任」才終得以完善。至此，法國社會男女平權才全面涵蓋政治權、工作權與社會參與權。

法國社會至今仍存兩性不平等

儘管取得了無可質疑的進展，法國在社會、政治、經濟及生活各個領域，仍實際存有許多性別不平等：政治上，僅一六%是女性市長；經濟方面，女性執行長僅占一五%；就算能力相同，女性的平均工資也較男性低一九%；而在社會上及生活領域中，有高達八〇%的女性經常遭受性別歧視。

種種令人沮喪的情況，促使第五共和國第二十五任總統馬克宏決定將男女平等納入他的五年計畫；他表示：「**這一點終將改變。因為某些人將意識到，一個無法與時俱進的社會，對他們而言是不好的**。**當一個社會剝奪自身一半的能量及其才能時，它將不會成功。**」或許，該是時候讓法國憲法重新回歸真正的共和國價值。因為憲法除了界定授予公民的基本權利以及國家的權力以外，在集體思想和觀點的演變，也扮演著關鍵角色。

正因如此，現任勞工部長穆里爾・佩尼科德在她近期推出的新計畫中，除了針對職業訓練、失業津貼、實習、殘障人士的就業、獨立工作者進行改革以外，並提出男女平權，作為勞工部的業務重點。她表示將於二〇一八年九月起，對國內七千家企業展開男女平均薪資的調查，並於來年一月對不良企業採取行動。除此以外，男女平等國務祕書瑪蓮・史亞葩（Marlène Schiappa）則發起「名字和恥辱」（Name and Shame）運動，將不良企業或個人的名字公告周知。根據《男女薪資平權法》，有五十名以上員工的企業，若男女薪資差異大時，將要求他們於三年限期內改善，反之，將取消企業經營權。為了對抗工作中的性別歧視及性騷擾，她將強制命令企業在公司內張貼反性騷擾海報，並於海報上公告公民權與其罰則。職業平等高級委員會祕書長布里基特・葛萊希（Brigitte Grésy）更直言：「習以為常的性別歧視將使女性否定自我。」

同工同酬不僅是法律問題，更是社會觀念

BBC駐中國記者嘉莉・格雷西的故事告訴我們，男女同工不同酬不僅僅是一個不平等的故事，更重要的是，女性必須集結起來，勇敢地改變社會文化與約定俗成的老舊思想與觀念。沒有薪資透明化，女性就永遠不會了解真相。而馬克宏總統針對男女平權改革的這番話，更充分顯現他致力於平等社會的決心。

當女性面臨同工不同酬時，連帶影響到女性對於自我能力抱持懷疑，導致女性在規畫人生方向，包括退休生活等，均不同於男性。若社會文化始終不肯正面肯定女性價值，無異於推動性別階級社會，製造社會中兩性對立及不平等。如果無法透過自身社會的文化變革、法令以及政策來共同改變此一陳腐心態，台灣社會男女平權的落實，恐怕還要再等一、兩百年才有可能成真。

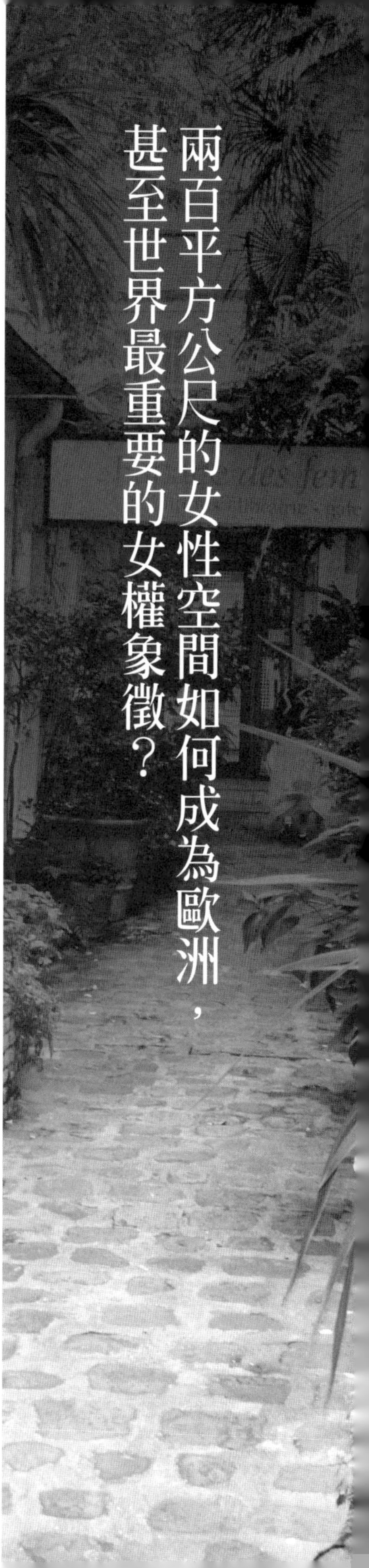

兩百平方公尺的女性空間如何成為歐洲，甚至世界最重要的女權象徵？

台灣雖屬女權進步國度，卻始終無法如非洲國家，如塞內加爾，成立「婦女、兒童和家庭部」（Ministre de la Femme, de l'Enfant et de la Famille）；或者如法國這間座落於巴黎第六區賈克伯街三十五號的「女性空間」（Espace des Femmes），是一個專為女性提供藝術展演及思想發表的平台。對於從事歐盟女性主義研究以及關注女權發展的男女而言，女性空間不但是歐盟最重要、最具代表性的女性中心，也是法國女權運動的聖地。女性空間之所以如此受到國際重視，都歸功於創辦人安東涅特・傅柯[1]以及一九六〇年代末期興起的法國女權運動。這些婦權

1 安東涅特・傅柯（Antoinette Fouque, 1936-2014）為法國極其活躍的女權主義活動家、出版家、心理分析師及「女性解放運動」創始成員。一九三六年十月一日於馬賽出生，二〇一四年二月二十日因帕金森綜合症於巴黎病逝，終其一生，為法國女權以及世界女權的發展做出卓越的貢獻。

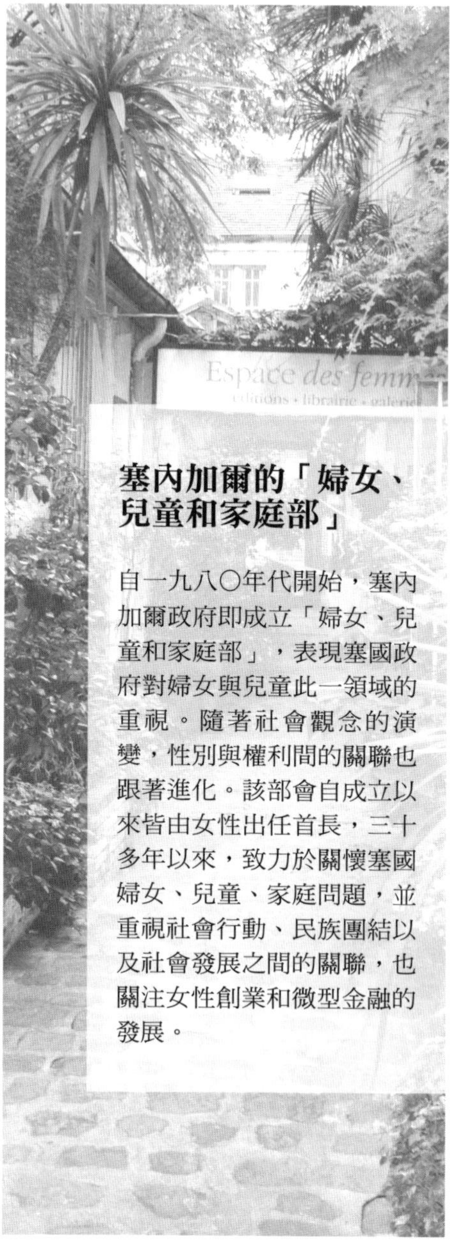

塞內加爾的「婦女、兒童和家庭部」

自一九八〇年代開始，塞內加爾政府即成立「婦女、兒童和家庭部」，表現塞國政府對婦女與兒童此一領域的重視。隨著社會觀念的演變，性別與權利間的關聯也跟著進化。該部會自成立以來皆由女性出任首長，三十多年以來，致力於關懷塞國婦女、兒童、家庭問題，並重視社會行動、民族團結以及社會發展之間的關聯，也關注女性創業和微型金融的發展。

運動者的團結與努力，為這個空間注入獨一無二的靈魂，沒有她們的奉獻，女性藝術家、女性文學家以及女性主義運動人士，就少了一塊可以抒發自己思想、綻放才華的重要園地。

推動女權的子宮——MLF

一九六〇年和一九七〇年之間，法國有數個與女權有關的工作團體成立，最重要的首推由安・澤列斯基（Anne Zelensky）與賈克琳・費德嫚（Jacqueline Feldman）所創立，倡導女權民主運動的「女、男、未來」（Féminin, Masculin, Avenir, FMA）。一九六八年五月，「女、男、未來」占領索爾邦大學，針對婦女問題展開熱烈討論，這些問題包括法國婦女的避孕權和墮胎權，反對暴力和性別歧視，爭取在權利、道德、司法、經濟等領域的性別平等。有別於大學內常見——侷限於知識份子、菁英間純理念的辯論，性服務工作者及底層社會的勞動婦女也前來參與，使得辯論內容跳脫了過往學院派的象牙塔思維，為日後法國婦女運動的思想注入生猛的現世基礎。在作家莫尼克．維蒂希（Monique Wittig）的號召下，一九六八年十月舉行的另一場會議中，有十多位女性參與，目標在探討女性性行為、將女性的抗爭與反殖民鬥爭和階級鬥爭聯結在一起。

根據法國當代史專家米雪兒．桑卡里妮傅奈（Michelle Zancarini-Fournel）的說法：「『女、男、未來』團體乃『女性解放運動』組織的前身。」一九七〇年四月，「女、男、未來」更名為「女性主義、馬克思主義、行動」（Féminisme, Marxisme, Action），並在文森大學（l'Université de Vincennes）召開第一次公開會議。此會議上，再次提出將「女、男、未來」更名為「女性解放運動」（Mouvement de Libération des Femmes, MLF）[2]。

2　安東涅特．傅柯談起「女性解放運動」曾言：「『女性解放運動』是對抗無處不在的男性生殖器象徵論的文化，也就是說，必須解構其本質。」

一九七〇年五月，安東涅特・傅柯與吉勒・維蒂希、瑪西婭・羅森伯格（Marcia Rothenberg）和瑪格麗特・斯蒂芬森（Margaret Stephenson）合力完成〈為女性解放而戰鬥〉（Combat pour la Libération de la Femme），成為第一份記錄此段時期法國女性主義運動的文獻。全文於《國際蠢蛋》（*L'Idiot International*）雜誌發表，該雜誌也系統地引進並介紹美國、英國、歐洲各國女性的解放運動。與此同時，也有很多其他的女權團體如雨後春筍般出現，如

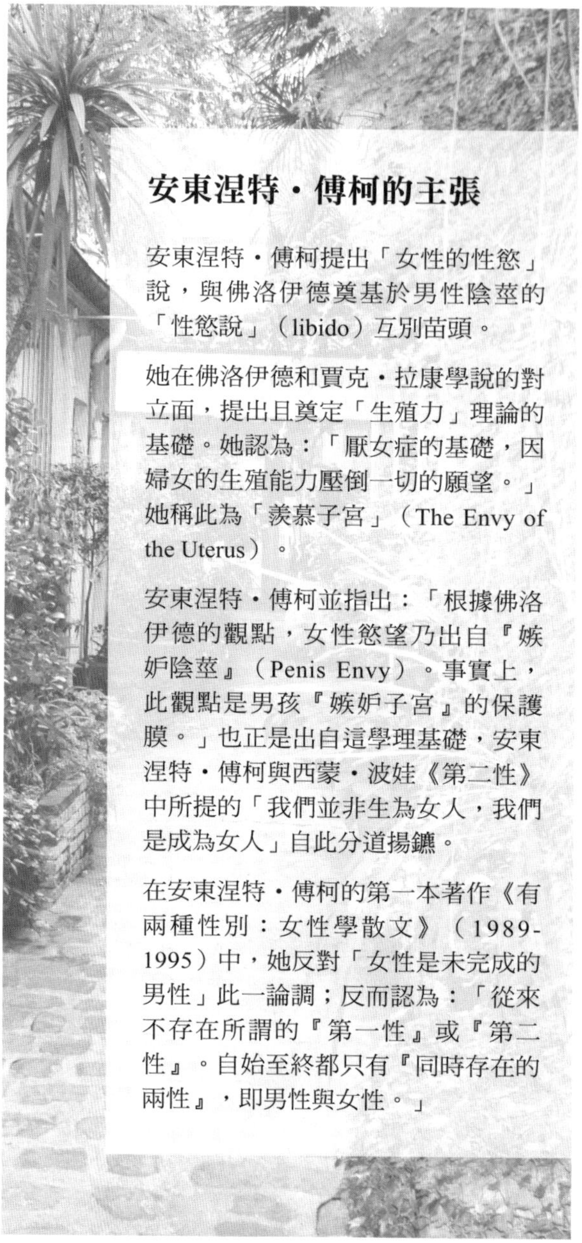

安東涅特・傅柯的主張

安東涅特・傅柯提出「女性的性慾」說，與佛洛伊德奠基於男性陰莖的「性慾說」（libido）互別苗頭。

她在佛洛伊德和賈克・拉康學說的對立面，提出且奠定「生殖力」理論的基礎。她認為：「厭女症的基礎，因婦女的生殖能力壓倒一切的願望。」她稱此為「羨慕子宮」（The Envy of the Uterus）。

安東涅特・傅柯並指出：「根據佛洛伊德的觀點，女性慾望乃出自『嫉妒陰莖』（Penis Envy）。事實上，此觀點是男孩『嫉妒子宮』的保護膜。」也正是出自這學理基礎，安東涅特・傅柯與西蒙・波娃《第二性》中所提的「我們並非生為女人，我們是成為女人」自此分道揚鑣。

在安東涅特・傅柯的第一本著作《有兩種性別：女性學散文》（1989-1995）中，她反對「女性是未完成的男性」此一論調；反而認為：「從來不存在所謂的『第一性』或『第二性』。自始至終都只有『同時存在的兩性』，即男性與女性。」

綠色耳朵、多態性乖僻、小雛菊等等，但大多是曇花一現。

一九七〇年八月二十六日，「女性解放運動」的名稱正式出現於各報章媒體。十幾位成員躺在巴黎凱旋門下方的「無名戰士」墓碑上，她們的身體覆蓋著一個花圈，上面寫著「無名戰士的妻子」。在她們抗議的旗幟標語上，可以讀到這麼一句話：「比『無名戰士』更不為人所知的，是『他的妻子』。」她們也藉此公開行動，聲援美國罷工的婦女。當天，美國婦女也正慶祝她們獲得選舉權五十週年。

一九七九年十月，西勒菲娜・布瓦松娜（Sylvina Boissonnas）[3]、安東涅特・傅柯與瑪麗・克勞德・克魯巴特（Marie-Claude Grumbach）在警察局遞交了「女性解放運動」協會的正式申請，並在國家機構註冊其名稱與商標。「女性解放運動」自此正式載入官方歷史。

從理論到社會實踐的女權運動

在抗爭的過程中，安東涅特・傅柯發現，法國知識份子間瀰漫著一股男性沙文主義，這種現象於作家界尤其嚴重，男作家甚至稱女性為「不會寫作的人」。而以「女性」為主題的書寫，以及由女性書寫的歷史，更付之闕如。這對於安東涅特・傅柯而言，是難以置信的缺憾。

3　一九四二年十月十八日出生於法國圖盧茲，是法國著名的婦運活動家及贊助者，也是電影導演、新浪潮電影製片人，並為女性出版社及《國際蠢蛋》雜誌發行人。

一九七二年，安東涅特・傅柯獲得「精神分析與政治」（Psychanalyse et Politique）此一激進女權組織成員的支持，以及「女性解放運動」成員西勒菲娜・布瓦松娜的資金贊助，創立女性出版社（Éditions des Femmes），並出任編輯。

從創辦之初，女性出版社即抱持兩個宗旨：政治與文學。成立出版社的目的不僅在於宣揚女性文學及女性書寫，更重要的是，實現女性追求獨立自主的抗爭。一九七四年，女性出版社在巴黎成立同名書店。兩年後，在馬賽設立分店，隔年於里昂再開一家。

一九八〇年，當世人還未發掘有聲讀物的概念時，安東涅特・傅柯已超越時代，出版「有聲讀物」（Bibliothèque des Voix），並於次年成立「女性空間藝廊」（Galerie des Femmes）——為當時根本無緣在藝廊與美術館內展出作品的女性藝術家提供展出空間，讓女性藝術家終於得以擺脫性別歧見，對公眾展露她們的創作才華與其豐富的內涵及思想。

一九八九年三月八日國際婦女節當天，安東涅特・傅柯宣告：創辦「民主運動婦女聯盟」（Alliance des Femmes pour la Démocratie, AFD）。除繼承「女性解放運動」組織的精神，繼續在法律層面為兩性平權打拚之外，並對女性創造力的具體貢獻——文學、藝術，以公開展演的形式，予以實質上的承認。

她提出五點：

一、**載入憲法**。每個人，無分性別、種族、宗教或信仰，都享有不可剝奪和神聖的權利。

二、**根據《世界婦女權利宣言》制定法律總則**。

三、**抽出私人時間以確保政治參與**。

四、承認女性的生產價值。婦女幾乎承擔一〇〇%人類生育，但這種生產仍然被排除在所有的社會、經濟、職業、文化和政治範疇之外。這項工作是奴隸制的最後一項。這個對人類最偉大的貢獻不僅沒有被承認，也得不到回報，而且在職業活動和創造活動中歸罪這些女性。[4]

五、繼續培養、求知、傳播和改造自己（女性）。創造新的知識領域、新科學、純科學和人文科學的銜接，創造一個認識論的領域、婦女科學——從婦女經濟學到制定特別的「法律體系」。

女性的心靈居所

三十多年來，有不少女性因女性空間藝廊給予初試啼聲的機會，而成為舉世矚目的國際藝術家，包括法國雕刻師與畫家妮基・桑法勒（Niki de Saint Phalle）；雖小有知名度，卻苦無展出機會的女性藝術家，亦是奧費主義畫派的創始人索尼婭・德勞內（Sonia Delaunay, 1885-1979）；墨西哥攝影家蒂娜・莫多緹（Tina Modotti,1896-1942）；法國攝影師克勞德・巴托（Claude Batho, 1935-1981）；義大利畫家暨平面設計師米勒菲雅・瑪歌麗甌妮（Milvia Maglione, 1934-2010）；法國雕刻家及畫家路易絲・布爾喬瓦（Louise Bourgeois, 1938-

4 原文意指：懷孕或生產，導致女性在職業活動及藝術創造活動方面都被歧視與排斥。

2010）；美國攝影師伊莫金・坎寧安（Imogen Cunningham, 1883-1976）等。

此外，來自世界各地的女權組織、為婦女爭取權益的各個政治組織，以及各國女權運動代表人物，都受到女性空間的支持。來自烏克蘭的激進婦女組織費曼[5]即在此地召開年度記者會。因為安東涅特・傅柯等人的努力，使得世界女性得以擁有另一個意義的「家」，並非傳統意義的「自己的房間」，而是意義上更為廣闊的「女性的空間」。

誠如安東涅特・傅柯所言：「『女性空間』生自『女性解放運動』。我總是將此空間視為一個集文明、社會、文化、政治及象徵於一體的運動空間。我希望在此描繪出正面的道路，讓未發生的能夠發生，喚醒、誕生、發展女性的文化。我們需要開啟話語及思想的土壤，進行調查與創作。在這些地方，我計畫透過多元的主題，讓空間不僅限於女性主義，讓女性文化顛覆陽具象徵的秩序，從單一性別的陰莖文明，發展成兩性文明；從陰莖社會走向異性戀和生殖的社會。而女性出版社則具有『燈塔』的含意。我希望它成為『光之屋』，如維吉尼亞・吳爾芙於《燈塔行》一書中所指，它也是超現實及革命象徵的空間。」

吳爾芙的燈塔

承載女性歷史及女性運動史的女性空間，不僅是第一個以女性為中心而建立的歷史暨資料中心，也提供多元的文化功能，像是支持女性創作者（如文學家、藝術家及思想家）發表並出版其作品。此外，女性空間更是世界女權運動的中心，是兩性平權思想的倡導與推動者，亦為世界各地女權組織於歐陸發聲的首要據點。這個集社會運動、女性文化及歷史紀錄於一體的女性空間，印證了創辦人安東涅特・傅柯所言：「女性的生殖力壓倒一切。」女性空間猶如母體的子宮，它孕育生命，呵護並餵養世界各地的女性，喚醒女人被壓抑的獨立自主的意識，激發女人承擔自己命運的勇氣，讓女人終必如吳爾芙的燈塔，活出自己生命的精采。

5 費曼（FEMEN），源自烏克蘭的極端激進女性主義抗爭團體，成立於二〇〇八年。近年來，此團體頗受國際媒體矚目，因為其成員會以上空方式對情色旅遊者、性別歧視、宗教以及其他社會相關議題表示抗議。後因主要成員遭烏克蘭政府打壓，被迫將總部遷至法國巴黎。費曼透過有效的組織運作及媒體管道，宣揚自己的主張，影響力擴及世界各地，今日已成為頗具影響力的國際女權組織。

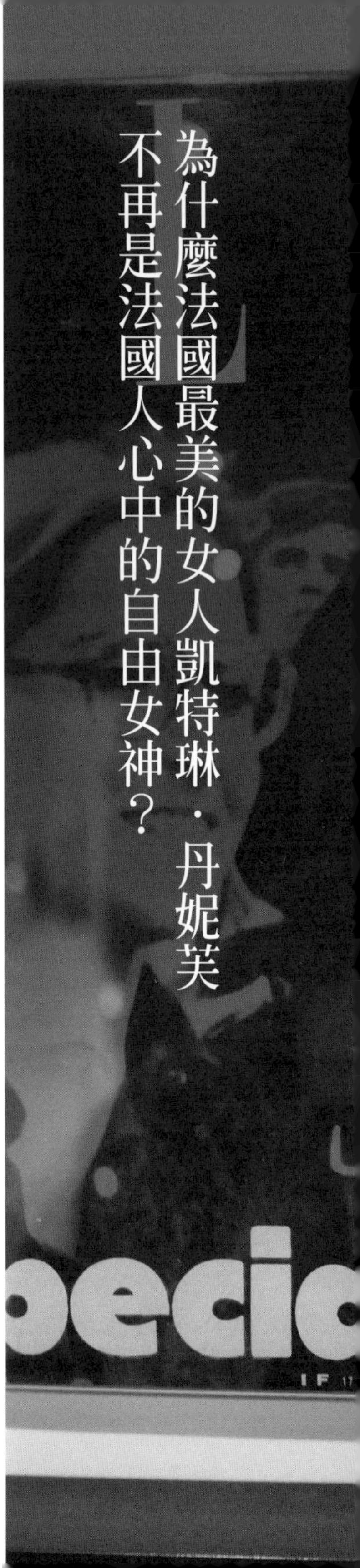

為什麼法國最美的女人凱特琳・丹妮芙不再是法國人心中的自由女神？

所有的陰影，都因光的出現而消失。

一九九七年的某天，一如平常，社工塔拉克・伯克（Tarana Burk）等著顧客上門，準備提供她的專業意見。一名十三歲的女孩出現，訴說她被母親的男朋友性侵。當下，塔拉克・伯克無法言語，直到女孩離去，她都不知該說什麼、該做什麼。她再也沒見過這女孩，卻一直煩惱不已，多麼希望當時自己能夠說出：「我也是。」（Me Too）這次相遇一直深藏在塔拉克・伯克的心底。十年後，她在Myspace這個社群網站使用「Me Too」一詞，用以表達對底層社會女性以及有色人種女性的同理心，明晰人們「性虐待和性攻擊普遍存在於社會各個角落」的認知。

這個原本侷限於特定網路社群的社會運動，卻因哈維・韋恩斯坦性騷擾事件在紐約時報曝光以後，[1]成為社群媒體廣泛傳播的一個主題標籤，用於譴責性侵犯與性騷擾行為。美國女演員艾莉莎・米蘭諾（Alyssa Milano）於二〇一七年十月十五日在推特上寫下這麼一段話：「如果所有被性騷擾或被侵犯過的女性，都能發一條『MeToo』，那麼，人們或許能夠理解這個問題的重要性」。此段話引發廣大的迴響，「MeToo」自此以後成為廣被世人所知的婦權運動。[2]二〇一七年，伯克與一些著名的女權運動家被時代雜誌稱為「打破沉默的人們」（the silence breakers）。

從個人、網路社群到全球媒體

自二〇一七年十月初以來，美國製片人韋恩斯坦事件引發一連串的個人與明星爆料，情勢

1 二〇一七年十月五日，紐約時報記者喬迪・坎托爾（Jodi Kantor）和梅根・托黑（Megan Twohey）率先披露韋恩斯坦大量不軌行為。報導指控，三十年來，韋恩斯坦性騷擾米拉麥克斯和韋恩斯坦電影公司的女製片助理、臨時工和其他僱員，並和她們達成八項補償協議。

2 艾莉莎・米蘭諾在推特上鼓勵女性盡可能地傳播「MeToo」一詞，使人們意識到該問題的嚴重性與普遍性。當天，#MeToo 這個標籤在推特上出現二十萬次以上，次日更超過五十萬次。至於 Facebook，一天內便有四百七十萬人在一千兩百萬則動態中提到該標籤。據 Facebook 統計，四五%的美國用戶中，至少有一個朋友發布註明該標籤的動態。

在美國有如洪水一樣決堤。以MeToo為名的個人發聲網路串聯運動，也在世界各地展開，被指控的對象，無論多麼位高權重，都會因此下台或被解聘。

在瑞典，部分女性透過#MeToo標籤，分別表示遭電視節目主持人馬丁・帝梅爾（Martin Timell）、記者弗雷德里克・維爾塔寧（Fredrik Virtanen）所侵犯，帝梅爾在TV4的節目因而於二〇一七年十月二十日取消。

在美國，被體制搓湯圓搓掉，因而得以隱瞞三十年以上的體壇性侵案，在#MeToo運動的推波助瀾之下，終於得以重見天日。超過一百六十位美國體操選手、選手的家屬、病人及學生，集體將美國前國家體操隊的醫生賴瑞・納薩爾（Larry Nassar）送上法院，並控訴其長期以來，對她們施行性虐待、性侵害、性騷擾等暴行。不少受害者的年齡甚至只有五、六歲，最後法官以「看不出犯人有任何悔過之心」而處以四十至一百七十五年的有期徒刑。

《波士頓環球報》（*Boston Globe*）於二〇一八年二月十六日揭露時尚攝影界一直以來的惡質文化：已有數人告發知名法國攝影師派翠克・德瑪旭里耶（Patrick Demarchelier）對模特兒有性騷擾行為；因數名模特兒作證，內衣品牌「維多莉亞的祕密」首席攝影師大衛・貝勒梅爾（David Bellemère）於二〇一六年秋季被該公司停職；此外，時尚攝影師塞特・撒巴爾（Seth Sabal）、葛萊格・卡戴爾（Greg Kadel）、安德烈・巴松（André Passos）、布魯斯・維伯（Bruce Weber）、泰瑞・李察遜（Terry Richardson）、馬利歐・泰斯提諾（Mario Testino），以及設計師卡爾・戴博勒（Karl Templer）等人也官司纏身。針對這些遭媒體點名披露的攝影師們，康泰納仕出版集團（Condé Nast）[3]公開表示，將永不錄用他們的任何作品。這一連串事件得以被披露，必須歸功於波士頓環球報內，負責深度報導的「環球焦點小組」（Globe Spotlight Team）的六名調查員鍥而不捨的努力。[4]

不過，涉入性騷擾案的政治人物柯林頓至今仍倖免於難，這也顯示出，美國＃MeToo 婦權運動的興起，正是因為柯林頓與希拉蕊從權力中心逐步淡出，改由不得美國知識份子與婦女緣的川普上台，才得以促生美國女性可以放心地發聲。

＃Balancetonporc 與反對者

受到美國＃MeToo 運動的啟發，法國女記者松德拉・穆爾（Sandra Muller）於二〇一七年十月十三日於推特發起法國版的 MeToo 運動——＃BalanceTonPorc（揭發你的豬玀）。她在隨

3 總部位於美國紐約市的國際期刊出版集團康泰納仕，旗下有眾多出版物，包括《紐約客》、《浮華世界》（*Vanity Fair*）、《誘惑》（*Allure*）、《時尚》（*Vogue*）、《GQ》、《現代新娘》（*Modern Bride*）等。該集團於一九〇九年，由康德・蒙特羅斯・納斯特（Condé Montrose Nast）在美國創立，但直到一九一一年才被冠上「康泰納仕出版集團」的名號。

4 「環球焦點小組」第一個震驚全世界的代表作，就是二〇〇三年的報導——揭露天主教會波士頓總主教區的樞機主教羅賓納等教會高層，在數十年間保護被指控性侵的神父們：一方面將他們派往別的教區，任其由繼續犯罪，並私下與受害家庭和解；另一方面，又干預司法，透過行政體系掩蓋犯罪資料。最終統計出九十名涉嫌的神父。該報導見報以後，愈來愈多受害者站出來，揭開這個遍布全球的性侵犯罪。此報導不但於二〇〇三年獲得普立茲獎，這段故事還被改編為電影《驚爆焦點》（Spotlight），並於二〇一六年贏得奧斯卡最佳影片及最佳原創劇本大獎。

後的第二條推特中揭露，「Equidia」電視台主管艾立克・布里雍（Eric Brion）對她性騷擾。雖然她嘗試提出控告，卻因證據不足而不起訴，這使得她火冒三丈，決定將這段私人經歷公諸於世、訴諸公理！#BalanceTonPorc運動立刻引發廣大迴響。[5]艾立克・布里雍於同年十二月底，透過世界報發表公開道歉聲明。松德拉・穆爾也於同日在推特上表示：「讓我們放下此事，為建立一個更好的社會目標而努力。」結果，十五天後，艾立克・布里雍卻改變心意，他決定控告松德拉・穆爾毀謗名譽，要求她賠償十四萬歐元。其中包含：五萬歐元的精神損害賠償、一萬歐元的律師費用，以及八萬歐元的道歉啟示刊登費。二〇一八年十月十二日，他上歐洲一號電台（Europe 1）控訴松德拉・穆爾：「因為她的推特文，使我丟了工作，至今仍失業！伴侶與朋友也離開了我，連女兒也不諒解我。」松德拉・穆爾則回擊：「我不想判他死刑！我說出真相，只要他停止撒謊，承認事情，我們就可放下，繼續人生的道路。艾立克・布里雍可以用『積極的方式』扭轉這種局面，例如創建協會，幫助那些與女性互動上有行為障礙的男性。我很遺憾他並沒有這樣做。」等候判決期間，松德拉・穆爾決定寫下她的這段經歷，出版成書，並且成立「反工作場合的性騷擾協會」，以實質的行動要求企業改善工作環境，並撥出一筆基金，為受害者提供法律及心理上的必要協助。兩人各執一辭，官司至今未果。

然而，與此同時，多達百位的藝術文化界女性，包括凱特琳・米勒、凱特琳・羅伯葛利雷等女作家、記者阿伯努斯・夏爾和佩姬・薩斯特爾，以及女明星凱特琳・丹妮芙等人，卻於二〇一八年一月九日發出反#MeToo#BalanceTonPorc聲明，並以「糾纏的自由」（Liberté d'Importuner）為名，大談女性的性自主，主張「男性的『糾纏』，是性自由的必要性」（Une Liberté d'Importuner, Indispensable à la Liberté Sexuelle）。這個女性群體的發聲，無疑為 #BalanceTonPorc 運動投下震撼彈，卻也激起法國女性以及 #MeToo 社群的強烈反駁。

支持者定義這百人宣言乃是法國新保守主義勢力的抬頭，將女性囚禁於「永遠的受害者身分」；反對者稱其為「清教主義」，並辯稱：「將個人置於大庭廣眾下審判，並做出草率的判決，導致某些人成為另一種『受害者』，他們被免職，只因為他們碰觸了女人的膝蓋。」然而，無論誰對誰錯，這樣的爭論已經打擊了好不容易才剛剛萌芽的 #MeToo 和 #BalanceTonPorc 運動，也使原本活在陰影中，好不容易鼓起勇氣，意欲說出自己經歷的女性裹足不前，因為這些受害女性開始擔心，一旦她們說出事實，會被別人當作是一個脖子上掛著十字架的清教徒；另一方面，反 #MeToo 和反 #BalanceTonPorc 聲明也激起全球女性更大的反抗與集結，因為這些菁英女性絕口不提「女人也有拒絕男性求歡的自由」。

5 第一條推特貼出後，不到五、六個小時便已湧進大批迴響。自此以後，松德拉・穆爾的人生徹底改變。這可以從兩天後，她接受法新社採訪時的一張照片窺見端倪。她已沒日沒夜地連續工作了兩天。#BalanceTonPorc 成為自 #MeToo 以後的另一個最重要的反性騷擾社群運動，至今已收到超過八十萬則推特訊息，這也使松德拉・穆爾獲法國政府選為二〇一七年人物英雄。並獲得法國總統馬克宏以及男女平等的國務祕書瑪蓮・史亞葩的大力支持。該年度獲選法國英雄人物者有六十三位。

性騷擾與性侵是政經問題

法國文化一向有調情的傳統，而根深柢固的沙文主義，也使得美、法兩國女性在面對性騷擾時的態度與反應，顯得南轅北轍。受到 #MeToo 運動的鼓舞，美國女性若說自己是受害者，大多數人願意選擇相信與聆聽、想盡辦法保護她，而非施以嘲笑；法國女性若稱自己是性侵受害者，換來的是多是異樣的眼光，周遭人們也多緘默不語。這也是為什麼，如果一位法國女性在非自願的情況下被調戲，往往被男性大而化之地予以正當化，他只需辯稱：「我是在調情，誰曉得她這麼不解風情？」

再者，女性的性自主問題一向與社經地位緊密結合。這百位藝文界女性多數受過高等教育、家境優渥，可能從一出生就擁有發號施令、對他人說「不」的權利；然而，住在四號線 Barbès 平民區的女性，從一出地鐵站，就得被迫忍受男性摸臀的身心迫害，她們就算鼓起勇氣說不，反而會激起更大的煽惑。正因她們所處的社群屬於底層社會，而底層社會的女性無論在政治權利或者經濟權上，相對男性，均屬弱勢，也就是被剝削的群體，這樣的女性如何有權利談性自主與性自由？而性騷擾與性侵從來不是個人問題，它揭露的是一連串環環相扣的權力結構下互相包庇的父權社會真相。[6]這也是為什麼女性團結起來說「不」，迫使社會正視與改變，比起主張個人的性愛自由更為重要。

當 #BalanceTonPorc 運動的發起人松德拉・穆爾被記者問及：「妳是女性主義者嗎？」她

如此回答：「假如，女權主義者意謂著：一方面簽署抗議三百四十三位豬玀的聲明，又暗地裡宣稱『糾纏的自由』。不，謝了！在#BalanceTonPorc運動以前，我既不是行動者，也不是女權主義者，我什麼都不是！我只是單純地出自一個三代都是女人當家的家庭。在那兒，我不需要為『與男人爭一席之地』而奮戰。我倒覺得時代雜誌稱呼我為『打破沉默的人們』更適合我。我不覺得我是女性主義者，我是一個伸張正義的人，有一張大嘴巴，因緣際會，成就了一個有利於女性的事業。」

無論如何，#MeToo和#BalanceTonPorc運動仍給男權當道的法國注入新氣象。一項針對大街上性騷擾者懲處九十歐元的條款，於二〇一八年八月一日已立法通過。除了罰款以外，並加派祕密警察搜證。雖然區區九十歐元可能無法起多大的嚇阻作用，但這已經是開始。

大陸壓抑女性發聲

當全球至少已有八十五個國家響應#MeToo運動，中國檢查制度卻在社群媒體上禁止使用「反性騷擾」這個詞語，還刪除反性騷擾的網上聯署書。官員們對一些活動人士發出警告，要

6 由日本女記者伊藤詩織二〇一七年十月於文藝春秋出版社出版的《黑箱》一書中可見，性騷擾與性迫害暴力問題，追本溯源，是政治問題。

她們不要公開發聲，並暗示，如果她們堅持，可能被視為與外國勢力勾結的叛國者；對外，中國官員引用在中國定居的加拿大外籍教師哈珊（Sava Hassan）寫的話來宣稱：「中國沒有性騷擾，因為男性保護女性。」[7]被遏阻的中國女性 #MeToo 運動，彰顯了一個再清楚不過的事實：當今的中國，一切以政權穩定為前提，其他一切都應噤聲不語。然而，婦女在被噤聲的同時，父權文化更要求女性應回歸家庭、相夫教子，因女人的空間在廚房。

這個父權文化所教導出來的女性，從小不被鼓勵說出內心的真正想法，更不應該有自己的主見——女性是接受者，服從命令、傳宗接代、任勞任怨，是忍耐包容一切的典範。她存在的目的，無非是為了讓父權文化可以永存，而不是挑釁、挑戰，甚至顛覆父權文化。結合父權文化與極權專制的當代中國，怎麼可能容許女性發出「質疑傳統文化價值與男權主導一切的正當性」此問？

那麼，中國存不存在性騷擾問題呢？

記得多年以前，一位大陸好友突如其來地問我：「我在訪問主廚時被上下其手，妳遇到過嗎？」

我很生氣地問：「妳有表達妳並不願意嗎？」

她搖搖頭，囁囁囁囁地回答：「算了，就是採訪，拿到自己要的東西，就忍忍吧。」

我的朋友當然拿到她要的素材，寫出一篇歌功頌德的報導。她與這位主廚的事情，永遠成為檯面下的交易。女性的尊嚴，就是在這樣的縱容與男性為所欲為之下，不斷地被視為中國社會裡的潛規則。

不過，受過高等教育的中國女性愈挫愈勇。二〇一八年一月一日，北京航空航天大學畢業生羅茜茜實名舉報教授陳小武性騷擾；翌日，女權主義者張累累發起「萬人致信母校」行動，呼籲高校畢業生或在讀學生向母校發出公開信，要求大學建立反性騷擾機制，終成為中國版 #MeToo 運動的開端。[8]

表皮女權與骨裡父權

表面上，台灣女性表達願意追隨 #MeToo 這個運動的發展，成為其中一員。實際上，無論

7 二〇一七年十月十六日，中國日報（*China Daily*）刊登一篇投書，作者是定居中國的加拿大籍教師哈珊，文中稱「中國男性被教導要保護女性」、「女性遵守傳統中國價值，態度保守」，所以性騷擾問題在中國社會不如西方社會普遍。

8 二〇一八年一月十一日，北航大學撤銷陳小武研究生院常務副院長職務、研究生導師資格，以及教師職務、教師資格；教育部亦決定撤銷陳小武「長江學者」的資格。「長江學者獎勵計畫」由中國中央財政專項支持，長江學者特聘教授的聘期為五年，每年可得二十萬人民幣的獎金。一月十六日，教育部新聞發言人續梅在新聞發布會上表示：對觸犯師德紅線、侵害學生的行為「零容忍」，並將與相關部門研究建立健全高校預防性騷擾的長效機制，以進一步完善相關制度，從制度層面入手相關工作，保障、杜絕此類事件發生。

是政經、學術、媒體、體育、藝文界等，有誰因為這個運動而被揭露？甚至於，在被揭發後失去教職或工作嗎？台灣兩性同工不同酬的問題有因此得到社會廣泛的討論，並獲得正面解決嗎？我們是選出一位女總統，雖然在生理上她是女性，但她對於台灣女性權益的關注，遠遠比不上她對於政黨利益的用心。台灣女性的權益，並沒有因為選出一位女性總統而獲得實質的改變；甚至於，同工同酬、女性的政治參與機會、家庭勞務的平等分配、男尊女卑的社會觀念等等這些歷史問題，都因為選出一位女性總統而不再被關注與討論，好似所有的性別差異、兩性平權問題，都因為選出女總統而奇蹟似地獲得完美的解決。

曾在職場工作的女性，不可能沒碰過性騷擾。就我個人而言，在職場中被性騷擾的次數不僅不只一次，甚至於，我所面臨的尷尬不是來自於我不出聲，而是對我進行十分不當的身體侵犯的男性，在我多次嚴厲拒絕以後，發出的回應竟是：「來採訪我的女記者都接受這樣的身體接觸行為，妳當然也不會是例外……難道妳真的是為工作而來？」這也使我認清一個赤裸裸的現實：女性在職場生存，面對的不僅是能力的競爭，還有來自女性的沉默以及男性的暴力。這暴力竟然像是天賦人權一樣，在一個處處由男性主導的社會裡，它被視為理所當然，更被視為是一種權力，這權力可以作為女性晉升或者換取某些資源的必要代價。

記得念金華女中時，班上有位非常活潑外向的女同學，某天卻突如其來地消失。好幾天過去了，這位女同學依舊沒來上學。我因為關心，決定到她父親開的牛排館探問，沒想到她父親竟一言不發地打發我離開。幾天過後，女同學終於出現，左手腕上紮了一條三角巾托起手臂。出自關心，我趁四下無人時追問究竟，幾經詢問，她突然放聲大哭，我這才從她斷斷續續、夾雜著嚎叫與哭訴的咬字中，聽懂她被舅舅性侵。當時的我第一次聽聞這個字詞，根本不知道如何回應，只能呆若木雞地站在一旁，看著她哭。隔天，她沒有出現，此後，再也沒見到她身影，老師及班上同學也完全不提她，好像這個人從未存在過。許久以後，我才聽說她轉學了。

台灣女性一直活在恐懼的陰影下，還受不知所為何來的「家族面子」所禁錮，而這兩者正是台灣女性至今無法真正投身 #MeToo 運動的最大包袱。

打破沉默的人

女性主義運動一直面對一個女性身體與女性權力互相矛盾的論述。人們說：生為女人，這是無法改變的事實；連帶的，妳的體力與思考判斷、行動準則與決策方針，都會因為女性特質而受到影響。但這是真的嗎？如果我們自小就拿掉「女人是弱者」、「女人應受男人保護」」、「女人應溫柔婉約」等意識型態的束縛與規範，接受女性也可以如男性——服兵役、習武、一個人旅行，會不會結果大有不同？

當各國女性紛紛投入 #MeToo 運動，社會也開始正視女性的性騷擾及性侵害問題，以對加害者採取嚴厲措施作為回應，包括撤職乃至法律制裁。並增訂相關法律條文，以維護女性的身體自主權。這個埋藏在人類歷史裡，由來已久，因兩性不平權而造成的性騷擾與性侵害問題，終於得以見光。台灣呢？誰將會是那位打破沉默的人？

國家圖書館出版品預行編目資料

這才是法國 / 彭怡平文、攝影 . -- 初版. -- 臺北市 : 商周出版 : 家庭傳媒城邦分公司發行, 民108.03

面； 公分

ISBN 978-986-477-627-6（平裝）

1.文化 2.法國

742.3 108001941

這才是法國

文字、攝影／彭怡平
企畫選書／楊如玉
責任編輯／楊如玉

版權／黃淑敏、翁靜如
行銷業務／李衍逸、黃崇華
總經理／彭之琬
發行人／何飛鵬
法律顧問／元禾法律事務所 王子文律師
出版／商周出版
城邦文化事業股份有限公司
臺北市中山區民生東路二段141號9樓
電話：(02) 2500-7008 傳真：(02) 2500-7759
E-mail：bwp.service@cite.com.tw
發行／英屬蓋曼群島商家庭傳媒股份有限公司城邦分公司
臺北市中山區民生東路二段141號2樓
書虫客服服務專線：02-25007718・02-25007719
24小時傳真服務：02-25001990・02-25001991
服務時間：週一至週五上午09:30-12:00；下午13:30-17:00
郵撥帳號：19863813 戶名：書虫股份有限公司
E-mail：service@readingclub.com.tw
歡迎光臨城邦讀書花園 網址：www.cite.com.tw
香港發行所／城邦（香港）出版集團有限公司
香港灣仔駱克道193號東超商業中心1樓
電話：(852) 25086231 傳真：(852) 25789337
E-mail：hkcite@biznetvigator.com
馬新發行所／城邦（馬新）出版集團【Cité (M) Sdn. Bhd. (458372U)】
41, Jalan Radin Anum, Bandar Baru Sri Petaling,
57000 Kuala Lumpur, Malaysia
電話：(603)90578822 傳真：(603) 90576622
E-mail：cite@cite.com.my

封面設計／謝佳穎
排版／豐禾工作室
印刷／高典印刷有限公司
經銷商／聯合發行股份有限公司
電話：(02) 2917-8022 傳真：(02) 2911-0053
地址：新北市231新店區寶橋路235巷6弄6號2樓

■2019年（民108）3月初版1刷
Printed in Taiwan

定價 450 元

ISBN 978-986-477-627-6